本书获国家社会科学基金青年项目"微观质量评估导向下的就业促进政策组合优化问题研究"（13CGL098）资助

就业促进政策评估与组合优化问题研究

李锐 著

图书在版编目(CIP)数据

就业促进政策评估与组合优化问题研究/李锐著.—武汉：武汉大学出版社,2018.11
ISBN 978-7-307-20648-9

Ⅰ.就… Ⅱ.李… Ⅲ.劳动就业—就业政策—研究—中国 Ⅳ.F249.20

中国版本图书馆 CIP 数据核字(2018)第 266070 号

责任编辑：韩秋婷　　　责任校对：李孟潇　　　版式设计：马　佳

出版发行：武汉大学出版社　(430072　武昌　珞珈山)
（电子邮箱：cbs22@whu.edu.cn　网址：www.wdp.com.cn）
印刷：北京虎彩文化传播有限公司
开本：720×1000　1/16　印张：21.25　字数：337 千字　插页：1
版次：2018 年 11 月第 1 版　　2018 年 11 月第 1 次印刷
ISBN 978-7-307-20648-9　　定价：52.00 元

版权所有，不得翻印；凡购我社的图书，如有质量问题，请与当地图书销售部门联系调换。

序　言

积极就业政策领域一直都是国内外学者研究的热点。我很幸运能参与到积极就业政策项目中，并且和我的研究生们一起在这个领域辛勤地耕耘。进入积极就业政策评估领域已经有将近 10 个年头了。在这些年里，我从最初在机缘巧合下加入世界银行项目课题组到现在深深地热爱上评估领域，离不开每一位师长的教导：我从我的硕士生导师侯振挺教授那里真正学会了概率论与数理统计理论和方法；从博士生导师向书坚老师那里懂得了经济学和统计技术的结合；从赵曼教授那里认识到了无论技术还是理论都必须着眼于现实，以及学会了如何分析和解决现实问题；吕国营教授和蒋天文教授在我刚进入这个领域时给予了很多指导；还有很多师长都启发了我在评估领域的研究灵感。

就业促进政策覆盖范围广、影响人群多，但绩效评估工作却相对滞后，以至于政策无法有效实现项目的组合优化，其实施效果较差。主要表现为：第一，政策绩效经验分析少，大部分评估以宏观指标为主，欠缺与微观信息的结合，因而无法反映绩效发生机制，评估也缺乏稳定性；第二，仅存的少数微观评估只以个体信息为基础，忽视了区域异质性问题，导致评估结果有偏差，没有真正反映项目效果；第三，忽视了政府可能存在的选择偏差问题，在资源配置中也忽视了政府的作用；第四，一味以经济结果为导向的绩效评估体系严重忽略了公平问题。

为解决上述问题，本书以中国劳动力市场为背景，利用世界银行 2008 年对我国积极就业项目的抽样调查数据以及 2014—2015 年补充调研资料，主要以职业培训、小额担保贷款、职业介绍、公益性岗位、社会保险补贴五项积极就业政策为例，研究政策影响机制以及实施效果，以期建立与我国实际情况相适应的积极就业政策绩效评估框架，从而实现就业促进政策的组合优化。

序　言

本书第一章、第二章、第三章的写作中，张甦、常然君、袁军是重要的参与者；第四章关于满意度评估以及第六章不平等分析的部分，常然君是重要的参与者；第四章、第五章，黄金鹏、张甦、常然君是重要的参与者；还有侯菁、赵妍、傅晓燕、徐梦妮、晏理慧子、陈顾、张谋等，他们都对本书的成形付出了巨大的努力。但本书是在报告的基础上修改完善而成的，因此书中还有很多内容需要进一步完善。

书中如有错误与不妥之处，敬请学术同仁与读者不吝赐教。

目 录

1 引言 ·· 1
  1.1 提出问题 ·· 1
  1.2 研究思路 ·· 3
  1.3 内容结构 ·· 5
  1.4 创新之处 ·· 6

2 积极就业促进政策及数据简介 ·· 7
  2.1 积极就业促进政策简介 ·· 7
    2.1.1 政策背景 ·· 7
    2.1.2 积极就业促进政策实施的总体现状 ························· 9
  2.2 积极就业促进政策绩效评估 ··· 16
    2.2.1 积极就业促进政策绩效评价指标 ··························· 16
    2.2.2 积极就业促进政策绩效的评估方法 ······················· 18
    2.2.3 积极就业促进政策的绩效状况 ······························ 19
    2.2.4 积极就业促进政策绩效的地区差异 ······················· 21
  2.3 相关实证研究的数据 ··· 22

3 政策绩效评估理论基础和方法选择 ····································· 27
  3.1 理论基础 ··· 28
    3.1.1 人力资本投资理论 ·· 28
    3.1.2 自雇佣理论 ·· 29
    3.1.3 工作搜寻理论 ··· 30
  3.2 评估中的基本问题 ·· 31
    3.2.1 因果推断和反事实问题 ····································· 31

3.2.2　选择性偏差问题 ……………………………………………… 32
　　3.2.3　评估的层次问题 ……………………………………………… 32
　　3.2.4　政策效应类型问题 …………………………………………… 33
3.3　结构法 …………………………………………………………………… 33
　　3.3.1　样本选择模型 ………………………………………………… 34
　　3.3.2　工具变量法 …………………………………………………… 36
　　3.3.3　双重差分模型 ………………………………………………… 37
　　3.3.4　断点回归方法 ………………………………………………… 39
3.4　简约法 …………………………………………………………………… 40
　　3.4.1　倾向值匹配法 ………………………………………………… 41
　　3.4.2　倾向值分层法 ………………………………………………… 41
　　3.4.3　倾向值加权法 ………………………………………………… 41
3.5　小结 ……………………………………………………………………… 42

4　**特定项目和多项目的政策绩效评估及组合优化** ……………………… 44
4.1　特定项目区域间政策相对绩效评估与政策优化 …………………… 44
　　4.1.1　研究背景 ……………………………………………………… 44
　　4.1.2　特定项目区域相对绩效差异评估模型构建 ………………… 45
　　4.1.3　职业培训与小额担保贷款区域相对绩效评估与政策
　　　　　　优化 ……………………………………………………………… 53
　　4.1.4　特定项目区域间政策相对绩效评估结论与政策优化
　　　　　　建议 …………………………………………………………… 141
4.2　多项目的政策相对绩效评估和优化选择 …………………………… 143
　　4.2.1　研究背景 ……………………………………………………… 143
　　4.2.2　多项目广义倾向得分评估方法 ……………………………… 145
　　4.2.3　基于广义倾向得分法的多项目政策评估 …………………… 147
　　4.2.4　基于广义倾向得分法的多项目相对绩效评估结论及其
　　　　　　建议 …………………………………………………………… 167

5　**微宏观信息结合的就业政策组合优化** ………………………………… 171
5.1　区域差异、自选择与政策相对绩效评估 …………………………… 172

  5.1.1 研究背景 ································· 172
  5.1.2 微宏观信息结合的多层倾向值模型 ············· 175
  5.1.3 职业培训与小额担保贷款项目的微宏观信息结合的多层
     倾向值分析 ····························· 178
  5.1.4 结合微宏观信息的相对绩效评估结论及政策建议 ··· 190
 5.2 满意度评估、区域异质性和就业政策组合优化 ········· 191
  5.2.1 研究背景 ································· 191
  5.2.2 满意度多层倾向值模型 ····················· 198
  5.2.3 基于满意度多层倾向值模型的政策 ············· 202
  5.2.4 满意度导向下的多项目政策评估结论与政策优化
     建议 ································· 221

6 市场与政府的角逐 ································· 225
 6.1 市场"效率"和政府"公平"的协同 ··················· 226
  6.1.1 研究背景 ································· 226
  6.1.2 市场与政府双选择模型的主客观绩效评估模型 ····· 228
  6.1.3 基于市场与政府双选择模型的主客观绩效评估分析 ··· 234
  6.1.4 第三方评估结论与优化政策建议 ··············· 241
 6.2 政府在资源再分配中的正向效应研究 ················· 245
  6.2.1 研究背景 ································· 245
  6.2.2 数据、变量及政府选择力度因子的构建 ··········· 246
  6.2.3 政府选择力度因子分析 ····················· 250
  6.2.4 结论与政策优化建议 ······················· 259
 6.3 个体选择、政府行为与撇脂效应 ··················· 259
  6.3.1 研究背景 ································· 259
  6.3.2 本质异质性双选择绩效评估模型及其构建 ········· 263
  6.3.3 数据、变量选择与本质异质性双选择绩效评估 ····· 266
  6.3.4 结论与政策优化建议 ······················· 284

7 政府选择机制、收入流动性与不平等 ··················· 288
 7.1 研究背景 ································· 288

7.2 文献回顾 ································· 289
7.3 Rubin 因果模型框架下的不平等评估方法 ················· 291
　7.3.1 Rubin 因果模型框架 ······················· 291
　7.3.2 反事实分布 ··························· 292
　7.3.3 异质性和不确定性的区分——政府选择 ············· 295
7.4 积极就业促进政策不平等分析 ······················ 296
　7.4.1 数据、变量和描述性统计分析 ·················· 296
　7.4.2 项目选择过程分析 ······················· 298
　7.4.3 项目效果的反事实评估 ····················· 301
　7.4.4 收入流动性分析 ························ 303
7.5 不平等评估结论与政策优化建议 ···················· 306

8 总结性评论 ································ 308
8.1 简要回顾 ······························· 308
8.2 就业促进政策组合优化的建议 ······················ 312
8.3 研究的不足 ······························ 314

参考文献 ··································· 316

1 引 言

党的十八届五中全会指出:"促进就业创业。坚持就业优先战略,实施更加积极的就业政策,创造更多就业岗位,着力解决结构性就业矛盾。"

就业是民生之本,同时也是一个世界性难题。促进就业既是和谐之基,也是安国之策。改革开放以来,特别是进入21世纪以来,我国政府高度重视就业和再就业问题,研究制定了一系列的政策措施,服务于个体就业、失业再就业直至退休整个劳动生涯,其中包括积极就业促进政策的提出,等等。积极就业促进政策旨在为失业职工再次进入劳动力市场提供一系列帮助,提高就业质量。本书以积极就业促进政策为主题切入,讨论微观质量评估导向下的就业促进政策组合优化问题。

1.1 提出问题

2002年全国再就业工作会议下发的《关于进一步做好下岗失业人员再就业工作的通知》(中发〔2002〕12号)成为我国积极就业促进政策的开篇之作。截至2015年年底,党的十八届五中全会将就业优先战略列为"十三五"规划的重要内容,国务院有关部门先后出台了40多份文件,制发了一系列配套政策措施,完善了包括税费减免、小额担保贷款、职业培训、职业介绍补贴、社会保险补贴、公益性岗位补贴等在内的积极就业促进政策框架,有力地推动了就业再就业工作。

经过有关方面的共同努力,我国在经济增速趋缓的"新常态"下,仍然保持将城镇登记失业率控制在4.6%的目标以内。但同时也必须看到,我国劳动力总量问题与结构矛盾并存，供给侧改革将对现有产业结构、劳动力结构产生较大影响，大数据时代变革带来的隐性失业问题十分严峻，决策科学化、民主化水平与发展要求还存在较大差距。为应对上述问题，我国政府必须进一步加强就业再就业工作，探索建立符合社会主义市场经济体制要求的促进就业长效机制。

而建立促进就业长效机制的关键在于提高就业资金的使用效率，充分发挥就业政策的实施效果，这就需要把握各种政策的效果差异，组合优化各种就业促进政策。从加强国际合作上看，开展积极就业促进政策组合优化研究有利于世界银行中国国别援助战略及联合国千年发展目标的实现。减少贫困、不平等和社会排斥是世界银行中国国别援助战略的重要目标之一，联合国千年发展目标也要求在1990—2015年将极度贫困人口数减半。失业和贫困通常是一对孪生兄弟，解决就业问题能在很大程度上推动贫困问题的解决。科学合理的组合优化就业促进政策有利于缓解就业矛盾，进而有助于解决贫困问题。目前世界银行关于中国积极就业促进政策组合优化的相关研究尚处于空白阶段，本书的研究将为此提供可靠依据及参考，有利于促进世界银行中国国别援助战略中扶贫减贫战略目标的实现，也有利于积极就业促进政策评估结果的国际对比，发现不足，寻找对策。

而就业支出绩效评估就是组合优化就业促进政策的重要手段之一。但是当前我国还没有全面系统的就业支出绩效评估方法体系，现有的零星的单项性、局部性的研究无法对已经出台的就业政策绩效进行系统比较，政策反馈优化也因缺乏客观依据而一直难以取得进展，以至于无法有效地对政策进行组合优化，降低了政策效果。特别是近年来，我国政府就业促进工作力度不断加大，各级财政投入的积极就业资金从2002年的11亿元增加到2015年的438亿元，"十三五"期间各级财政对促进就业的支持力度还将不断增大。这就更需要一套科学的就业绩效评估体系，从而达到优化政策组合、高效运用资源的目的。只有通过对就业政策资金使用绩效的客观全面评估，才有助于针对性地制定积极就业促进政策，合理确定就业支出规模，优化就业支出结构，正确把握和监测资金使用情况，及时发现问题并提出解决办法，推动建立科学的就业政策决策机制、就业资金管理机制和促进就业长效机制。

综上，作者以中国劳动力市场为背景，通过构建积极就业促进政策评估方法体系，对我国部分地区的主要积极就业项目进行评估，论述项目对劳动力市场、失业问题、社会保障体系的影响以及其中存在的问题和不足，最终建立就业促进政策组合优化机制，以期对我国的就业再就业研究贡献绵薄之力。

1.2 研究思路

①对现有就业促进政策及其他相关文献进行梳理总结，确定本项目的研究内容、思路与方法。

②从结构法和简约法这一新的分析框架出发，对非实验法进行分类梳理归纳，并以具体就业促进政策为例，展示各类方法的基本原理、局限性和研究前景，剖析不同方法的评估层次和可评估的政策效应类型，为就业促进政策及其他公共政策评估的方法选择提供参考。

③就业促进政策的评估应注重对项目区域间效果差异的分析，更加客观地评判项目的有效性。因此，本书构筑了微观就业质量评估体系，运用Rubin因果模型测算"潜在绩效"，客观评估区域（项目）间个体就业质量效果。

④就业促进政策的组合优化应以微观分析为基础，结合宏观层面信息，避免"生态学谬误"；同时应注重主观和客观双重标准，包括经济效应和社会心理效应两方面的目标，充分考虑市场和政府的协同，兼顾公平和效率。因此，本书结合人力资本投资理论、自雇佣理论以及幸福经济学理论，探究就业质量影响机制，系统分析微观个体特征、宏观地区特征、项目特征对积极就业促进政策的直接以及交互影响，明晰各个就业促进政策之间的差异，从而实现政策的组合优化。

⑤充分发挥政府在就业促进政策实施全程中的职能，构建微观个体科学有效的事前甄选机制，使得政策组合优化问题具备操作性，尽可能减少失业人员政策选择误判的概率。根据实际需要对多个目标分别赋权，为不同地区和不同群体选择最优政策组合方案。

图1.1为本书的技术路线图，详细展示了本书的整体框架结构。

1 引 言

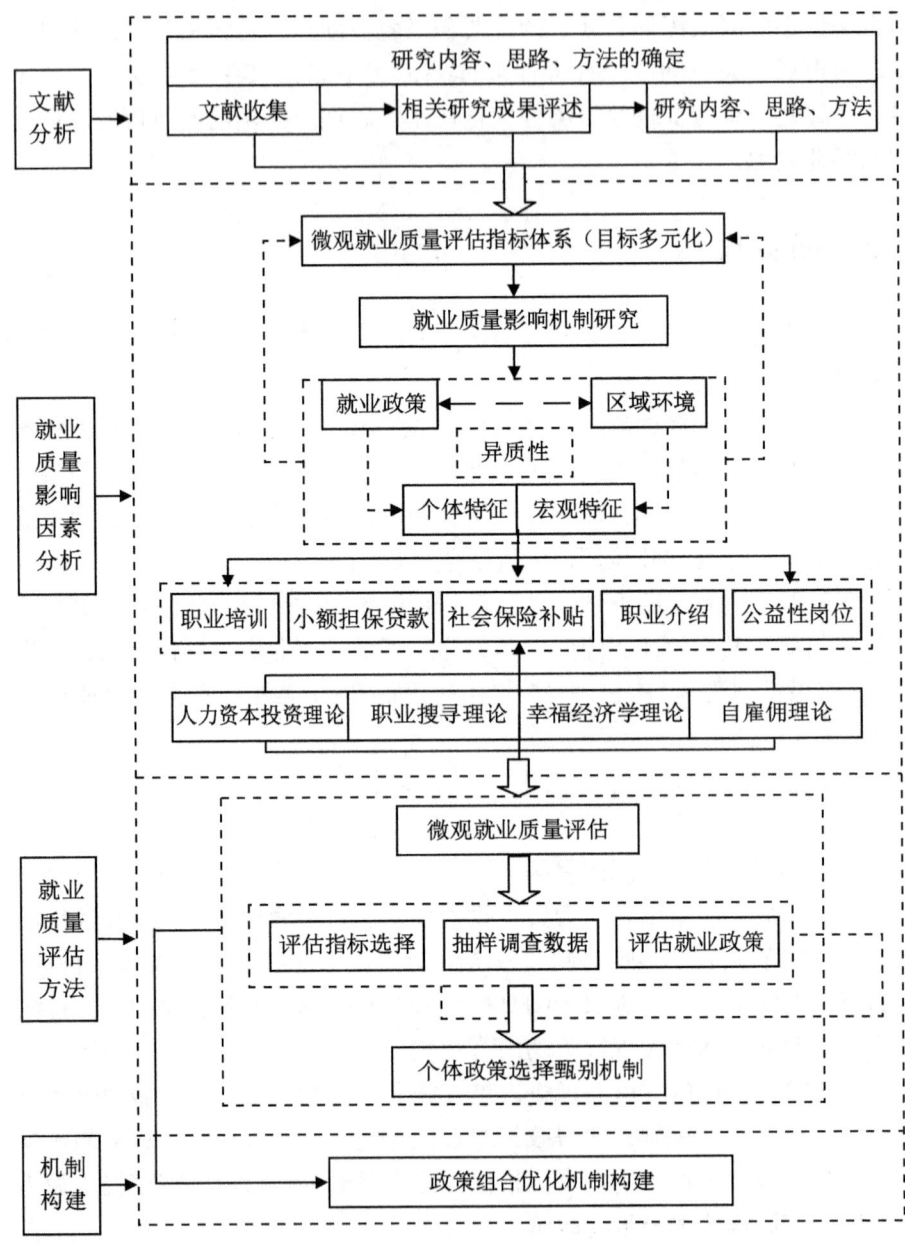

图 1.1 技术路线图

1.3 内容结构

本书立足于理论与实践的结合，以微观评估为导向，对就业再就业问题，尤其是积极就业促进政策组合优化问题进行多方位的分析论述。主要研究内容包括两方面：一是建立微观就业政策评估方法体系；二是根据所建立的评估方法体系对就业促进政策进行组合优化。本书主要通过如下方法对政策组合优化问题进行研究。

①建立微观就业政策评估指标体系。在赖德胜（2011）的宏观层面就业质量评估指标体系研究基础上，对微观层面指标体系进行研究。主要引入就业能力、就业稳定性、收入、工作满意度和未来信心指数等维度的指标。

②异质性研究。主要研究各地区失业者特征、区域经济与制度环境特征、政策特征。

③就业政策影响机制研究。在陆铭（2012）、赖德胜（2011）、曾湘泉（2012）的研究基础上，构建微观就业政策影响结构方程模型，分析各地区失业者特征、区域经济与制度环境特征、政策特征之间的交互影响。

④构建积极就业促进政策多项目评估方法。拓展 Bradley（2012）微观评估的研究框架，建立多项目多目标的评估方法。

⑤微宏观相结合的评估方法的构建以及评估方法的应用。一方面，利用历史抽样调查数据确定积极就业促进政策影响因素的结构方程模型和评估方法参数，构建政策的事前甄选机制，用于比较不同政策对同一个体就业的促进效果，奠定积极就业促进政策组合优化的微观基础。另一方面，结合政策的瞄准与甄选机制，通过对不同目标组合下的指标赋权，为不同地区和不同群体选择最优政策组合方案，解决政策资金在不同地区、不同项目和不同群体间的分配问题。

本书主体结构分为七个章节。前两章为总论，第一章是对积极就业促进政策背景以及所用数据的总体介绍；第二章对政策评估基本原理进行分析，并以具体就业促进政策为例将评估方法的选择作为重点进行阐述；第三、四、五、六章为分论篇，分别从单项目与多项目的综合、微宏观的综合及主客观的综合、效率与公平、市场与政府、微观个体收益差距到宏观收入不平等角度，结合具体积极劳动力市场政策对微观就业质量导向下的就业政策组合优化问题进行多方位的研究；最后一章对全书进行了简要回顾，并从市场与政府功能的角度，事前事中事后三个阶段综合全书给出组合优化就业促进政策的三方面主要建议，同时指出了本书研究的不足之处。

1.4 创新之处

在研究过程中，本书具有以下几个方面的特色和新意：

①在研究方法上坚持实证分析和规范分析相结合，在理论基础上坚持微宏观相结合、主客观相结合，在评估技术上实现基于结构计量经济学路径与简约统计学路径的综合。

②采用多层模型在明瑟(1976)、谢宇(1996)的研究基础上加入宏观及政策层面因素，系统研究微观、宏观两个层面的政策效果，构建公共项目主客观效果评估模型，对传统收入模型进行拓展。

③构建以 Rubin 因果模型为基础的微观积极就业促进政策评估方法，对于参加项目人员通过"潜在绩效"测量政策效果，规避"自选择"问题，客观评估项目区域间的效果差异，有利于政策的优化组合。

④拓展 Bradley(2012)的研究框架，构建多项目多目标框架，结合投资组合理论，在质量效果评估基础上构建政策组合优化方案，提出了今后改革的方向。

⑤建立了多层级多指标、更为全面的政策组合优化机制，充分结合宏微观信息、主客观因素，同时兼顾效率与公平，实现政府与市场的协同，提高就业促进政策组合优化的效率。

2 积极就业促进政策及数据简介

就业是民生之本。政府一直高度关注就业问题,用于保障与促进就业的专项资金数额巨大,2014年中央财政安排就业补助资金417.66亿元,2015年为438.78亿元,且都不包括地方政府就业支出资金;并且就业扶助政策种类丰富,自2002年引入职业培训、小额担保贷款、社会保险补贴等积极就业政策后,又新增了职业技能鉴定补贴、特定就业政策补助,以及扶持公共就业服务等,同时规范了就业专项资金的使用①。积极就业政策的推行,有效促进了劳动者就业,提升了劳动者收入水平。那么积极就业政策如何产生的,在我国的发展状况又如何呢?

在研究就业促进政策组合优化问题之前,本章我们将简要介绍积极就业促进政策的背景,以及在我国的实施现状,梳理积极就业政策绩效评估的相关研究成果,展示本书实证研究所使用的数据。本章旨在简述就业促进政策的内涵及其在我国的发展情况,为后文就业促进政策的组合优化研究打下基础。

2.1 积极就业促进政策简介

2.1.1 政策背景

20世纪60年代,为了防止因劳动力短缺而引发工资过快增长的现象蔓延,部分西欧国家开始制定和实施旨在增加就业人数的劳动力市场政策——"积极的人力政策"(Active Manpower Policies)。到了70年代,随着

---

① 财政部:《人力资源社会保障部关于就业专项资金使用管理及有关问题的通知》(财社[2008]269号)。

产业结构的调整以及经济不景气的影响,欧洲许多国家由劳动力短缺转为严重的结构性失业。为改善失业状况,在保留部分积极人力政策的基础上,添加了如创业就业计划等新的政策内容。这些新旧政策被统一称为积极就业促进政策,或者积极劳动力市场政策(Active Labor Market Policies,ALMPs)。因此积极的劳动力市场政策是指政府为追求公平和效率,有目的、有选择性地干预劳动力市场;采取间接或直接的措施,为再就业市场上处于劣势的人提供工作或提升他们的就业能力。与消极的劳动力市场政策相比,积极就业促进政策抛弃了过去单纯保障失业者基本生活和收入水平的目标,转而以降低失业率和实现充分就业为目标。

就我国而言,由于劳动力市场发育尚不完善、市场尚未全面发挥职能,虽然我国实施的相关政策也被称为"积极就业促进政策",但与国际上通行的"积极就业促进政策"存在本质区别。

我国解决就业问题的手段,一开始以消极保障类就业政策为主,如失业保险金、失业救济、最低生活保障、提前退休等。2002年积极就业政策才开始作为解决我国就业问题的重要手段,变"消极扶助性就业"为"积极主动性就业"。之所以引入并实施积极就业政策,主要有以下原因:

第一,就业矛盾突出。从劳动力供给来看,全国每年新增劳动力超过1000万人,加上越来越多的农村剩余劳动力需要转移,劳动力供给总量大;从劳动力需求来看,每年新增岗位有限,新增岗位增长率并不能赶上劳动力新供给数量,供需缺口变大;从供需结构来看,企业对高技术人才的需求增长迅速,但低技术劳动者并不具备相应的技能,导致供需结构失衡,加大了失业缺口。

第二,消除体制性失业。20世纪90年代中期以后,经济体制改革、国有企业改革与政府机构改革深化,减少了计划经济体制下的一些无效就业,城镇体制性失业现象日益突出。失业人数大量增加,致使失业率大幅提高。为应对因国企改革下岗职工的再就业问题,维护社会稳定,政府推进各项积极就业政策,缓解下岗失业人员"就业难"问题。

第三,消极就业政策在解决就业问题上的不足。传统消极就业政策,如提供失业保险金、救济金等,不仅财政资金花费巨大,而且在促进失业人员再就业及提升个体收入上的经济效果并不明显(陈佳贵、王延中,2003)。如1997年"三条保障线"的出台,政策的本意是为了解决就业问题,保障居民正常生活及社会稳定,却使得不少技能水平较低的人安于社会保障的现状,选择不参加工作,这表明传统消极就业政策鼓励失业人员就业或者再就业的效果差,因而需要引入新政策来弥补以往政策的不足。

随着经济发展水平不断提高,实现"体面就业"成为我国劳动者的普遍诉求。体面就业意味着高质量就业,而不仅是就业数量的绝对增加。《促进就业规划(2011—2015)》《2013 政府工作报告》及党的十八大报告均明确提出"实施就业优先战略,推动实现更高质量的就业"。在这一背景下,积极就业政策的推行,需要更多地强调就业质量提升,而不能只关注为劳动者提供的新增岗位数。劳动者的收入是否提升、收入提升的幅度大小,是衡量就业质量的一个重要维度(赖德胜、石丹淅,2013)。对收入绩效进行定量评估,并建立就业政策的反馈与调整机制,也是实现更高质量就业的现实要求。

优化积极就业政策及实现更高质量的就业,均有赖于对政策绩效的有效评估。虽然我国积极就业政策实施时间长、实施范围广、影响人群众多,但绩效评估工作却比较滞后:第一,政策绩效的经验分析较少,国内大部分的评估以宏观总体指标为基础,很少结合微观信息,不能反映绩效发生机制,评估也缺乏稳定性(Heckman,2007);第二,仅有的少数微观评估以个体信息为基础,忽视了地区差异,但实际上中国的区域差异巨大,地区同质性假定并不符合我国的现状(谢宇,2006),地区绩效差异也难以明确。

2.1.2 积极就业促进政策实施的总体现状

2.1.2.1 政策的类型和作用

按最基本的划分,积极就业政策可以分为两个类别,一类是直接提供就业岗位,如公益性岗位、行政性指派等,这是积极就业政策体系中最直接、简便的形式。但这是一种短期解决就业问题的方式,这些岗位上的工作人员,主要从事简单重复性工作,工作技能提升很慢,若返还劳动力市场竞争力依然不足;另一方面,公益性岗位上的工作人员工资收入也偏低,仅能满足劳动者的必需生活,不利于个体的发展,也不利于其工作效率的提升。

另一类是通过提高工作技能、完善劳动力市场、提供创业环境等方式，为下岗失业人员创业和自谋职业提供帮助。如创业扶持：政府与社会促进下岗、失业职工通过"创业"实现再就业的各种激励与扶持的政策措施，这种方式不但可以解决个体自身的就业，还能带动其他人的就业，具有辐射效应。完善劳动力市场，如职业介绍等，通过改善信息交流的渠道，缓解劳动者与用工者之间的信息不对称，同时也有助于劳动力在地区间的流动，改善劳动力市场的分割状态，提高劳动力市场的效率。

相对一般性的政策，积极的就业政策更具主动性：强调在解决下岗失业问题上不仅要有失业保险的生活保障，更要注重帮助再就业；强调在大力开发就业岗位的同时，更加注重提高劳动者素质；强调在扩展多种渠道促进就业中，更加注重推动劳动者自主创业来带动就业；强调结合绿色经济的发展，推进绿色就业，努力实现可持续就业。

关于我国积极就业促进政策的内容，说法不一致。但总体看来，区别于国外单纯的劳动力市场政策，我国就业政策是作为系统工程来发挥作用的。

第一，积极就业促进政策体系。主要包括增加就业总量、减少失业、提高就业效率方面的政策，如大力发展吸纳就业多的第三产业，即服务业；鼓励发展就业容量大的个体、私营、外资、股份合作等多元化经济；推动发展具有比较优势和社会需求的劳动密集型企业；在国内发展从中西部地区到发达地区的跨地区劳务输出，对外开拓国际劳务市场。

第二，就业扶持体系。包括对弱势群体和其他政策优先群体的相关政策，如对初始创业的小微企业实行三年内免征税费，并给予小额担保贷款；以灵活形式成功就业的群体可享受社会保险补贴；吸纳重点群体人员的企业，政府可给予三项扶持；积极提供职业介绍、公益性就业岗等公共服务以及就业援助政策。

第三，社会保障体系。包括为无收入、低收入或特殊困难者提供必要的基本生活保障及补贴的政策，如为企业培训员工提供培训补贴；为停工停产人员提供岗位补贴和社保补贴。

2.1.2.2 我国积极就业促进政策的发展历程

到目前为止，我国积极就业促进政策的发展大致可以分为以下四个阶段：

第一阶段(2002—2005年)：积极就业促进政策的提出和完善。2002年9月，全国再就业工作会议召开。不久后出台了《中共中央关于进一步做好下岗失业人员再就业工作的通知》，正式提出了积极就业促进政策的基本框架。此后，有关部门相继出台了多个配套政策文件。

第二阶段(2005—2008年)：调整积极就业促进政策后的新执行期。原政策执行期到2015年年底，为保持政策的连续性，解决转轨时期历史遗留问题和建立市场就业机制，中央发布了《国务院关于进一步加强就业再就业工作的通知》和《国务院关于做好促进就业工作的通知》等文件，进一步修改了扶持范围、内容、操作办法、执行期限。这个转变标志着我国积极就业促进政策从最初关注国有企业事业群体开始转为关注所有群体的就业"普惠制"政策。

第三阶段(2008—2015年)：开始实行"更加积极的就业政策"。为应对金融危机和自然灾害，2008年中央提出了实施"更加积极的就业政策"。同时，《中华人民共和国就业促进法》使政策的实施有了法制保障。这个时期的就业政策有以下几个特点：一是通过"保增长"来达到"保就业"的目的；二是出台具有针对性的政策，重点解决大学生和进城务工人员的就业问题；三是加强对受金融危机冲击群体的社会保障体系建设。

第四阶段(2015年至今)：将创业和促进就业结合在一起。《国务院关于进一步做好新形势下就业创业工作的意见》文件的出台，第一次将"创业"放在了重要位置。主要特点有：一是降低创业的门槛，进一步支持各类创业基地的发展，拓宽融资渠道，鼓励各类群体创业；二是针对各类重点群体，比如高校毕业生、就业困难人员、农村劳动力转移就业、退役军人就业和残疾人等，提出了新的政策措施；三是在加强就业服务和职业培训方面提出了新的措施和要求。

2.1.2.3 小额担保贷款与培训项目简介

由于本书主要以小额担保贷款和培训项目为例来探讨积极劳动力政策，所以特对这两个政策作简要介绍。

小额担保贷款发放的主体仍然是商业银行，但发放对象有所限定，最初仅限于失业人员、就业困难人员、想找工作但还未找到工作，以及联合就业的群体。后来发放对象有所扩大，城镇复转军人、创业的大中专毕业生、科技人员也可申请贷款。小额担保贷款的主要目的是帮助这些群体解决自谋职业和创业过程中资金不足的问题，获得创业初始资本。与其他各类贷款相同，小额担保贷款也需要进行担保，但担保机构由政府指定，个体没有选择权。与一般贷款最大的区别是，小额担保贷款是政府的一项就业促进措施，因而具有非盈利性质，贷款申请主体在贷款期限内不需要自己支付利息，按时还款的主体，还可以申请第二次小额担保贷款，但需要间隔两年以上的时间。小额担保贷款的利息并不是由商业银行豁免，而是由财政部门按季对贷款经营项目全额贴息。由于具有非盈利性质，小额担保贷款的贷款额度也较低，最高不能超过 5 万元，贷款期限一般为 2 年[①]。从项目实施程序来看，德国贷款经常要进行筛选，即潜在受益者对自己成功的可能性进行严格的估算，但在其他国家，如美国的筛选较为粗略（Wilson、Adams，1994）；我国小额担保贷款的程序也较为复杂，需要获得社区的推荐，经过劳动保障部门的审查、贷款担保机构的审核，并承诺进行担保、商业银行核批后，贷款才能完成。

职业培训是几乎所有 OECD（Organization for Economic Cooperation and Development，经济合作与发展组织，简称经合组织）国家 ALMPs 中支出最大的项目，被称为"积极计划的最大项目"。该项目主要针对人群为长期失业者、被裁减工人及青年人，通过在职或不在职的培训来提高劳动者技能，以增强劳动者与职位的匹配度。我国的职业培训一般是免费的，培训补贴从失业保险基金中支出，因而从项目成本看，政府需要投入大量资金及人力、物力，同时个人参与者也需要付出较高的时间成本。目前我国政府职业培训项目以再就业培训为主，近年来创业培训也开始推广开展。再就业培训与创业培训是根据个人以后的职业发展方向来分类的，再就业培训侧重让转岗转业人员掌握实用技能，重新走入其他工作岗位，获取工资性收入。而创业培训以创业意识培育、创业指导、政策咨询、跟踪服务为主要内容，引导下岗失业人员合理开展创业活动，提高创业的成功率，有时会与小额担保贷款项目相结合。

---

① 《武汉市小额担保贷款操作实施办法》，http：//www.hbcz.gov.cn/420103/lm1/lm4/2008-08-19-182226.shtml，2018-07-26。

王德文、蔡昉等(2008)按时间长短,将职业培训分为简单培训(15天以下)、短期培训(15~90天)、正规培训(超过90天),并发现各类培训的效果有很大差异,从提高农村劳动力的工资收入上看,简单培训的效果微弱,而时间较长的短期培训及正规培训作用显著。顾和军(2013)在这一基础上指出,农村个体中参加简单培训的占大部分,约为72.04%,而参加短期培训和正规培训的比例分别只有17.2%和7.53%,因而总体上,培训对中国农村劳动力的工资收入并没有显著的作用。近年来,我国加大了对特殊群体,如进城务工人员等的职业培训,培训人数不断增加,但相对于巨大的进城务工人员总体基数,培训力度仍显不足,覆盖面也比较狭窄,参与培训人群中也还是城市人群占多数。王海港等(2009)指出,目前农村职业培训的效率偏低,原因是政府主导的培训项目以参加培训的人数及培训合格人数考核培训机构,并拨付补贴资金,导致培训中存在重复报名、多次参加且流于形式的现象。许多高能力者并不需要参加培训但却参加了,而低能力者由于信息不畅、机会成本高等原因,本来需要参加培训却又未能参加,导致培训项目效率低。

2.1.2.4 积极就业政策的差异化目标群体

不同类别的积极就业项目侧重点并不一样,其所针对的目标对象也有若干差异。小额担保贷款对象所受的约束条件较多:从对象上看,最初仅限于国企下岗职工、享受城市最低生活保障且失业一年以上的城镇登记失业人员,由此看,最初贷款发放对象仅限于城市范围居民;随后发放对象有所扩大,城镇复转军人、创业的大中专毕业生、科技人员也可申请贷款。随着政策的推行,贷款对象扩展到企业,吸纳下岗职工达到一定比例的劳动密集型小企业也可以申请贷款①。贷款对申请者的身体素质及年龄也有要求,必须在法定劳动年龄内,并且身体健康、具有一定劳动技能。贷款对象申请的贷款也必须用于微利项目的经营,如家庭手工业、修理修配、复印打印、理发等。通过对数据的描述性统计分析,发现小额担保贷款申请者一般均拥有城市户籍,这一比例在2008年达到了90%以上。赖德胜、石丹淅(2013)则指出,自雇群体的构成主要有城市化进程中的农

---

① http://www.gov.cn/ztzl/gclszfgzbg/content_554858.htm, 2018-08-25。

民、移民、某些服务行业的从业者(如律师、建筑师、作家、修鞋匠、佃农等)、兼职或第二职业者，以及在就业市场有劣势的老年人。

而职业培训项目对象更为广泛，所受的约束条件也比较少，经合组织国家职业培训的主要针对人群为长期失业者、被裁减工人等在就业市场不具有竞争优势的人员以及刚进入劳动力市场的青年人，由于他们缺乏工作经验与基础工作技能，需要通过培训更好地完成向职业生活的转换。本书描述性统计分析的结果表明，参加职业培训项目的群体一般比较年轻，在学习新技能以转换职业或进入新的职业上有更多的机会。职业培训对参与者的户籍也没有明确的限制，因而相对于其他就业项目，有更多的农村户籍参与者。但王海港等(2009)的研究表明，农村户籍参与者中干部、党员所占比例大，由于客观因素等，普通农村居民占比偏低。

2.1.2.5 积极就业政策的地区分布情况

(1)政策的省份间分布差异

不同省份的经济基础、劳动者的思想观念并不相同，政府在分配就业项目资金、推广不同类型的就业项目时考虑的角度也有差异。有些省份就业压力大，就业项目的设置会更注重短期效果，偏重于能迅速减少失业人数的项目，如公共岗位等；而有些省份就业矛盾不是很激烈，政府会更加关注项目的长期效果，致力于劳动者长期就业稳定及收入提升，如职业培训等。除了对解决失业问题的考虑，历史因素也会影响到就业项目的设置，如表2.1所示，在2008年组织调查时，云南省、河南省、山东省仅设置了培训项目，其他项目还没有有效推广，这些地区市场化水平较低，外出务工人员多，而本地的就业政策不完善，积极就业项目的发展相对比较滞后。

表2.1　　　　　　不同就业项目的地区分布状况

省份	职业培训	职业介绍	小额担保贷款	社会保险补贴	公共岗位
云南	59(100)	0	0	0	0
河南	93(100)	0	0	0	0
山东	136(100)	0	0	0	0

续表

省份	职业培训	职业介绍	小额担保贷款	社会保险补贴	公共岗位
江苏	156(22.61)	154(22.32)	116(16.81)	140(20.29)	124(17.97)
新疆	212(25.70)	128(15.52)	118(14.30)	193(23.39)	174(21.09)
陕西	195(26.03)	102(13.62)	171(22.83)	84(11.21)	197(26.30)
黑龙江	213(16.49)	211(16.33)	221(17.11)	432(33.44)	215(16.64)
安徽	217(20.19)	218(20.28)	202(18.79)	211(19.63)	227(21.12)
湖北	325(18.20)	384(21.50)	308(17.25)	330(18.48)	439(24.58)

注：括号内为所占比例(%)。

表2.1是抽样调查数据结果，尽管不能反映整个省份项目真实的配置状况，但可以得到的结论是，省份内部不同项目所占比例并不相同。除安徽省各项目所占比例差距不大外，其余省份均存在一个所倚重的项目，如黑龙江省社会保险补贴项目份额大，陕西省与湖北省的公共岗位所占份额大，新疆职业培训的份额较大，而江苏省职业培训与职业介绍所占的份额较大。调查的9个省份中，山东省、江苏省属于东部地区；河南省、安徽省、湖北省属于中部地区，云南省、新疆维吾尔自治区、陕西省属于西部地区，在实际就业项目设置中，并没有呈现出随经济水平而异的分布规律。

(2)政策的城乡分布不均性

经济产业的分布不均、城乡户籍制度的分割，共同导致了积极就业促进政策的城乡分布不均性。一方面，从产业区位分布上，城镇地区具有基础设施完善、人力资源丰富、市场广阔、交通便利等优点，我国企业集中分布于城镇地区，因而吸纳的首要就业主体是城镇地区的居民，一旦企业进行裁员，下岗、失业职工也主要集中于城镇地区，这在自然地理位置上对政策范围进行了限定。另一方面，我国长期的户籍制度造成城乡二元分割的体制，非城镇户口难以享受到与城镇户口同样条件的就业扶助政策。即使有部分非城镇居民也遭遇了失业或下岗，他们回到农村后并不能享有相应的政策保障，积极就业政策不能随失业主体的流动而辐射到农村地区，这就形成了政策在地理范围上的分割。这一点从项目参与群体的户籍上显示得非常清楚,参与小额担保贷款的群体中有95.8%的人拥有城镇户口,而职业培训项目中,也有75.03%的人有城镇户口。这说明目前的积极就业项目大多数仅限于城市地区,并没有推广到农村地区。

2.2 积极就业促进政策绩效评估

2.2.1 积极就业促进政策绩效评价指标

2.2.1.1 国外研究

西方国家定义的积极就业政策范围较小,Amit 和 Zafiris(1999)将其限定为:直接提供工作岗位(公共工程计划或公益性岗位)、就业介绍及咨询/求职援助代理、对失业成年人和面临失业风险的人进行的培训/再培训、支持失业人员创办微型企业、对雇佣失业者的公司提供工资/就业补贴。国际劳工局(2003)将劳动力市场培训、以市政和社区工程计划形式创造工作机会、促进创办企业和雇佣补贴视为典型的积极就业政策[①]。在狭义的积极就业政策中,国外学者主要关注具体项目的微观评估研究,如McKernan(2002)、Rahman、Rafiq(2009)、Mallick(2012)、Armendariz 和 Morduch(2013)等对小额担保贷款的研究,Addison 和 Portugal(2002)、Blundell 等(2004)对职业介绍的研究,M. J. Lee 和 S. J. Lee(2005)、Bidani 等(2009)对职业培训项目的研究。除了评估时选择项目的差异,学者所使用的绩效评估指标也不相同。

在收入评估指标方面:Greenberg 等(2003)发现培训效果在不同群体间存在差异,项目对女性工作收入的提高更明显,对男性尤其是青少年的影响微弱;Rahman 和 Rafiq(2009)考虑了小额担保贷款项目的效果异质性,高收入者的状况获得了更大的改善;Mallick(2012)也认为小额担保贷款对参与者收入及资产均有正向影响,但研究未考虑项目效果的异质性。

在就业机会指标方面:Blundell 等(2004)指出英国一项针对青年的职

---

① 《国际劳工局理事会就业和社会政策委员会第288届会议文件》(GB.288/ESP/2),2003年11月。

业介绍项目，使长期失业的青年就业的可能性增加了5%；Addison和Portugal(2002)认为葡萄牙的公共职业介绍项目在增加就业方面的效果并不明显，提供的工作岗位也不具有持久性；Bidani等(2009)则发现项目增加就业几率的效果有地区差异，职业培训在武汉有助于失业者找到工作，但在沈阳几乎没有效果。

在成本效益指标方面：孟加拉人民共和国在实施小额担保贷款项目时所提供的非信贷服务，如创业辅导、跟踪跟进服务，能显著提高自雇佣者的利润(McKernan, 2002)；职业培训有"锁定效应"，对韩国女性的培训却增加了其失业时间，表现为负效应(M. J. Lee、S. J. Lee, 2005)。

在主观社会公平指标方面：Martin和Grubb(2001)的研究表明，积极劳动力市场政策有助于缓解低收入人群贫困问题，提高社会整体福利水平；Kai和Hamor(2009)则指出微型金融为贫穷者提供了资本及培训，提高了生产效率，具有显著的均衡效应，能降低社会不平等。

就业政策绩效包括多重维度，但总体上使用收入评估指标的方式较为成熟，本书也将从多角度评估政策绩效，并且不局限于单一政策的评估，也将分析不同积极就业政策的相对绩效。

2.2.1.2 国内研究

我国在2002年为应对因国企改革下岗职工的安置等问题，借鉴国际经验，引入积极就业政策体系①，与消极就业扶助体系一起，构成了我国就业政策的完整体系。积极就业政策的实施是一个逐步深化的过程，国内学者对其也有不同界定：黄华波(2002)将其概括为就业促进政策体系，即扩大内部需求、提高经济增长、支持第三产业发展，从而增加就业岗位供给数量；就业扶持体系，以小额担保贷款、公益性岗位等促进弱势群体就业；社会保障政策体系，即传统的社会保险及基本生活保障类政策；市场支持政策体系，如针对下岗失业人员的免费职业培训及职业介绍等公共就业服务政策，从而达到优化劳动力市场的目的。张车伟(2006)的界定

---

① 又称积极劳动力市场政策，定义最早由国际劳工组织给出，指政府采取积极干预措施为就业困难群体提供工作或提升其工作能力，也包括促进劳动力市场一体化的政策。

与黄华波的基本相同，他将一些能够促进就业的宏观经济政策及社会保障政策也纳入积极就业政策的范畴。王侠（2011）则区分政策的不同作用，将积极劳动力市场政策划分为增加劳动力需求的政策、改善劳动力供给的政策，以及在劳动力需求和供给两方面发挥作用的政策。依据这一标准，小额担保贷款、社会保险补贴属于增加就业需求的政策，而职业培训及职业介绍属于改善劳动力供给的政策。

本书采用的是国外学者界定的狭义的积极就业政策，一是更好地与消极就业政策相区分，其解决就业的思路有区别，消极就业政策主要体现为收入转移性质，而积极就业政策更多强调弥补市场缺陷、发挥失业主体的主动性。二是狭义的积极就业政策直接作用于劳动力市场，而宏观经济政策则以间接机制影响就业。

2.2.2 积极就业促进政策绩效的评估方法

2.2.2.1 国外研究

国外积极就业政策绩效评估以微观路径为主，具体可分为计量经济学路径和统计学路径。计量经济学路径以 Rubin 因果模型为基础，刻画个体特征对项目绩效影响，具有评估的稳定性。Heckman（1978、1979）提出了解决选择偏差的样本选择模型，此后发展了用于因果推断的综合概念框架（Heckman，2005），以该方法为基础的绩效评估称为计量经济学路径，主要运用于劳动力市场项目的评估，该路径下关注较多的是个体的自选择（Imbens 等，2009）。而统计学路径主要通过建立"干预组"与"控制组"的方法，进行倾向值匹配，使两组样本间的特征趋于平衡，以两组样本评估结果的差异反映政策绩效。Rosenbaum 和 Rubin（1983）以倾向值匹配方法，将绩效评估的反事实框架进行扩展，解决观测研究中的数据缺失及选择偏差问题，如：Smith 和 Todd（2005）运用 NSW（National Supported Work）数据，发现根据倾向值匹配法得到的国家支持工作政策效果，对倾向得分内控制变量及特定样本的选择非常敏感。

2.2.2.2 国内研究

由于缺乏微观数据，国内研究主要集中于宏观总量评估，以宏观统计数据为基础,对我国积极就业政策实施的总体状况予以评价。陈佳贵、王延中(2003)分析比较了积极就业政策在北京、上海、苏州及其余十几个城市的结果,指出创业扶持政策相较于其他类型政策效果最显著,应加大财政对职业培训、就业介绍及创业支持的投入,削减公益性岗位及岗位补贴投入。他们进行的仅是定性分析,并未给出各类就业政策的具体绩效。杨宜勇(2005)将就业评估指标分为不同维度,此后又指出财政对于积极就业政策的资金投入偏少。赵曼、顾永红(2009)指出财政就业支出中,通过减免税收促进失业者就业,会促使企业在雇佣工人时的"逆向选择"行为,这种政策不利于长远的就业问题的解决。赵曼、李锐等(2010)设计了就业项目评估流程与方法,但以上评估缺乏理论基础,也缺失个体福利影响信息,难以推广运用。赖德胜、孟大虎(2011)对比了我国积极就业政策与消极就业政策在促进就业上的长期作用(1998—2008),发现积极就业政策的支出的增加,有助于增加下岗失业人员的再就业数量,而消极就业政策则起到稳定社会的作用,支出增加反而会降低失业人员再就业数量,但这仅是依据总量数据得到的简单关系。赖德胜、苏丽锋等(2011)构建了一个多重维度的就业质量评价指标体系,并运用主成分分析法分省区测算就业质量。结果显示2007年、2008年全国就业质量总体水平有待提高,大部分省份的就业质量偏低,且地区间差异巨大,但地区间差异正在逐渐缩小。

宏观评估缺乏稳定性,未考虑微观个体绩效影响机制,而微观评估未考虑地区差异性,仅能解释个体特征上的差异。单一的微观或宏观评估存在局限,评估体系需做到微观、宏观信息相结合,微观评估应引入宏观层面信息,而宏观评估应有微观基础,这样才能依据完整的信息,保持评估的稳定性,从而降低评估偏差。

本节简要介绍了国内外对于政策评估的方法,在第二章将详细阐释各种方法。

2.2.3 积极就业促进政策的绩效状况

2.2.3.1 国外研究

国际劳工局就业和社会政策委员会指出,积极就业政策应发挥经济及社会两方面作用,并指出政策的四大目标为增加就业、变革中的保障、公平合理和减少贫困①。从国外研究来看,Kluve 和 Schmidt(2002)对欧洲 30 年间的 ALMPs 效果进行评估,得到职业培训和求职协助的效果比较显著,但这两个项目下的年轻失业者却很难得到援助。Weiss 等(2005)则发现小额担保贷款对参与者收入的提高并没有什么影响。但孟加拉国格莱珉银行和 BRAC 的小额担保贷款项目,整体上有助于提高借款者的收入水平和资产财富,借款者的年龄及受教育水平对项目效果有正向影响。不同群体的项目效果有差异,相对于中低收入者,高收入者从项目中获得了更大的状况改善(Rahman、Rafiq、Momen,2009); Armendariz 和 Morduch (2010)指出小额担保贷款是提高收入的有效方式;小额担保贷款对参与者经济方面,即收入、食品保障、就业及资产都具有正向影响,对于社会发展,除社会流动性外的其余指标,如健康及营养、教育、妇女权利等都有正效应。但从参与者的综合生活条件状况来看,只有 36.1%的参与者得到改善,23.8%的参与者状况没有改变,还有 39%的参与者状况竟然恶化。

但针对下岗群体的再培训,对参与者的工资效应(与对照组工人比较)很少是正面的,大多数情况下是负面的(经合组织,1991);对几个青年培训项目的成本收益的分析也表明,无论是在短期还是长期内,这些计划的社会回报率通常是负的(Friedlander 等,1997);瑞典对长期失业者的培训在短期内提高了参与者的收入,但长期影响(超过两年)有些消极(Meager、Evans,1998);Aakvik 和 Heckman 等(2005)在控制样本的选择偏差方面的研究,也得到了挪威的再就业培训项目的平均收益为负的结论。此外,也有不少研究显示了培训项目的正面效果,新泽西的培训项目在完成后两年半的时间内,参与者的收入比对照组的要高(Anderson、Corson、Decker,1991),这说明了培训的长期效果显著。Boone 和 Van Ours(2004)运用 20 个 OECD 国家的面板数据,证实了培训在降低失业上的显著作用。Michael 等(2006)对德国 ALMPs 项目的分析,也说明了职业培训政策是最有效的政策。

---

① 《国际劳工局理事会就业和社会政策委员会第 288 届会议文件》(GB.288/ESP/2),2003 年 11 月。

2.2.3.2 国内研究

国内学者褚保金(2008)、孙若梅(2008)、王春蕊等(2010)均发现小额担保贷款项目对收入有显著促进作用。王海港等(2009)应用异质性处理效应模型,解决绩效评估中不可观察变量引起的选择偏差,评估珠三角农村的职业培训项目,发现参加项目者的绩效反而不如不太可能参加项目者的绩效,这一微观绩效评估方法值得借鉴。赖德胜、孟大虎等(2011)通过建立总量数据(1998—2008)回归模型,分析我国积极及消极就业政策的长期作用,得出积极就业政策支出增加1%,下岗失业人员再就业数量会增加0.27%;而消极就业政策的支出每增加1%,则下岗失业人员再就业数量反而降低1.05%。李静等(2013)则得出培训在初期具有显著的收入效应,但该效应会逐步弱化的结论。

综合来看,学者对就业政策在提升个体收入方面研究较多,而对于政策的主观绩效评价鲜有涉及。一是主观评估指标难以界定与量化,给评估带来困难;二是积极就业政策对就业及收入有最直接的影响,评估这两方面的绩效符合现实需求。本书也遵循学者研究惯例,从收入指标刻画项目绩效,但不同之处是比较了不同项目间的相对绩效状况,而非仅仅得出某一项目的绝对绩效。

2.2.4 积极就业促进政策绩效的地区差异

我国地区差距极大,全国性就业政策实施必然受地区异质性影响,但这一点在以往研究中很少涉及,代表性研究有:Bidani等(2009)首次运用现代微观计量方法评估中国积极就业政策,利用沈阳与武汉的微观数据,发现在就业机会指标上武汉的效果更好,而在收入指标上沈阳的效果更好;赵曼等(2010)根据9省27市的微观数据发现,各省份、个体间在就业机会和收入上的项目实施效果差别巨大,他们的研究考虑了不同个体以及不同项目效果的异质性,一定程度上规避了选择偏差。董云霞(2013)利用泰尔系数测度与分解了就业支出的地区差异,得出地区间就业支出的总体差异在下降,但其研究并没有涉及具体的就业项目绩效状况。中国区域差异巨大,忽略地区异质性的微观评估,并不能代表区域间真实的政策效果差异(谢宇,2006)。本书考虑到这一问题,在得到项目的平均相对绩效后,分析了绩效的地区差异性并分解了绩效差异的个体、地区层次来源,是对单纯微观信息评估的拓展。

2.3 相关实证研究的数据

本书相关实证研究的数据源自 2008 年世界银行抽样调查及 2014—2015 年补充调研的相关资料。抽样框为全体参加积极就业项目人员。采用多阶段分层抽样及系统抽样方法。第一阶段,按照东中西,发达、中等、落后的原则抽取 9 个省份(河南,新疆,安徽,云南,山东,湖北,陕西,江苏,黑龙江);第二阶段从每个省按发达、中等、落后的原则各抽取 3 个城市,共计 27 个城市;第三阶段在每个城市享受积极就业促进政策名单(2003—2008 年间享受积极就业促进政策的失业人员)中抽取样本,共计 7800 个样本。问卷内容包括:个人及家庭基本情况、参加项目情况、项目效果的主客观指标。由于涉及收入等数据,存在逻辑矛盾及缺失情况,对这类样本采取删除的处理方式,最后的有效样本为 6705 个。表 2.2 为 5 个项目调查变量的说明,详细介绍了每个变量及代码的含义。

表 2.2　　　　　　　　　　变量说明

序号	变量	标　　签
1	编号	问卷编号
2	省份	1=云南,2=河南,3=山东,4=江苏,5=新疆,6=山西,7=黑龙江,8=安徽,9=湖北
3	城市	城市
4	项目	项目
5	a01	年龄
6	a02	民族　1=汉族,2=少数民族
7	a03	性别　1=男,2=女
8	a04	户籍类别　1=城市户口,2=农村户口
9	a05a	受教育年限

续表

序号	变量	标 签
10	a05b	学历　1=小学，2=初中，3=高中，4=大专，5=大学
11	a06	健康状况　1=非常差，2=差，3=正常，4=好，5=非常好
12	a07	政治面貌　1=共产党员，2=其他党派人员，3=无党派人士
13	a08	当前工作所在地　1=省会城市，2=地级市，3=县
14	a09a	家庭人口数
15	a09b	家庭人员中35岁以下的人口数
16	a10	35岁以下人员中能够为家庭增收的人口数
17	a11	家庭总支出
18	a12	家庭总收入
19	b01a	首次就业时间
20	b01b	首次失业时间
21	b01c	接受过几种培训
22	b02	相较失业前，你首次失业后的生活条件 1=有所退化，2=稍微变差，3=不变，4=有所提高，5=非常差
23	b03a	首次失业前工作单位性质 1=中央在本省的国有企业，2=省属国有企业，3=市属国有企业，4=集体企业，5=私营企业，6=外资企业，7=行政事业单位，8=其他
24	b03b	再就业工作单位性质 1=省中央事业单位，2=省级事业单位，3=市级事业单位，4=村级事业单位，5=私有企业，6=外商独资企业，7=行政机构，8=其他
25	c01a	开始接受培训的时间
26	c01b	结束培训的时间
27	input	"对于职业培训"是指您上课的次数；"对于找工作、社会救济和公共就业"是指您对市场政策的投资；"对于小额担保贷款"是指您的贷款金额

续表

序号	变量	标签
28	c0403a03	接受政策前最后一份工作的就业途径
29	c0403a04	接受政策前最高月薪
30	c0403a05	接受培训前每年的奖金、补贴、红利
31	c0403b03	接受政策后第一份工作的就业途径
32	c0403b04	接受政策后第一份工作的最高月薪
33	c0403b05	接受培训后每年的奖金、补贴、红利
34	c05	是否有信心在将来找到更满意的工作

微观层面变量包括：年龄、民族、性别、户籍、受教育水平、工作经验、健康水平、政治状况、接受政策前年薪、接受政策后年薪、工作单位所在地。宏观层面变量包括：实际人均 GDP 增长率、就业支出增长率、登记失业率、不公平程度。同时考察项目实施动态效应的变量有：相对生活水平变化、未来就业信心变化、收入变化。分项目的变量的描述性统计分析如表 2.3 所示。

表 2.3　　　　　　　变量的描述性统计分析

变量	均值（标准差）					
	总体	项目 1	项目 2	项目 3	项目 4	项目 5
年龄	40.589 (8.474)	36.349 (9.676)	38.711 (9.222)	41.231 (7.215)	43.917 (5.907)	43.245 (6.792)
受教育水平	10.784 (2.617)	10.964 (2.514)	11.070 (2.603)	11.167 (2.548)	10.432 (2.397)	10.360 (2.900)
接受政策前年薪	8.661 (0.627)	8.738 (0.688)	8.715 (0.515)	8.735 (0.774)	8.614 (0.431)	8.526 (0.637)
接受政策后年薪	8.971 (0.619)	9.036 (0.534)	8.860 (0.444)	9.589 (0.900)	8.774 (0.361)	8.733 (0.366)

续表

变量	类型	频率				
		项目1	项目2	项目3	项目4	项目5
民族	汉族	95.08	95.74	95.77	95.04	94.48
	非汉族	4.92	4.26	4.23	4.96	5.52
性别	男	60.06	64.52	46.24	75.69	66.13
	女	39.94	35.48	53.76	24.31	33.87
户籍类别	城镇	75.22	92.06	94.89	96.47	93.97
	农村	24.78	7.94	5.11	3.53	6.03
文化程度	小学	1.77	2.10	1.86	2.71	4.67
	初中	26.70	28.09	21.54	30.94	34.22
	高中	54.99	49.96	53.99	52.45	43.26
	大专	13.57	16.99	19.24	12.66	15.19
	大学	2.97	2.86	3.37	1.24	2.67
健康状况	非常差	0.50	0.50	0.53	1.37	0.87
	差	3.11	5.01	2.82	7.99	6.03
	正常	27.83	26.82	22.10	40.14	40.26
	好	30.32	34.00	33.71	28.99	30.38
	非常好	38.23	33.67	40.85	21.51	22.46
政治面貌	无党派人士	88.92	88.72	79.23	86.55	85.54
	共产党员	8.66	9.94	17.69	11.51	12.86
	其他党派	2.43	1.34	3.08	1.94	1.60
当前工作所在地	农村	1.25	0.42	1.58	0.07	1.67
	乡镇	5.04	3.68	4.67	2.37	3.85
	县城	6.35	9.77	12.15	6.76	8.14
	地级市	63.82	66.08	59.60	64.39	62.35
	省会城市	23.54	20.05	22.01	26.40	23.98

通过表 2.3 可以看出，项目 1~5 五个组之间存在一定的差异。从微观层面来看，项目 3、项目 4、项目 5 的年龄明显大于项目 1 和项目 2；项目 2、项目 3 的受教育水平略高于项目 1、项目 4、项目 5；5 个项目在接受政策前年薪基本相同，且波动都不大；但项目 3 在接受政策后年薪明显高于其他几个项目。对于性别这一统计量，只有项目 3 的女性比例大于男性，其他项目的男性比例都远大于女性；户籍类别中城镇比例都远大于农村；文化程度中占比最高的都是高中；关于健康状况，项目 1、项目 3 中占比最高的是非常好，项目 2 占比最高的是好，项目 4、项目 5 中占比最高的是正常；大部分人为无党派人士；当前工作所在地大部分为地级市。

3 政策绩效评估理论基础和方法选择

公共政策的实施伴随着利益的分配与再分配，对公共政策进行科学可信的评估可以为政府和公众决策提供重要依据。对政府而言，如何将有限的资金合理分配到最有效的项目，政策能否实现预期目标，都依赖于政府对政策实施效果的准确判断。对公众而言，是否参与具体项目依赖于政策能否改善收入或福利水平。因此，政策评估十分必要，而对就业促进政策进行组合优化的前提就是需要构建一套严谨、精准和科学的政策评估方法。

本章主要介绍各种政策评估方法。社会实验法和非实验法是进行政策评估的主要方法。社会实验法是最理想的研究设计方法，通过随机分配将项目参与者分为实验组和控制组，有信度地分离特定政策的干预效果和整体政策效应，再通过比较两组参与者的经济收入或满意度来考察政策效果。但实验法的要求十分严格，受主客观的多重限制，现实中往往难以全部满足。非实验法无需经过社会实验，仅需通过计量经济学或统计学的手段就可获得政策参与者和非参与者间的政策效果差异。与严谨的社会实验法相比，非实验法更易实施，应用条件更加符合现实状况。因此，非实验法逐渐成为政策评估领域的主流方法。目前非实验法有两条不同的发展路径：计量经济学派的结构法（Structural）和统计学派的简约法（Reduced Form）。本章从结构法和简约法这两个新的分析框架出发，对非实验法进行分类梳理归纳。为了使讨论更为具体，以积极就业促进政策为例，展示各类方法的基本原理、局限性和研究前景，剖析不同方法的评估层次和可评估的政策效应类型，为公共政策评估的方法选择提供参考。

3.1 理论基础

3.1.1 人力资本投资理论

人力资本理论的开创者是西奥多·舒尔茨。20世纪50年代，他提出人力资本是个体自身知识、能力、经验等的价值体现。加利·贝克尔认为："人力资本投资是通过增加人力资源、影响未来货币收入和精神收入的活动。"①他以劳动力要素分析为中心，将人力资本投资概括为医疗保健、在职培训、学校教育和迁移等方面，并注重培训和教育对形成人力资本的作用。宇泽弘文（1965）、罗默尔（1986）、卢卡斯（1988）、巴罗（1996）、菲利帕普洛斯（2003）等也作出了贡献，他们建立了以人力资本投资为核心的经济增长模型，强调知识和人力资本是经济增长的源泉。

在人力资本与收入分配方面，雅各布·明瑟尔首先把人力资本理论应用到劳动经济学中②。1958年，他在《个人资本投资与个人收入分配》一文中提出，"在自由决策的条件下，每个人基于收入最大化原则，进行不同形式的人力资本投资。由于决策行为不同，收入不同"。在《在职培训、成本、收益与某些含义》一文中，他将人力资本积累分解成正规学校教育和在职培训两类。1974年他创建了完备的人力资本积累的收入模型③，进一步明确人力资本投资可分为学校教育投资和在职培训投资，并用受教育年限表示教育投资，用工作年限表示培训投资，利用多元函数论证了它们对收入的关键影响。

$$\ln Y_i = \beta_0 + \gamma S_i + \beta_1 E_i + \beta_2 E_i^2 + \varepsilon_i$$

此公式即著名的明瑟工资方程。根据明瑟尔理论，职业培训提高了劳动者技能，虽然减少了当期收入，增加了当期支出，但培训具有潜在收

---

① Beeker, *Human Captial*, New York：Columbia University Pressfor NBER，1964.
② ［美］雅各布·明瑟尔：《人资资本研究》，张凤林译，中国经济出版社2001年版，第127页。
③ Mineer, J. *Schooling, Experience, and Earnings*, New York：National Bureau of Economic Research，1974.

益,且潜在收益随着培训投资的积累而积累。因此职业培训这一人力资本投资形式可以增加收入。此后,许多经济学家如 Bihll(2001)通过分析人力资本代际的演变过程,研究了人力资本演化中的不平等趋势。Zileha(2005)认为人力资本的积累既依靠父母、教育和社会,也依靠技术发展。国内对人力资本和收入分配的理论性研究较少。龚六堂和王第海(2009)发现利率水平和教育投资成本是正比关系,收入不平等现象逐渐减弱。靳卫东(2007、2010)发现增加人力资本投资可以促进中低收入群体改善收入,但最贫困的群体收益几乎没有改变,因此人力资本投资会加大收入差距。

3.1.2 自雇佣理论

小额担保贷款虽是一种就业扶持政策,但政府并不向劳动者直接提供工作岗位,而是给予失业者资金补助,为其提供创业资金来源,以促进失业者实现自我雇佣,其收入来源于所创办的企业获得的利润。小额担保贷款从以下几方面提升劳动者的收入,首先,提供创业资金,资金经由劳动者的实业投资活动转化为资本,获得自雇收益。其次,财政贴息。对于在规定期限内的微利项目,财政部门负责对小额担保贷款经营项目按季进行全额贴息,非微利项目予以50%的贴息,这本质上是一种财政转移支付。小额担保贷款项目申请者无需为自己的贷款支付对应的贷款利息,节余了利息支出,形成劳动者的隐性收入。最后,通过小额担保贷款项目的创业活动,能带动其他失业者就业,提供更多工作岗位,提升其他受雇劳动者的收入,具有很大的外溢效应,这也是小额担保贷款区别于其他各种创业扶持政策的显著特点。

劳动者的就业方式有三种:工资性就业、自我雇佣和失业(Tervo,2008)。经合组织将自我雇佣定义为在职者做出个体经营抉择,并负责企业的福利,其利润和薪酬来自创办企业的盈利。因此自我雇佣者主要指小微型企业和非正式劳动组织的雇主。Knight(1921)认为个体总是根据三种就业方式的相对价格(效用)选择最终就业方式。当自雇创业带来的收入高于其他两种就业方式时,个体会选择自我雇佣。自雇行为受到失业驱动,反过来增加就业率、降低失业率。Parasuraman 和 Simmers(2001)认为自雇者比工资雇佣者在工作中享有更大的自由度,能够兼顾家庭,这也是促使个人选择自雇活动的重要原因之一。另外,还有学者认为政府的税收效应激励一部分工资性就业者或失业者从事创业活动(Schuetze,2002)。

小额担保贷款申请者,通过优惠的价格获得创办企业所需的资金,他们进入劳动力市场进行创业活动,获得自雇收入,直接促进就业;新开办的企业雇佣员工,间接扩大就业机会,促进市场竞争和经济增长。人口学特征(年龄、性别、教育等)、社会资本、流动性约束和宏观环境影响劳动者进入自雇状态(Ekelund,2005;Lee、Peterson,2007;Munoz、Cueto,2008;Block、Sander,2009;解垩,2012;宁光杰,2013;石丹淅、赖德胜,2013)。

小额担保贷款项目参与者获得创业资金后,通过创办微利企业,实现自我雇佣,获得收入,影响自雇佣收入的因素有物质资本、个人能力等。小额担保贷款项目绩效评估以自雇佣理论(McKernan,2002)为基础。自雇佣理论基础模型如下:

$$Y_i = (X_i, Z_i, C_i, O_i)$$

其中,Y_i 是个体收入,X_i 是个体特征(年龄、性别、民族、受教育水平等),Z_i 是拥有的资产,C_i 是贷款,O_i 是不可测因素。

3.1.3 工作搜寻理论

职业介绍的理论基础是工作搜寻理论(Pissarides Mortensen、Diamond,2010),它假设个体只有了解经济体中存在的工资分布,并且为了能够遇到会向他们发出确定工资报价的雇主而进行搜寻。个体寻找工作的最佳策略就是选择他能够接收到的最低报酬的保留工资,所选择的金额取决于构成经济环境的全部参数,尤其是职位破坏率、聘约收到率和失业保险福利。工作搜寻模型比较准确地揭示了影响失业持续期的因素。该理论认为失业者寻找工作是一个匹配(Matching)过程。通过工作搜寻,失业者能够重新回到工作岗位,进而改变个人收入。在工作搜寻过程中,个体特征(年龄、性别、民族、受教育水平等)、失业福利、搜寻成本、市场结构(如劳动力市场拥挤程度、失业率等)等会直接影响失业者最终的就业岗位,从而间接影响人的收入。

斯蒂格勒(Stigler,1961)最早提出固定搜寻模型,但未涉及劳动力市场。麦考克(McCall,1965)提出序列搜寻模型,考察第一次进行劳动力市场的工作搜寻行为。他认为求职者事先确定保留工资,当搜寻到的工资条件超过保留工资时,求职者不再搜寻。此后,菲尔普斯(Phelps,1970)、巴特(Butter,1977)、罗格(Roger,1980)、戴蒙德(Diamond,1982)、范·登·伯格(Van den Berg,1992、1998)、莫滕森(Mortensen,1998)和朗格特(Langot,2004)等不断改进工作搜寻模型。2010年诺贝尔经济学奖获得者戴蒙德、莫滕森和皮萨里德斯(2010),提出了DMP模型,认为失业者寻找工作是一个匹配过程。他们将企业行为引入搜寻模型,强调求职是双边搜寻过程,需经过搜寻、匹配和工资定价三个步骤。搜寻是延长失业时间的重要因素,失业保险会延长搜寻时间,进而引起失业时长的增加。因此在工作搜寻匹配过程中,失业福利、搜寻成本、市场结构(如劳动力市场拥挤程度、失业率等)、搜寻方式等会直接影响失业者最终的就业岗位,从而间接影响收入。

在劳动力市场上,失业者通过职业搜寻做出职业决策。但处于信息劣势的劳动者,获取职业信息的渠道单一,岗位搜寻成本大,匹配效率低。职业介绍机构通过了解供求双方需求,改善信息分布结构,尽管企业工资报价未完全披露,但可以减少求职者的搜寻成本,丰富就业渠道,减少摩擦性失业(石莹,2010;穆睿,2012;王勇,2014;魏霁,2015)。

工作搜寻理论基础模型如下:

$$Y_i = (X_i, Z_i, C_i, M_i, O_i)$$

其中,Y_i是个体收入,X_i是个体特征(年龄、性别、民族、受教育水平等),Z_i是失业福利,C_i是搜寻成本,M_i是市场结构,O_i是不可测因素。

3.2 评估中的基本问题

3.2.1 因果推断和反事实问题

公共政策的本质是对社会生活和行为的干预,因此政策评估的本质是对这种干预的因果推断,通过揭示因果机制反映其有效性。要准确评估某项公共政策,就要分离该项政策的干预效应和其他政策的干预效应,就是说在评估过程中,一定要保证政策对象仅受该项政策的直接干预。但在现实情况中,这很难实现。比如在评估培训项目的效果时,政策执行者最关心的是失业者参加培训后,经济状况是否改变以及改变了多少?无论哪种评估方法都必须回答这一基本问题,但是就参与者个体而言,这是一个假设性问题。因为要准确考察培训对参与者的影响,就应该比较培训后参与者的收入和他未接受培训情况下相同时间段的收入。但未接受培训是假设状态,因为在同一时点上,参与者不可能同时经历培训和不培训两种状态。也就是说,存在着"反事实"(Counterfactual)。对于受训者而言,不受训情况下的收入是反事实。因此如何构建"反事实"是政策评估方法的基础问题(Holland,1986)。实验法利用随机分配解决此问题,非实验法采取计量或统计技术使实验组和对照组趋近同质,以达到近似随机分配从而解决此问题。本节接下来要讨论的各类非实验方法,就是从不同的技术手段出发构建"反事实"。

3.2.2 选择性偏差问题

正如前文所说,实验法通过随机分配构建实验组和控制组,比较两种状态下参与者的收入水平,以估计项目的实际影响。而非实验法是比较非随机分配情况下的两组收入,这正是非实验法最大的问题。因为非随机分配不能确保两组不同状态下的参与者是同质的,那么项目的效果差异就可能不单来自项目本身,还可能来自参与者。仍以培训为例,与未受训者相比,如果受训者在参与培训前就具备良好的家庭背景和社会资本,那么参与培训后,受训者和未受训者的收入差异,有可能源自两者的家庭背景和社会资本的差异,而非仅仅是培训。这种由于两者本身特性不同而造成的效应估计值与真实值之间的差异,称为选择性偏差(Selection Bias)。在非随机分配状态下,非实验法很难区分政策效应与政策对象自身所带来的效应,常面临选择性偏差问题。因此如何利用结构法和简约法减弱选择性偏差是非实验法研究的核心。

3.2.3 评估的层次问题

政策评估贯穿政策实施全阶段,既有政策实施前的预评估,又有政策执行时的事中评估,还有政策完成后的事后评估,因此评估目的具备多元化特征:比较备选方案,为确定优先顺序提供参考;根据评估结果,提供继续执行或终止执行的决策参考,如果继续执行原政策,则提出改进建议，如果终止执行原政策，则重新分配政策资源，提出新的政策方案。依据政策评估的不同目的，众多学者将政策评估分为不同的层次，其中最著名的是 Heckman(2000、2005、2008、2010)的层次划分标准：第一层次是评估当前政策的效应，包括以福利形式体现的影响，即内在效度问题；第二层次是预测将已有政策应用到一个与当前环境不同后的效应，即外在效度问题；第三层次是预测一项从未实行的政策效应。

3.2.4 政策效应类型问题

根据不同的政策评估需求，研究者需要考虑不同的政策干预效应，估计单个政策受体的政策效应较难，因此一般关注 5 种总体层面的干预效应。第一种是平均干预效应(Average Treatment Effect，ATE = $E(Y_1 - Y_0)$)，比如对于职业培训政策，任意选取一些人(他们自身不能决定参加与否)参加培训，分析他们由于参与职业培训而增加的平均收入(相对于没有接受职业培训情况下的收入)。第二种是参与者的平均干预效应(Average Treatment Effect on the Treated，ATT = $E(Y_1 - Y_0|D = 1)$)，表示政策受体(真正参与职业培训的群体)的平均干预效应。第三种是非参与者的平均干预效应(Average Treatment Effect on the Untreated，TUT = $E(Y_1 - Y_0|D = 0)$)，表示政策非受体(未参与职业培训的群体)与假如他们参与职业培训时相比所产生的干预效应的均值。第四种是边际干预效应(Marginal Treatment Effect，MTE)，表示处于参与或不参与职业培训临界状态的群体，最终选择参与培训时的平均干预效应。第五种是局部平均干预效应(Local Average Treatment Effect，LATE)，表示参与状态随政策变化而变化的政策受体的平均干预效应。比如培训地点在 A 时不参加，但改为地点 B 时却参加的那一部分人的平均干预效应。

3.3 结构法

结构法包括样本选择模型、工具变量法、双重差分模型和断点回归方法等。它通过经济理论构建经济结构模型，不断深入把握选择过程和放松选择过程假设，并以此为基础评判历史政策的效果、政策实施对象的行为特征以及福利效应生成机制，并利用积累的规律对不同人群以及不同政策实施效应进行合理预测。该方法最大的缺陷是要对行为模型和福利效应生成机制进行结构性的假设,这会对分析的可靠性和有效性产生影响;对不同人群以及不同政策实施效果的预测同样需要假定评估模型的结构稳定性,这在现实中很难实现。

3.3.1 样本选择模型

样本选择模型(Sample Selection Model)的代表人物是 Heckman,该模型最早由 Heckman(1974)提出。在研究妇女劳动力供给与市场工资关系时,他发现并证明了选择偏差的存在,提出用样本选择模型及其似然估计解决自选择问题,但因估计方法复杂、计算量大等原因,该模型并未得到重视。1979 年他正式提出了两步估计法,即著名的 Heckman 修正方法。Heckman 和 Robb(1985)详述了两步估计法在政策效应评估中的应用。Heckman(2003)等放松了传统的两步估计法的假设条件,提出了扩展的两步估计法。除此之外,其他学者也对模型的形式和估计方法不断改进(Ahn、Powell,1993;Vella,1998;Heitmueller,2000;Carneiro、Heckman,2009;朱平芳、王培,2010;Chen、Zhou,2010;G Montes,2011;王亚峰,2012)。

该模型的核心思想是把未观测到的选择因素看作模型设定错误或者遗漏变量,对选择过程建模,并在结果方程中加以使用。实证研究中分为两个阶段。第一阶段根据经济理论构造选择方程。以探究培训与工资收入关系为例,首先引入示性变量 D_i 代表个体是否选择参与培训:

$$D_i = \begin{cases} 1, & if \ D_i^* > 0 \\ 0, & if \ D_i^* < 0 \end{cases}, \ D_i^* = \pi_0 + \pi_1 x_i + \mu_i$$

D_i^* 是一个潜在内生变量,如果 D_i^* 大于政策门槛值(比如 0),则可以观测到个体选择参与培训($D_i = 1$),反之则表示个体未选择参与培训($D_i = 0$)。X_i 是影响选择过程的其他因素,例如参与者的年龄、性别、家庭收入等。然后求解选择方程为 $\Pr(D_i = 1 | X_i) = \Phi(\pi_0 + \pi_1 X_i)$,Pr 表示个体 i 选择参与培训的概率。第二阶段求解结果方程:$Y_i = \alpha + \beta_0 Z_i + \varepsilon_i$(只有 $D_i = 1$ 才会被观测到),其中 Z_i 是决定收入 Y_i 的外生变量向量,误差项 μ_i 和 ε_i 服从二维正态分布,且 $\text{Cov}(\mu_i, \varepsilon_i) \neq 0$。传统的两步法将逆

3.3 结 构 法

米尔斯比 λ_i（由选择方程回归得到）作为解释变量加入结果方程中，用于纠正样本的选择性偏差。

由于 Heckman 的两步法简单易行，国外学者已将其广泛应用于积极就业促进政策评估领域，但国内学者较少运用该模型评估积极就业促进政策，学术论文不超过 5 篇①。比较有代表性的是：李湘萍和郝克明（2007）利用 2005 年中国佛山、长沙和成都 3 个城市企业员工培训和继续学习调查数据，分析企业在职培训对员工收入增长的影响。运用两步估计法研究发现参加在职培训的员工平均收入比没有参加在职培训的员工收入高 10.5%。张世伟和周闯（2009）使用 2002 年中国家庭收入项目调查数据，用两步法估计简化式劳动参与方程、修正工资方程，并在此基础上估计结构式劳动参与方程。研究认为单纯的收入维持政策（如最低生活保障制度）只能在短期内缓解城镇贫困问题，积极的劳动力市场政策（如提供公共岗位）可以促进劳动参与，有效解决城镇收入差距问题。李锐等（2015）利用 2008 年世界银行调查数据以及 2014—2015 年补充调研资料，用扩展的 Heckman 样本选择模型，将双选择模型与绩效评估方程结合，估计积极就业促进政策项目绩效的主客观效应。研究发现项目主客观平均效应的方向一致；一旦考虑本质异质性，不同项目及个体的主客观效应有显著差异。

这些实证研究的文献进一步表明样本选择模型强调对选择过程建模，选择偏差的影响既不能被忽略也不能被假定是随机的。然而在运用模型时，学者也指出该模型仍然存在问题：第一，此模型严重依赖模型设定的正确性，甚至比普通回归更加依赖；第二，选择方程和结果方程的协变量往往是类似甚至相同的，这会造成共线性问题；第三，需要对不可观测变量的分布进行潜在的前提假设（Rotae L，2011），很难找到可信的排除性假设。因此，采用半参数或非参数估计方法评估政策效应，继续放松假设获得无偏估计，同方差问题等都是未来研究方向（T Hasebe，2013；Semykina，Wooldridge，2015）。

---

① 数据来源于 CNKI 中国知网数据库中主题或篇名或摘要或关键词中含有"Heckman"或"样本选择模型"的文献数量。

3.3.2 工具变量法

工具变量(Instrumental Variable，IV)法的代表人物是 Angrist。工具变量原理最早由 Philip G. Wright(1928)提出,但最早将其应用到社会项目评估中的是 Heckman 和 Richard(1985，1986),之后 IV 法受到广泛关注。Angrist 和 Krueger(1990、1991)展示了运用 IV 进行因果推断的价值。Angrist 和 Krueger(1992)提出了双样本工具变量(TSIV),拓宽了工具变量法的使用范围。Imbens 和 Angrist(1994)提出了 IV 法可用来估计局部平均处理效应(LATE)。Bound、Jaeger 和 Baker(1995)指出了弱工具变量问题,将 IV 的效率问题和选取准则引入研究。此后,相关研究主要集中在最优工具变量选择问题上。Donald 和 Newey(2001)研究了包含内生解释变量的线性回归模型中最优 IV 的选取准则。Stock 和 Yogo(2005)构造了两个统计量以检验弱工具变量。Okui(2009)研究了动态面板模型最优 IV 的选取准则等。王美今(2012)指出了包含内生解释变量的线性回归模型中,IV 估计量应具有最小均方误差。

该方法的核心思想是寻找一个变量,使得该变量与内生解释变量高度相关,但与误差项和其他变量不相关。实证研究中分为两个阶段(2SLS)。第一阶段寻找合适的工具变量并预测自变量。以探究培训时长和工资收入之间的因果关系为例,基本回归模型为 $Y_i = \alpha + \rho S_i + \pi_0 X_i + \eta_i$,其中 Y_i 表示个体 i 的工资收入,s_i 表示培训时长,η_i 是误差项,且包含遗漏变量——工作能力 A_i。通过理论积累找到与培训时长 s_i 有关、与其他影响收入的因素无关的工具变量 Z_i。用 Z_i 和 X_i 预测自变量 s_i:$s_i = \pi_0 X_i + \pi_1 Z_i + \xi_i$。第二阶段求解政策效应。将第一阶段估计得到的拟合值 $\hat{s}_i$ 作为解释变量进行回归:$Y_i = \alpha X_i + \rho \hat{s}_i + \eta_i$,其中 ρ 表示培训时长 s_i 对工资收入 Y_i 的影响,即培训的政策效应。

由于 IV 法可以有效解决遗漏变量偏差、测量误差和逆向因果三种内生性情况(Lee，2005;Wooldridge，2010),国外学者已将其广泛应用于积极就业促进政策评估领域,但国内学者很少运用该模型评估积极就业促进政策,相关学术论文不超过 15 篇①。比较有代表性的是:陈耀波(2009、2011)使用家庭到培训中心的平均距离、家庭中的劳动力比例作为工具变量,运用 IV 法研究发现,培训前的工资下降会促使能力较高的劳动者参加培训;择优效应和培训本身均对收入变化有积极作用。王文成和周津宇(2012)使用东北农村地区农户调查数据,选取农户至其能借到资金的金融机构(或个人)的距离作为农户借贷的工具变量,构建工具变量分位数回归(IVQR)模型,经过分析发现借贷资金仅对中等收入农户效应明显。李雪等(2012)使用 2003 年和 2006 年全国城市居民综合社会调查数据,选择"工作是否要求持有职业资格证书"作为"从业者是否持有职业资格证书"的工具变量,采用 2SLS 研究发现,职业资格证书持有者的平均收入比未持有者约多 9.3%。

这些实证研究的文献表明 IV 法能在一定程度上解决内生性问题,但学者们在运用工具变量估计时,也发现该方法仍存在问题:第一,寻找一个好的工具变量非常难(Lee,2009;Rotar L,2012),例如,在评估培训对工资收入影响时,很难找到一个影响培训参与但不直接影响工资或就业选择的变量;第二,工具变量估计量的结果往往因工具变量的选取而异;第三,它需要假设个体对政策反应的异质性不影响参与决策。因此寻找最佳工具变量、完善多工具变量,以及线性或非线性模型工具变量的选取等都是未来的研究方向(Chaisemartin,2014;Bekker、Crudu,2015)。

3.3.3 双重差分模型

双重差分(Difference in Difference,DID)模型最早由 Ashenfelter(1978)引入经济学领域,Ashenfelter 和 Card(1985)首次采用 DID 模型评估培训效应,Heckman 等(1985、1986)阐述了该模型在公共政策效应评估中的应用。Card 和 Kreuger 将该模型广泛应用在就业领域。随后,学者对该模型的研究和应用层出不穷(Card、Kreuger,1992;Bruce,1995;Kluve,1999;Bergemann 等,2005;Bassanini、Venn,2007;Nunes、Teixeira,2009;Amable、Françon,2014)。

---

① 数据来源于 CNKI 中国知网数据库中篇名或摘要或关键词中含有"工具变量"的文献数量。

该模型的核心思想源自"自然实验法",通过对比处理组和对照组在政策实施前后的影响差异来评估政策效应。实证研究中的关键是构造双重差分估计量。仍以培训政策效应评估为例,首先进行随机或类似随机的实验分组,一组为参与培训群体($D_{it}=1$),另一组为不参与培训群体($D_{it}=0$),同时用$T_{it}=0$表示培训政策实施前的时间段,$T_{it}=1$表示政策实施后的时间段。群体分组变量和时间分组变量的乘积即为双重差分估计量$D_{it}*T_{it}$,用模型表示为:

$$Y_{it} = \alpha D_{it} + \beta T_{it} + \gamma (D_{it}*T_{it}) + \eta X_i + \mu_{it}$$

其中Y_{0t_1}和Y_{1t_1}分别表示政策实施后t_1时刻干预组和控制组的政策效应;γ就是政策效应。由于双重差分模型思路简洁,回归估计方法日趋成熟,国外学者已将其广泛应用于积极就业促进政策评估领域,但国内学者很少运用该模型评估积极就业促进政策,相关学术论文不超过7篇①。比较有代表性的有:秦川(2010)利用2009年江西省劳动和社会保障部门抽样调查数据,使用DID模型研究发现江西小额担保贷款政策具有正向的收入效应;李静等(2013)使用2006年和2009年农村固定观察点数据,利用DID模型研究发现宁夏2006年持续开展的"农民培训工程"效应显著,但2009年培训效应不明显,培训对农民增收所带来的效应呈明显下降势头;赵静(2014)使用2002—2009年中国城镇住户调查数据和双重差分法研究失业保险对就业的影响,结果发现扩大失业保险基金支出范围显著提高了劳动力的就业概率。

这些实证研究的文献进一步表明双重差分模型简单易用,既能控制样本之间不可观测的个体异质性,又能控制随时间变化的不可观测因素的影响,使政策效应评估模型更贴近现实情况。然而,在实际运用中,学者也指出该方法存在一些问题:第一,数据要求更严格,必须有政策实施前干预组和控制组的数据;第二,许多政策并不满足其严格的假设条件(陈林、伍海军,2015);第三,它要求处理组和对照组的结果变量随时间变化有共同趋势。因此,进一步放松应用假设条件,降低DID方法对政策实施时间选择的敏感度,以及综合运用DID与其他评估方法提出新的估

---

① 数据来源于CNKI中国知网数据库中篇名或摘要或关键词中含有"双重差分"或"倍差法"的文献数量。

计量等都是未来的研究方向（Brewer et al, 2013; Bækgaard, 2014; Fricke, 2015）。

3.3.4 断点回归方法

断点回归（Regression Discontinuity，RD）方法最早由 Thistlethwaite 和 Campbell（1960）提出。Trochim（1984）在综合归纳 RD 理论和方法的基础上，将断点回归模型分为清晰断点回归（Sharp RD）和模糊断点回归（Fuzzy RD）。清晰断点回归指在临界值一边接受特定干预的概率为1，在另一边为0；模糊断点回归指接受特定干预的概率大于0小于1，其中模糊断点回归可以通过两阶段最小二乘（2SLS）实现（Hahn 等，2001; Imbens、Lemiuex，2008; Angrist 等，2008）。Hahn 等（2001）从理论上证明了 RD 法的识别和估计。此后，该方法才大量应用于经济学的研究之中（Lee，2001; Van der Klaauw，2002; Porter，2005; Lalive，2007、2008; Imbens、Lemieux，2008、2009; Otsu 等，2015）。

该方法在实证研究中分为两个阶段。仍以探究培训政策效应为例，假设工作两年及以上的工人可以接受培训，低于2年的不能接受培训，则工作年限 x_i 就是一个影响培训决策的驱动变量（Forcing Variable），$D_i = \begin{cases} 1 & if \quad x_i \geq 2 \\ 0 & if \quad x_i < 2 \end{cases}$。第一阶段画出参与培训的概率和驱动变量两者关系的图形。如果图形中出现跳跃，则表明存在政策效应，反之则不存在或模型设定有误。存在政策效应时，进入第二阶段，对临界值两边的样本分别进行回归。不参与培训时工人的期望收入是 $E[Y_{0i} | x_i] = \alpha + \beta x_i$，参与培训时是 $Y_{1i} = Y_{0i} + \rho$。如果培训和收入是线性关系，则回归函数 $Y_i = \alpha + \beta x_i + \rho D_i + \varepsilon_i$，$\rho$ 就是参与培训的政策效应。如果两者是非线性关系，此时不参与培训的工人期望收入是 $E[Y_{0i} | x_i] = f(x_i)$，$f(x_i)$ 是 x_i 的一个多项式函数，则回归函数是 $Y_i = f(x_i) + \rho D_i + \varepsilon_i$。得到回归函数后，使用非参数的局部线性回归法（Hahn 等，2001）或者部分线性、局部多项式回归法（Porter，2003）来估计 ρ。

RD 法被认为是除社会实验外，假设条件最易实现、因果推断最清晰、结果最可信的评估方法（Lee、Lemieux，2009）。国外将其广泛应用于劳动经济学领域，但国内学者鲜有运用 RD 法评估积极就业促进政策的文献。这可能与该方法存在的问题相关：第一，要求的数据规模太大（Lee、Munk，2008）；第二，外部效度有限（Imbens、Lemieux，2008）。第三，估计结果不稳健。因此，如何准确选取箱体和叶宽、如何解决其推广性和结果不稳健的问题等是未来的研究方向（Wong、Steiner、Cook，2013；Kaiser，2014）。

3.4 简约法

与计量经济学流派不同，统计学派对非随机实验数据的因果分析沿袭了随机实验的传统。简约法包括倾向值匹配、倾向值分层、充分统计量等，它通过构建"干预组"（Treatment Group）和"控制组"（Control Group），将政策研究对象分为两类，比较两类人群的政策效应，从而评判历史政策的效果。它主要针对政策实施效果，注重结果评估，忽略个体的选择行为。优点在于分析结果具有很高的内部有效性，特别是面对实验数据或拟实验数据时，该方法计算复杂度更小、更易重复实施和进行灵敏度分析，因此对于政策效果的评估有不可替代的优越性。但该方法的缺陷也比较突出，外部有效性较低，很难推广分析结果。Rosenbaum 和 Rubin（1983）提出了倾向值方法，阐述了各种倾向值模型的原理。他们定义倾向值为给定观测协变量的情况下，被分配到某一特定干预的条件概率 $e(x_i) = pr(D_i = 1 \mid X_i = x_i)$。随后，倾向值方法快速发展、不断改进，逐渐成为主流的政策评估方法。各种新模型（如一般化加速回归模型 GBM、最佳匹配、倾向值加权、多值干预模型）和新的理论（如网络流理论）陆续被提出（Rosenbaum，1998；Heckman 等，1997；Lechner，2001；Imbens，2001；McCaffrey，2004；Imbens、Wooldridge，2009）。

该方法的核心思想是倾向值相同或者相似的两个对象可被视为随机参与政策。在实证研究中分为两个阶段，仍以探究培训政策效应为例。第一阶段估计倾向值，研究者一般通过 Logistic、Probit 模型或判别分析计算条件概率 pr，其中 Logistic 回归是最常用的方法。在第一阶段，协变量的选取是关键，协变量 X_i 必须满足弱条件独立性假定（CIA），即要把同时影响选择行为和政策效应的因素纳入到变量 X_i 中。除此之外，为降低估计结果的方差，与选择无关但与政策效应有关的因素也应纳入 X_i 中（Brookhart，2006）。在第二阶段，根据倾向值估计政策效应。有三种处理方法：倾向值匹配法、倾向值分层法和倾向值加权法。接下来将分别介绍这三种方法。

3.4.1 倾向值匹配法

倾向值匹配法是指按照一定的匹配算法对处理组和控制组的成员进行配对，然后对匹配后的样本进行分析。匹配的算法很多，包括贪婪匹配、最佳匹配（Fraser、Guo，2012）、局部回归匹配法（Heckman 等，1997、1998）和基因匹配法（Alexis、Jasjeet，2005）等。其中贪婪匹配包括马氏距离匹配、最近邻居匹配和卡尺内的最近邻匹配等，主要特征是逐步进行匹配，且后面进行的匹配决策不考虑前面的决策（Rosenbaum，2002）。最佳匹配包括成对匹配、一对多匹配和完全匹配，主要特征是以总距离最小为目标进行匹配，后面的决策可能改变之前的决策。局部回归匹配法包括核函数匹配法、局部线性匹配法等。匹配后首先进行平衡性的检验，然后根据匹配样本进行多元回归分析。

3.4.2 倾向值分层法

倾向值分层法指将倾向值以升序或降序重新排列样本，然后将样本分为 5 层，比较同一层内参与组和不参与组的政策效应平均差异，最后估计整个样本的 ATE 并检验统计显著性。平均政策效应 ATE 的常用表达式为

$$\text{ATE} = \sum_{k=1}^{K} \frac{n_k}{N} [\bar{Y}_{1k} - \bar{Y}_{0k}]，k = 1，\cdots，5，N 是参与组成员和不参与组成员$$

总数，n_k 是第 k 层的成员数，$\bar{Y}_{1k}$ 和 $\bar{Y}_{0k}$ 分别是参与组成员和不参与组成员的平均政策效应。

3.4.3 倾向值加权法

倾向值加权法指直接使用倾向值作为抽样权重进行多元分析。核心思想是对参与组和不参与组成员基于倾向值进行再加权，使他们能够代表研究总体（Hirano、Imbens，2003；McCaffrey，2004）。权重是加权法的关键，估计 ATE 时，参与组的权重是 $1/1 - e(x_i)$，不参与组的权重

是 $1/e(x_i)$；估计 ATT 时，参与组的权重是 1，不参与组的权重是 $e(x_i)/1-e(x_i)$。

由于倾向得分模型可以有效地平衡数据，解决多维问题，国内外学者将其广泛运用于积极就业促进政策领域。就国内研究而言，比较有代表性的有王海港等(2009)运用 PSM 模型研究珠江三角洲农村的职业培训，发现培训能够提高参与者收入，但参与者的政策效应低于平均处理效应，而后者又低于未参与者的处理效应。张世伟、王广慧(2010)使用吉林省 2006 年农村流动劳动力人口调查，采用 PSM 法估算对进城务工人员的培训的收入效应。结果表明，培训对进城务工人员的收入有显著的积极影响，相比在职培训，职前培训的效应更好。李雪(2012)采用 PSM 法估计"持有职业资格认证"对从业者的收入效应。根据"从业者是否持有职业资格证书"进行分类，对教育水平和工作年限相似的样本进行对比。研究发现倾向值匹配法的估计结果比工具变量法的估计结果大。宋月萍和张涵爱(2015)采用 PSM 法研究农民工职业培训对工资率的影响，结果表明职业培训可显著提升农民工工资。

实证研究的文章进一步表明倾向值模型能够平衡组别之间的差异，并通过降维有效处理多个协变量的情况。但它也存在问题：第一，匹配方法复杂，且仅在共同支撑域才能找到合适的配对组；第二，要求的数据规模大；第三，不能解决不可观测变量带来的选择偏差。针对这些问题，学者们不断提出改进方法，例如将倾向值匹配和分层模型结合起来考察异质性（Brand，2010；Brand、Davis，2011；Brand、Xie，2010），利用贝叶斯方法解决倾向值计算的不确定性（An，2010）等。因此，如何开发新的匹配技术，如何解决多值干预或连续型自变量问题，以及如何结合倾向得分法和其他方法等都是未来的研究方向（Zhu、Lu，2015）。

3.5 小结

现在主流的评估方法已由最初的定性评估逐渐转为定量评估。定量评估方法包括实验方法和非实验方法，实验方法虽然是政策评估的理想方法，但是由于受到多方面的限制，包括经济方面和非经济方面的限制，实验方法较难实施，因此主流的定量评估方法是非实验方法，其中又包括两种不同路径：结构计量经济学路径（Heckman，2008、2010；Chetty，2009；Blundell、Dias，2009）和简约统计学路径（Imbens、Wooldridge，2009）。两种方法各有其特点和适用性，在政策效应评估实践中，研究者必须以经济理论为基础，根据公共政策的性质和其他客观条件，结合所能获取的数据特征和待解决的政策问题选择最佳方法。表3.1展示了各具体方法能够处理的偏差来源、适用的数据类型和能估计的政策效应类型。

表3.1　　　　　　　　各种政策评估方法比较

	处理的偏差	适用数据类型	政策效应
样本选择模型	不可观测变量（样本选择偏差）	截面数据	ATE
工具变量法	不可观测变量（遗漏变量偏误、自选择、样本选择）	面板数据 截面数据	LATE
双重差分模型	不可观测变量中不随时间变化的部分	面板数据 独立混合横截面数据	ATT
断点回归方法	可观测变量（自选择偏差）	面板数据	LATE
倾向值模型	可观测变量（自选择偏差）	面板数据 截面数据	ATT、ATE

从国外的最新研究趋势来看，研究方法已从单一的评估方法转向复合的评估方法，即结构法和简约法相结合，综合起来评估公共政策效果（Heckman et al.，2015；Aliprantis，2015）。如前文所说，结构法注重结构模型的参数识别，能回答更广泛的政策问题，获得更全面的政策信息；而简约法注重政策效果，无需获知具体的政策性质，直接评估政策结果，因此综合使用结构法和简约法，可以弥补方法缺陷，提升政策评估的精确度，提高政策评估的质量，帮助政策制定者更好地制定或调整相应的政策，实现政策目标。因此在今后的实证研究中，需要力图在研究范式上运用现代科学方法体系，加大政策评估在公共管理与公共政策分析的应用，在方法拓展与创新上，努力尝试将结构法和简约法相融合，利用方法的组合提高政策评估的稳健性，构建出公共政策分析中量化理论发展的新研究领域。

4 特定项目和多项目的政策绩效评估及组合优化

我国就业支出主要有三个方面的用途,一是提高劳动者的职业技能和就业能力,包括职业培训补贴、职业介绍补贴、职业技能鉴定补贴;二是扶持劳动者自主创业,包括小额担保贷款担保基金和微利项目的小额担保贷款贴息;三是用于就业困难人员的一些政策补贴,包括公益性岗位补贴、社会保险的补贴以及特定就业政策的补贴等。

那么如何跟踪评估这些就业支出的使用效果,以及政策是否实现了预期目标,是各界非常关心的问题。从本章开始,我们将结合具体评估方法就政策组合优化问题展开研究。鉴于当前我国还没有全面系统的就业支出绩效评估方法体系,现有的零星的单项性、局部性的研究无法对已经出台的就业政策绩效进行系统比较,政策反馈优化也因缺乏客观依据而一直难以取得进展。因此本章将以 Rubin 因果模型为基础进行政策绩效评估,并就评估结果提出政策组合优化的建议。本章余下结构安排如下:第一节依托世界银行调查数据分别以职业培训和小额担保贷款为例,构建区域相对绩效差异评估模型,展开对特定项目区域间相对政策绩效评估,以期为多项目组合优化提供决策基础;第二节扩展项目数量,不局限于某个具体项目,展开多项目的政策绩效评估,并提出相应多项目组合优化机制设计与政策建议。

4.1 特定项目区域间政策相对绩效评估与政策优化

4.1.1 研究背景

就业支出绩效评估已成为政府制定就业政策、分配就业资金和加强就业管理的重要手段。但在我国,就业支出绩效评估工作尚处于起步阶段,目前还未建立起完善的就业支出绩效评估方法体系(赵曼、李锐等,2009;李锐,2010)。在此背景下,如何确保就业资金充分发挥其效益,是社会各界非常关心的问题。通过对不同区域间就业资金使用绩效差异的客观、全面的评估,有助于全面了解特定项目不同区域间效果差异情况,有助于我们科学合理地制定就业促进政策,提高政策的针对性和有效性;有助于科学合理地确定就业支出规模,优化就业支出结构;有助于正确把握和监测就业资金的使用情况和效率,及时发现资金使用中出现的问题并提出相应的解决办法,提高就业资金的使用效率和管理水平。

4.1.2 特定项目区域相对绩效差异评估模型构建

4.1.2.1 Rubin 因果模型

每一项积极就业促进政策都有确切的目标。这样一项政策的效果应该根据实际情况来进行评估。以培训为例,一项职业培训政策旨在增加个体的人力资本。职业培训政策的实际结果就是工资增加或就业概率上升。在有关劳动力市场政策研究的文献中,职业培训的实际结果往往是观察个体的反应。观察者通常知道一项政策对受益者产生的总体影响,例如接受培训以后挣到的工资。但是,要评价这项政策的效率,观察者还必须知道同一个体倘若没有接受培训,可能挣到多少工资。这是问题的症结所在,因为后一种工资是现实中无法观察到的。因此,评价一项政策措施的效果所面临的一个基本问题就是:一个得益于一项政策措施的个体,受试个体如果没有享受到这项政策措施,那么会如何反应呢?

因此,这种评价方法是基于"潜在结果"的概念之上的,并且应该归功于费雪(Fisher,1935)、罗伊(Roy,1965)、匡特(Quandt,1972)和鲁宾(Rubin,1972)。关于这个主题的研究文献一般都会提到 Rubin 因果模型。本书所面临的问题是,同一个人在不同的区域参加同一项目的相对绩效差异如何?并以此为依据,在区域间优化分配项目资金,简单来说,如果某个项目在某个区域实施效果更好,那么就应该在该地区增加该项目的资金投入。要解决该问题,本书同样会面临"潜在结果"的问题,一个人不可能同时在不同区域参加项目。本节借鉴国际范式,在 Rubin 因果模型分析框架上构建区域相对绩效评估模型并结合世界银行 2008 年调查数据提出具体的估计方法。

本节假设希望通过分析 N 个观察值以期对特定项目在不同省份实施的相对效果进行评估。不同于传统积极就业政策评估方法，本书采用的世界银行 2008 年的观察样本均参加过项目，不存在传统意义上的"对照组"与"控制组"，本书所关注的是不同省份同一项目实施效果差异，因此需要吸收和借鉴相对绩效的定义以及相关评估方法。进一步来讲，传统积极就业政策评估方法比较的是参加过项目的组与未参加过项目的组之间的差异，而本节所采用的方法比较的是参加项目的人在不同省份参加项目的效果差异。因此，两种方法都涉及真实结果与潜在结果之间的比较问题，都能纳入到 Rubin 因果模型的框架中来，仅仅是比较的对象不同，而关于相对绩效评估的研究已经比较完善了（Heckman，2007）。

本节定义 $D=1$ 代表个体在省份"1"参加特定项目，$D=0$ 代表在省份"0"参加特定项目；对特定项目参加者假设同时存在两个观察结果 (Y_1, Y_0)，例如 Y 可以用来表示失业持续期、收入等。其中 Y_1 表示特定项目参加者在省份"1"参加项目后的结果；Y_0 表示特定项目参与者在省份"0"参加项目后的结果；$\Delta_i = Y_i^1 - Y_i^0$ 代表个体 i 在不同省份参加特定项目后所产生的效果差异。对于社会科学不可能同时出现 Y_1、Y_0，因此不能观察和测量 $\Delta_i = Y_i^1 - Y_i^0$，这被 Holland(1986) 称为因果推断的基础性问题，也就是所谓的缺失值问题。针对该问题产生了很多有效的估计方法来测量 $\Delta_i = Y_i^1 - Y_i^0$，详见第二章，本节将充分借鉴国内外一些成熟做法来构建区域间相对绩效差异评估方法，并运用该方法评估省际就业支出项目的相对绩效。

4.1.2.2　Rubin 因果模型的估计

项目评估者可以通过评价同一个体接受过干预和未接受干预后不同的结果来对项目干预效果进行评估。但事实上，任何个体都不可能同时经历接受干预和未接受干预两种状态，这将会对积极就业促进项目评估造成重大影响。以下是理想状态下希望估算的平均处理差异（即平均而言特定项目参与者在不同省份参加项目之间的相对差异），该差异的直接估算在现实中往往不能实现。

(1) 平均处理差异(ATE)

总体平均处理差异(PATE)的公式为：

$$\tau_p = E(Y_i^1 - Y_i^0) \tag{4.1}$$

样本平均处理差异(SATE)的公式为：

$$\tau_S = \frac{1}{N}\sum_{i=1}^{N}(Y_i^1 - Y_i^0) \tag{4.2}$$

理论上可以采用实验方法对以上结果进行估计，但由于实验方法会产生很多的问题，例如伦理道德性的问题，国内外通用的方法中虽然有部分采用实验法，但多数还是采用非实验方法，主要思想是通过统计和计量经济学方法，使其近似于自然实验，变量控制是该类方法的核心。

(2) 绩效评估理论模型

为了理论处理上的方便，用 $\Delta_i = Y_i^1 - Y_i^0$ 代表特定项目参与者在不同省份接受同一项目后所产生的结果差异，则 $\tau_p = E[\Delta_i]$ 就是总体平均结果差异。采用类似于(Blundell、Costa Dias, 2002)的方法将 $\tau_p = E[\Delta_i]$ 这个在现实中很难估计的问题转化成回归模型参数估计问题，该方法部分地解决了因果推断的基础性问题。通过回归模型方法控制变量以近似于自然实验是绩效评估中的主要方法(Marco, 2006)。接下来的推导过程将给出关于本节区域相对绩效评估理论模型的一个严格的证明。

$$Y_i = D_i Y_i^1 + (1 - D_i) Y_i^0$$

定义如下方程：

$Y_i^1 = g^1(x_i) + U_i^1$ ①

$Y_i^0 = g^0(x_i) + U_i^0$ ②

$\Delta_i(x_i) = Y_i^1 - Y_i^0 = [g^1(x_i) - g^0(x_i)] + [U_i^1 - U_i^0]$

$Y_i = D_i Y_i^1 + (1 - D_i) Y_i^0$

$\quad = D_i[g^1(x_i) + U_i^1] + (1 - D_i)[g^0(x_i) + U_i^0]$

$\quad = g^0(x_i) + D_i[g^1(x_i) - g^0(x_i) + U_i^1 - U_i^0] + U_i^0$

---

① 其中 Y^1 是在省份"1"参加项目的个体结果变量，X 是影响结果变量的一些可观测变量，例如性别、年龄等；U^1 是在省份"1"参加项目的个体的不可观测解释变量。

② 其中 Y^0 是在省份"0"参加项目的个体结果变量，X 是影响结果变量的一些可观测变量，例如性别、年龄等；U^0 是在省份"0"参加项目的个体的不可观测解释变量。

$$= g^0(x_i) + \Delta_i(x_i) D_i + U_i^0$$
$$= g^0(x_i) + \tau_p D_i + [U_i^0 + D_i(U_i^1 - U_i^0)]$$
$$\tau_p = E[\Delta_i(x_i)] = g^1(x_i) - g^0(x_i)$$

$\tau_p = E[\Delta_i]$ 就是估计即总体平均处理差异。以上推导的简化形式为：

$$Y = X\beta + \tau_p D + \varepsilon \qquad (4.3)$$

其中 Y 是结果变量，X 是影响结果变量的一些可观测变量，例如：性别、年龄等，运用控制变量主要是利用了回归模型的实验特性①，回归系数反映的是在其余变量不变时，关注的变量发生改变对结果变量的影响，在本项目中主要是期望估算平均而言特定项目参与者在省份"1"接受项目和在省份"0"接受项目的相对效果差异，通过控制其余变量近似地达到"同一特定项目参与者"的要求，这也是主流绩效评估方法的思路之一②；ε 是不可观测解释变量。

不难发现，该模型已经将对省际的相对绩效评估问题转化为回归模型，引入适当的省际示性变量 D 后，就能够估计出相应的特定项目参与者省际政策相对绩效差别。根据该理论，本节将分别利用选择模型、持续时间模型、托比模型、多分有序模型估算出省际政策执行相对效果差异，进行政策相对绩效评估。

(3) 外生性条件

$(Y_i^1, Y_i^0) \perp D_i \mid X_i$，其中 (Y_i^1, Y_i^0) 为结果变量，D_i 为选择变量，X_i 为代表个体差异的控制变量，例如，年龄、性别、学历等。Rosenbaum 和

---

① 实验设计曾是数理统计学的一个分支，它的创始人 Fisher 早已定下实验设计的三大原理，即局部控制（Local Control）、随机化（Randomization）和重复（Replication），至今被科学实验工作者奉为圭臬。这三大原理的核心在于控制，对计量经济学来说尤其如此。为了做好政策评价或事件研究，需要找出变量之间的因果关系。这时往往要求设法使除一个因素（变量）外其余因素均保持不变。最小二乘多元回归之所以被普遍应用，其主要原因之一也就在此，即用统计方法保持其余因素不变（至于"其余因素"具体指什么因素，既是常识问题，但也可能涉及较深层的理论，如由通胀预期扩大的菲利普曲线）。

② 还有其他的绩效评估估算方法，主要是一种称为"matching"的方法，该方法的基本思路是通过找到近似的配对，找到与观察者各方面差异很小的对照者，进行比较计算，但是该方法对样本质量及样本个数要求都比较高，因此成本也很高，考虑到中国的实际情况，并没有采用该方法。

Rubin(1983)与 Lechner(1999、2002)称该条件为条件独立性,在传统的评估模型中 X_i 往往会对选择变量 D_i 产生影响,该问题被称为"自选择问题",虽然该问题已有很多解决办法,但在实物操作中很难实施(Benu 等,2005)。本节建立模型直接估算特定项目参与者在不同省际参与项目的相对绩效差异,该模型有效地避免了自选择问题,因为在中国省际示性变量近似于天然外生(一个人可以选择参不参与项目,但是很难选择在哪个省份参与项目,当前即便是农民工也基本都是按户籍所在地参与项目),满足外生性假设。外生性条件,是本书可以采用回归模型控制变量的基础,但是也要求本书在运用该方法时尽可能地控制相关变量。关于控制变量选择我们考虑到主要是进行控制,所以只要满足以下条件之一,就可加入回归模型作为控制变量:调研过程中发现有影响;经济学上可以解释;统计上看较显著。

4.1.2.3 模型选择

(1)基本模型——以职业培训为例

①基本模型1(再就业几率:Logit 模型)。

以往关于劳动参与率的研究,很多是利用选择模型来估计劳动力参与和退出劳动力市场的情况(Kilkenny、Huffman,2003),Zweimüller 和 Winter-Ebmer(1996)利用选择模型评估培训项目对再就业几率的影响;Kluve、Schmidt(2002)利用多元选择模型评估培训项目对再就业几率的影响。Hamalainen(2002)利用选择模型评估了芬兰的劳动力市场培训项目对再就业几率的影响;Larsson(2002)利用选择模型评估了瑞典青年培训项目对再就业几率的影响;Jochen Kluve 等(2007)利用选择模型对欧洲积极就业促进政策对再就业几率的影响进行了整体评估。

在本节中我们将沿用选择模型,并且采用 Logit 模型(事实上 Probit 模型与 Logit 模型并无理论上的优劣差异,本节主要依据拟合优度以及预测精准度来选择模型,国外研究者同样是根据实际情况选择模型进行绩效评估)来估计不同因素对个人参与和退出劳动力市场的影响。

本部分采用的模型为:

$$\mathrm{log}it(y=1) = G(-\beta X^T - \tau_p D) \quad (4.4)$$

$\tau_p = E[\Delta_i]$ 表示总体平均特定项目参与者不同省际参与项目相对绩效

差异。$y=1$ 表示参与项目后成功就业，$logit(y=1)$ 表示就业相对于未能就业的概率优势，$logit(y=1)=\log\left(\frac{P(y=1)}{1-P(y=1)}\right)$，其中 $P(y=1)$ 表示成功就业的概率，$1-P(y=1)$ 表示未能成功就业的概率，比如 $P(y=1)=0.8$，$1-P(y=1)=0.2$，则优势比为 $\log\left(\frac{P(y=1)}{1-P(y=1)}\right)=\log(4)$。其中，$X$ 是表 4.2 所列一系列影响因素（控制变量）的向量（除去特定项目参与者不同省际参与项目解释变量），β 为变量系数，α 为随机误差项。

②基本模型 2（失业持续期：Duration 模型）。

为了准确地估计特定项目参与者在不同省际参与项目对失业持续时间变化的相对绩效差异，需要建立包含特定项目参与者在不同省际参与项目的解释变量在内的失业持续时间参数模型。在构建失业持续时间参数模型的过程中，关键在于风险函数（Hazard Function）的设定，通过估计特定项目参与者在不同省际参与项目的解释变量对风险率的影响程度，再由失业持续时间参数模型就可得出特定项目参与者在不同省际参与项目的解释变量对失业持续时间的相对绩效差异。最初人们将风险函数设定为常数，后来又将其设定为"U"字形函数，以及 Weibull 模型、Exponential 模型、Lancaster 模型等，在这些可供选择的模型中，往往无法确定哪一种分布是最优的，或者其对于样本的要求太高而难以选择风险函数的形式，而 Cox 比例风险模型（Cox Proportional Hazard Model）由于其对样本分布特征的要求较低，可以较好地解决样本分布不确定问题，经验研究结果也比较理想，因而得到了广泛应用。Kluve 等（2006）研究表明，大量的绩效研究采用了该模型。本节也使用 Cox 比例风险模型来分析特定项目参与者在不同省际参与项目的解释变量对再就业风险率和失业持续时间的影响。

本部分采用的模型为：

$$h(t, x) = h_0(t)\exp(\beta X^T + \tau_p D) \tag{4.5}$$

$\tau_p = E[\Delta_i]$ 表示总体平均特定项目参与者在不同省际参与项目的相对绩效差异。$h(t, x)$ 是将在时刻 t 实现再就业的概率；$h_0(t)$ 为基准转几率，是时间的随机非负函数。其中，X 是表 4.2 所列一系列影响因素（控制变量）的向量（除去特定项目参与者不同省际参与项目解释变量），β 为变量系数，ε 为随机误差项。

③基本模型3(收入绩效:Tobit 模型)。

对收入绩效进行评估时,会发现很多结果变量的观察值为0,传统的评估方法仅仅采用简单的回归模型(Lechner、Miquel、Wunsch,2004;Lorentzen、Dahl,2005;Lechner、Miquel、Wunsch,2005),该方法将会丢失那些未就业者的信息,这将对评估效果产生影响。因此本部分尝试使用 Tobit 模型对收入绩效进行评估,该模型可以很好地解决不可观测值问题。

本部分采用的模型为:

$$y = \begin{cases} y^*, & \text{若参加工作}, \beta X^T + \tau_p D + \varepsilon > 0 \\ 0, & \text{不参加工作}, \beta X^T + \tau_p D + \varepsilon \leq 0 \end{cases} \quad (4.6)$$

这里的 $y = 0$ 不是表示收入为零,而是表示选择不参加工作。$\tau_p = E[\Delta_i]$ 就是总体平均特定项目参与者在不同省际参与项目的相对绩效差异。其中,X 是表4.2所列一系列影响因素(控制变量)的向量(除去特定项目参与者在不同省际参与项目的解释变量),β 为变量系数,ε 为随机误差项。

④基本模型4(就业满意度和改善信心:多分有序选择模型)。

对满意度进行评估,本部分注意到结果变量为多分有序变量,因此本节采用多分有序选择模型进行就业满意度和改善信心结果绩效评估。

本部分采用的多分有序选择模型为:

$$y^* = \beta X^T + \tau_p + \varepsilon \quad (4.7)$$

而实际观察的情况都是

$$y^* = \begin{cases} 1 \\ 2 \\ 3 \\ 4 \\ 5 \end{cases} \quad (4.8)$$

$\tau_p = E[\Delta_i]$ 就是总体平均特定项目参与者在不同省际参与项目的相对绩效差异。其中,X 是表4.2所列的一系列影响因素(控制变量)的向量(除去特定项目参与者在不同省际参与项目的解释变量),β 为变量系数,ε 为随机误差项。

(2)基本模型——以小额担保贷款为例

①基本模型1：（经营盈利几率：Logit 模型）。

本书将采用选择模型以及 Logit 模型来估计不同因素对个人获得小额担保项目资助后经营盈利几率的影响。

本部分采用的模型为：

$$\text{logit}(p=1) = G(-\beta X^T - \tau_p D) \qquad (4.9)$$

$\tau_P = E[\Delta_i]$ 就是总体平均特定项目参与者在不同省际参与项目的相对绩效差异。其中，X 是表4.4所列一系列影响因素（控制变量）的向量（特定项目参与者在不同省际参与项目的解释变量除外），β 为变量系数，ε 为随机误差项。

②基本模型2：（带动就业岗位数：Poission Regression 模型）。

本书将采用泊松回归模型来进行分析。泊松回归模型的特点是结果变量是计数变量（Count Variable），它可以取非负整数0，1，2，3，…。我们特别感兴趣的是 Y 只取包括0在内的有限 n 个值的情况，在这里 Y 表示创业企业创造就业的岗位数。对于计数的结果变量，采取普通的线性模型很难对所有解释变量的值提供最好的拟合。因此，我们放弃简单的线性回归分析，利用泊松回归模型对总体平均特定项目参与者在不同省际参与项目的相对绩效差异进行精确估计。

本部分采用的模型为：

$$E\{Y|X\} = \exp(\beta X^T + \tau_p D) \qquad (4.10)$$

$\tau_P = E[\Delta_i]$ 就是总体平均特定项目参与者在不同省际参与项目的相对绩效差异。其中，X 是表4.4所列一系列影响因素（控制变量）的向量（特定项目参与者在不同省际参与项目的解释变量除外），β 为变量系数。

③基本模型3：（当前盈利状况：Linear Regression 模型）。

对特定项目参与者不同省际参与小额担保贷款项目当前盈利状况，本书采用收入绩效进行刻画。由于估计过程中所面对的收入绩效数据是非常经典的，因此本部分将直接采用线性回归分析模型对当前盈利状况进行评估。

本部分采用的模型为：

$$y = \beta X^T + \tau_p D + \varepsilon \qquad (4.11)$$

$\tau_P = E[\Delta_i]$ 就是总体平均特定项目参与者不同省际参与项目相对绩效差异。其中，X 是表4.4所列一系列影响因素（控制变量）的向量（特定项目参与者在不同省际参与项目的解释变量除外),β 为变量系数,ε 为随机误差项。

④基本模型 4:(未来经营信心指数与就业改善信心绩效:Ordered Choice 模型)。

在本书中"未来经营信心指数"和"就业改善信心绩效"两个项目的结果变量选项都是有序选项,因此对未来经营信心指数和就业改善信心绩效的研究必须采用多分有序选择模型。

本部分采用的多分有序选择模型为:

$$y^* = \beta X^T + \tau_p D + \varepsilon \qquad (4.12)$$

而实际观察的情况是:

$$y^* = \begin{cases} 1 \\ \vdots \\ 5 \end{cases}$$

$\tau_P = E[\Delta_i]$ 就是总体平均特定项目参与者在不同省际参与项目的相对绩效差异。其中,X 是表 4.4 所列一系列影响因素(控制变量)的向量(除去特定项目参与者在不同省际参与项目的解释变量),β 为变量系数,ε 为随机误差项。

4.1.3 职业培训与小额担保贷款区域相对绩效评估与政策优化

4.1.3.1 变量选择及其定义

(1)以职业培训为例

Kluve(2007)的研究表明,培训项目考察的结果变量,即被解释变量主要包括以下几种:就业稳定性(Zweimüller、Winter-Ebme, 1996)、就业稳定性和工资增长(Winter-Ebmer, 2001)、失业持续期(Weber、Hofer, 2003;Weber、Hofer, 2004;Jensen、Rosholm、Svarer, 2003;Bolvig、Jensen、Rosholm, 2003;Graversen, 2004;Hujer、Thomsen、Zeiss, 2004;Hujer、Wellner, 2000;Klose、Bender, 2000)、失业人员的就业转化率(Cockx, 2003)、参与项目12个月后的就业率(Graversen、Jensen, 2004)、就业率(Leetmaa、Võrk, 2004;Nätt、Aho、Halme, 2000;Hämäläinen, 2002)、再就业几率(Hogelund、Holm, 2005;Malmberg-Heimonen、Vuori, 2005;Bergemann, 2005;Bergemann、Fitzenberger、Schultz, 2000;Røed、Raaum, 2003;Zhang, 2003;Kluve、Lehmann

Schmidt，2005)、年度所得总额(Lorentzen、Dahl，2005；Lechner、Miquel、Wunsch，2005；Lechner、Miquel、Wunsch，2004)等。

本节借鉴 Kluve(2007)提出的结果指标选择经验以及我国的实际情况，并根据第一章介绍的数据来源，选择了以下五个结果指标，如表4.1所示。

表4.1　　　　　　　　　　　解释变量表

指标名称	指标内容
再就业率	参与项目后实现再就业的概率
失业持续期	参与项目后求职(失业)持续时间
收入绩效	参加项目后的收入与参加项目前的收入之比
满意度绩效	参加培训后与参加培训前相比对工作的满意度的提升状况
就业改善信心绩效	对未来改善就业状况的信心

自变量的选择主要是为了便于对不同特征的人进行控制，使得估计结果尽可能满足近似实验的特性，即其余变量不变的情况下的评估结果，以此只要满足下列条件之一的可测量的变量便作为解释变量：调研过程中发现有影响；经济学上可以解释；统计上看较显著。本节引进的自变量分四个方面共25个变量，本节自变量比以往的研究更全面，因此能得到更为精确的评估结果。如表4.2所示。

表4.2　　　　　　　　　　　自变量表

层次	解释变量	变量值
S：受教育水平	受教育年限	数值型变量
E：经验	年龄	数值型变量
	需要补充进行文化素质培训的项目数 失业前的单位属性	数值型变量

续表

层次	解释变量	变量值
T：就业政策及实施状况	对就业政策的了解程度	1=很不好，2=不太好，3=一般，4=较好，5=很好
	培训的组织单位	0=非政府部门，1=政府部门
	接受免费培训的累计时数	数值型变量
	职业技能培训需求是否得到满足	否=0，是=1
	职业培训方式是否按需求安排	否=0，是=1
	培训费用承担者	0=非完全由政府负担，1=完全由政府负担
	能够承受的自费培训费用（单位：元）	数值型变量
	接受培训的职业培训机构是否具有培训资质	0=无，1=有
	对所接受的培训项目教学质量的评价	1=非常不满意，2=不满意，3=一般，4=满意，5=非常满意
	服务态度满意度（劳动就业部门）	1=非常不满意，2=不满意，3=一般，4=满意，5=非常满意
	服务态度满意度（培训机构）	1=非常不满意，2=不满意，3=一般，4=满意，5=非常满意
	培训成绩	1=不及格，60分以下；2=合格，60~70分（含）；3=中等，70~80分（含）；4=良好，80~90分（含）；5=优秀，90~100分（含）

续表

层次	解释变量	变量值
0: 代表其他个体特征	省份	1=云南，2=河南，3=山东，4=江苏，5=新疆，6=陕西，7=黑龙江，8=安徽，9=湖北
	健康状况	1=很不好，2=不太好，3=一般，4=较好，5=很好
	政治状况	0=非党员，1=党员
	民族	0=非汉族，1=汉族
	性别	0=女，1=男
	户籍类型	0=非城镇户口，1=城镇户口
	目前工作所在城市	0=非省会城市，1=省会城市
	2006年家庭规模	数值型变量
	35岁以下有稳定收入的人员数	数值型变量
	当年家庭总支出	数值型变量

(2) 以小额担保贷款为例

这里主要分析考察省际小额担保贷款项目的绩效差异。本书引进的被解释变量和解释变量，其各自含义如表4.3所示。在确定被解释变量时，本项目主要参考了 Hulme(1997)的定义与经验。

表4.3 解释变量表

评估内容	评估指标	指标含义
τ_1: 经营盈利几率	创业项目启动后实现盈利的几率（基于当前经营状况）	表示在控制其他变量的情况下，仅由于省份的差异对创业项目启动后实现经营盈利几率的影响

4.1 特定项目区域间政策相对绩效评估与政策优化

续表

评估内容	评估指标	指标含义
τ_2：带动就业岗位数	项目启动后每万元贷款带动就业人数（创业者本人除外）	表示在控制其他变量的情况下，仅由于省份的差异对创业项目带动就业能力的影响
τ_3：当前盈利状况（收入绩效）	$\dfrac{\text{参与项目后的收入}（\text{全年工资与福利之和}）}{\text{参与项目前的收入}（\text{全年工资与福利之和}）}$	表示在控制其他变量的情况下，仅由于省份的差异对劳动者创业前后收入变化的影响
τ_4：未来经营信心指数	对未来经营前景持乐观/不乐观态度的几率	表示在控制其他变量的情况下，仅由于省份的差异对创业者未来经营信心的影响
τ_5：就业改善信心绩效	项目参与者对未来改善就业状况的信心状况	表示在控制其他变量的情况下，仅由于省份的差异对项目参加者未来改善就业状况的信心的影响

自变量的选择主要是为了便于对不同特征的人进行控制，使得估计结果尽可能满足近似实验的特性，即其余变量不变的情况下的评估结果，以此只要满足下列条件之一的可测量的变量便作为解释变量：调研过程中发现有影响；经济学上可以解释；统计上看较显著。本书中引进的解释变量分四个方面共 17 个变量。从《就业支出绩效评估调研问卷》数据库中抽调的基础数据，完成了对其的编码和整理之后，各解释变量的分类、名称和变量值状况如表 4.4 所示。

表 4.4　　　　　　　　　　　　自变量表

层次	解释变量	变量值
S：受教育水平	受教育年限	数值型变量
E：经验	年龄	数值型变量
	失业前单位属性	0＝非国有企业，1＝国有企业

续表

层次	解释变量	变量值
T：就业政策及实施状况	对就业政策的了解程度	1=很不好，2=不太好，3=一般，4=较好，5=很好
	获得小额担保贷款项目的资金总共为多少万元	数值型变量
	贷款前是否参加了由就业管理部门举办的创业培训	0=没有，1=有
	您寻找的担保人的职业类型是属于哪一类	0=非机关事业单位，1=机关事业单位
O：代表其他个体特征	省份	1=云南，2=河南，3=山东，4=江苏，5=新疆，6=陕西，7=黑龙江，8=安徽，9=湖北
	民族	0=非汉族，1=汉族
	性别	0=女，1=男
	户籍类型	0=非城镇户口，1=城镇户口
	健康状况	1=很不好，2=不太好，3=一般，4=较好，5=很好
	政治状况	0=非党员，1=党员
	目前工作所在城市	0=非省会城市，1=省会城市
	2006年家庭规模	数值型变量
	35岁以下有稳定收入的人员数	数值型变量
	当年家庭总支出	数值型变量

4.1.3.2 特定项目区域间相对绩效评估

(1)以职业培训为例

本节利用以上四种模型对特定项目参与者在不同省份参与项目的再就业几率、风险与平均失业持续时间、就业质量、就业满意度和改善信心的相对效果进行评估。评估结果如下(鉴于评估结果的敏感性,并且由于数据和研究方法的局限性,本书并未公开各省份评估结果的具体名称,这会在一定程度上影响政策建议的针对性和有效性)。

① τ_1:再就业几率。

表 4.5　　　　　　　省份 A 的再就业几率情况

再就业几率 (0=还没有实现再就业,1=已经实现再就业)	系数	标准差	95%置信区间上限	
受教育年限	**−0.182**^{*}	0.098	−0.374	0.011
年龄	−0.011	0.033	−0.076	0.054
需要补充进行文化素质培训的项目数	0.111	0.276	−0.431	0.653
失业前的单位属性	−0.253	0.186	−0.618	0.112
对就业政策的了解程度	**0.847**^{**}	0.381	0.100	1.594
培训的组织单位	**−0.438**^{***}	0.165	−0.761	−0.115
接受免费培训的累计时数	0.001	0.001	0.000	0.002
职业技能培训需求是否得到满足	0.894	0.557	−0.197	1.985
职业培训方式是否按需求安排	−0.137	0.562	−1.238	0.965
培训费用承担者	**0.651**^{***}	0.252	0.157	1.145
能够承受的自费培训费用(单位:元)	0.000	0.000	0.000	0.001
接受培训的职业培训机构是否具有培训资质	0.312	0.434	−0.538	1.163
服务态度满意度(劳动就业部门)	0.136	0.384	−0.617	0.888
服务态度满意度(培训机构)	0.504	0.518	−0.512	1.520
对所接受的培训项目教学质量的评价	0.018	0.429	−0.822	0.858

续表

再就业几率 (0=还没有实现再就业,1=已经实现再就业)	系数	标准差	95%置信区间	区间上限
培训成绩	−0.385	0.339	−1.048	0.279
省份	**1.507****	0.637	0.259	2.755
健康状况	−0.065	0.285	−0.624	0.495
政治状况	−0.298	0.958	−2.176	1.580
目前工作所在城市	0.202	0.354	−0.492	0.897
2006年家庭规模	0.171	0.215	−0.251	0.594
民族	−0.565	0.814	−2.160	1.030
性别	−0.470	0.521	−1.491	0.552
户籍类型	−0.604	0.568	−1.717	0.508
35岁以下有稳定收入的人员数	**−0.877*****	0.295	−1.456	−0.298
当年家庭总支出	**0.000****	0.000	0.000	0.000
常数	−1.974	4.465	−10.725	6.778
伪 R^2		0.2654		

注：***、**、* 分别表示1%、5%、10%的显著水平。

我们通过采用Logit模型来确定各个解释变量对于再就业几率的影响。从估计结果来看，受教育年限对A省的对数再就业几率有显著影响，其系数为−0.182，即意味着A省受教育年限每提高一年，再就业几率将下降约16.6%。结合前面已有的分析，尽管受教育年限的系数在此处为负数，但是受教育年限、阅历或者经验对就业质量有显著的正面影响。这说明学历高、经验丰富的受训者要求较高，实现就业的难度较大，但一旦就业后收入相对较高。

如表4.5所示，就业政策和政策实施状况的各个具体观测指标对于再就业几率的影响也存在显著性差异。其中对就业政策的了解程度对于A省的对数再就业几率的影响为正，系数为0.847，对就业政策的了解程度每增加一单位，再就业几率将提升1.33倍。这表明，提升对就业政策的了解程度,可提高再就业几率。培训组织单位政府化,对于 A 省的对数再就业几率有显著负影响,系数为-0.438,所以培训组织单位政府化会降低再就业几率。培训费用承担者的影响系数为 0.651,表明若个人能够承担培训费用,将提升个人再就业几率。职业技能培训需求是否得到满足的影响系数为 0.894,且有显著的正影响。所以职业技能培训需求越是能得到满足,职业技能培训供求越是匹配,则越能够显著提升再就业几率。

反映个体特征的因素中,经济压力对就业几率的影响非常显著。35 岁以下有稳定收入的人员数对于 A 省对数再就业几率影响系数为-0.877。这说明 35 岁以下有稳定收入的人员数越少,受训人员就业几率越高。

综上所述,对 A 省而言,该结果表明培训组织单位非政府化对再就业几率产生显著的正效果,个人参与承担培训费用也有显著的积极影响,受训者对就业政策越了解、职业技能培训的针对性越强,职业培训促进就业的效果就越好。因此,加强政策宣传,加强培训的针对性,通过市场化的形式运营并优化培训质量监控体系,是提高培训促进就业效果的有效路径。

表 4.6 省份 B 的再就业几率情况

再就业几率 (0=还实现再就业,1=已经实现再就业)	系数	标准差	95%置信区间上限	
受教育年限	-0.032	0.094	-0.216	0.152
年龄	-0.004	0.035	-0.073	0.065
需要补充进行文化素质培训的项目数	0.184	0.286	-0.375	0.744
失业前的单位属性	-0.167	0.175	-0.510	0.177
对就业政策的了解程度	0.182	0.347	-0.498	0.862
培训的组织单位	**-0.347****	0.162	-0.664	-0.029
接受免费培训的累计时数	0.001	0.001	-0.001	0.002
职业技能培训需求是否得到满足	**1.171****	0.582	0.030	2.311
职业培训方式是否按需求安排	-0.386	0.567	-1.498	0.725
培训费用承担者	**0.574****	0.257	0.071	1.077

续表

再就业几率 (0=还实现再就业,1=已经实现再就业)	系数	标准差	95%置信区间上限	
能够承受的自费培训费用(单位:元)	0.000	0.000	0.000	0.001
接受培训的职业培训机构是否具有培训资质	0.195	0.496	-0.777	1.167
服务态度满意度(劳动就业部门)	0.285	0.460	-0.616	1.187
服务态度满意度(培训机构)	0.052	0.626	-1.175	1.280
对所接受的培训项目教学质量的评价	0.329	0.464	-0.580	1.238
培训成绩	-0.274	0.328	-0.917	0.368
省份	-0.498	1.032	-2.521	1.524
健康状况	-0.147	0.268	-0.672	0.377
政治状况	-0.640	0.569	-1.756	0.476
目前工作所在城市	-0.086	0.355	-0.782	0.609
2006年家庭规模	0.232	0.244	-0.247	0.711
民族	0.118	0.846	-1.539	1.776
性别	-0.247	0.548	-1.322	0.828
户籍类型	-0.418	0.594	-1.581	0.746
35岁以下有稳定收入的人员数	**-0.647****	0.311	-1.256	-0.038
当年家庭总支出	**0.000***	0.000	0.000	0.000
常数	-1.467	3.953	-9.215	6.281
伪 R^2		0.2351		

注：***、**、* 分别表示1%、5%、10%的显著水平。

从表4.6中可以发现，与A省不同的是，受教育年限和年龄对B省的再就业几率没有显著影响，而培训组织单位、职业技能培训需求满足度和培训费用承担者对于再就业几率的影响存在显著性差异。其中：培训组织单位的政府化对于B省的再就业几率有显著负影响，系数为-0.347，即意味着如果政府组织培训项目，将会降低再就业几率；培训费用承担者对于 B 省再就业几率的影响系数为 0.574，这表明若个人能够承担一定的培训费用，将提升个人再就业几率；职业技能培训需求满足度的影响系数为 1.171，即有显著的正影响，这说明职业技能培训需求越是能得到满足，那么职业技能培训供求就会越匹配，也越能够提升再就业几率。

在反映个体特征的因素中，同 A 省一样，经济压力对就业几率的影响非常显著，其影响系数为 -0.647。这说明当 35 岁以下有稳定收入的人员数越少时，个人的再就业几率越高。

综上所述，对 B 省而言，加强政策宣传，加强培训的针对性，通过市场化的形式运营并提高培训需求满足度，是提高培训促进就业效果的有效路径。

表 4.7　　　　　　　　　省份 C 的再就业几率情况

再就业几率 (0=还没有实现再就业,1=已经实现再就业)	系数	标准差	95%置信区间	区间上限
受教育年限	−0.142	0.102	−0.342	0.059
年龄	−0.040	0.039	−0.116	0.036
需要补充进行文化素质培训的项目数	0.064	0.228	−0.384	0.512
失业前的单位属性	0.043	0.068	−0.091	0.176
对就业政策的了解程度	**0.652****	0.331	0.003	1.302
培训的组织单位	**−0.421****	0.177	−0.769	−0.073
接受免费培训的累计时数	0.001	0.001	−0.001	0.003
职业技能培训需求是否得到满足	0.512	0.574	−0.612	1.636
职业培训方式是否按需求安排	−0.062	0.592	−1.222	1.099
培训费用承担者	**0.584****	0.239	0.115	1.054
能够承受的自费培训费用(单位:元)	**0.000***	0.000	0.000	0.001
接受培训的职业培训机构是否具有培训资质	0.632	0.453	−0.256	1.520
服务态度满意度(劳动就业部门)	0.114	0.383	−0.637	0.864
服务态度满意度(培训机构)	0.067	0.414	−0.745	0.879

续表

再就业几率 (0=还没有实现再就业,1=已经实现再就业)	系数	标准差	95%置信区间	上限
对所接受的培训项目教学质量的评价	0.428	0.412	−0.379	1.235
培训成绩	−0.594	0.317*	−1.214	0.027
省份	1.289	0.839	−0.355	2.933
健康状况	−0.088	0.255	−0.589	0.413
政治状况	−0.499	0.435	−1.351	0.353
目前工作所在城市	−0.049	0.377	−0.787	0.690
2006 年家庭规模	−0.038	0.225	−0.479	0.403
民族	0.090	0.887	−1.649	1.830
性别	**−1.282****	0.552	−2.364	−0.201
户籍类型	−0.331	0.624	−1.555	0.892
35 岁以下有稳定收入的人员数	**−0.833*****	0.325	−1.469	−0.196
当年家庭总支出	**0.000***	0.000	0.000	0.000
常数	0.535	3.994	−7.293	8.362
伪 R^2		0.2694		

注：***、**、* 分别表示 1%、5%、10%的显著水平。

从表 4.7 中可以发现，同 B 省一样，受教育年限和年龄对 C 省的再就业几率没有显著影响，而个人对就业政策的了解程度、培训的组织单位和培训费用承担者对于再就业几率的影响存在着显著性差异。其中：个人对就业政策的了解程度对于 C 省的再就业几率的影响为正，系数为 0.652，即表明对政策的了解程度每增加一单位，再就业几率将提升 1.92 倍；培训组织单位的政府化对于 C 省的再就业几率有显著负影响，系数为−0.421，即意味着如果政府组织培训项目，将会降低再就业几率；培训费用的承担者对于 C 省再就业几率的影响系数为 0.584，这表明若个人能够承担一定的参与培训费用，将提升个人再就业几率。

在反映个体特征的因素中，经济压力对就业几率的影响非常显著，其影响系数为-0.833。这说明当35岁以下有稳定收入的人员数越少时，个人的再就业几率越高。

综上所述，对C省而言，与A省类似，加强政策宣传、加强培训的针对性，通过市场化的形式运营并优化培训质量监控体系，是提高培训促进就业效果的有效路径。

表4.8　　　　　　　　省份D的再就业几率情况

再就业几率 (0=还没有实现再就业,1=已经实现再就业)	系数	标准差	95%置信区间	上限
受教育年限	-0.094	0.092	-0.273	0.086
年龄	-0.035	0.034	-0.102	0.033
需要补充进行文化素质培训的项目数	0.199	0.288	-0.365	0.763
失业前的单位属性	-0.380**	0.174	-0.722	-0.038
对就业政策的了解程度	0.183	0.334	-0.472	0.839
培训的组织单位	-0.342**	0.146	-0.628	-0.055
接受免费培训的累计时数	0.001	0.001	-0.001	0.003
职业技能培训需求是否得到满足	0.251	0.520	-0.768	1.270
职业培训方式是否按需求安排	-0.077	0.513	-1.083	0.929
培训费用承担者	0.650***	0.230	0.199	1.101
能够承受的自费培训费用(单位:元)	0.000	0.000	0.000	0.001
接受培训的职业培训机构是否具有培训资质	0.557	0.548	-0.517	1.632
服务态度满意度(劳动就业部门)	0.574	0.470	-0.348	1.496
服务态度满意度(培训机构)	0.080	0.604	-1.103	1.264
对所接受的培训项目教学质量的评价	0.365	0.461	-0.539	1.269
培训成绩	-0.141	0.314	-0.756	0.475
省份	0.375	0.937	-1.462	2.211
健康状况	-0.269	0.251	-0.761	0.222

续表

再就业几率 （0=还没有实现再就业，1=已经实现再就业）	系数	标准差	95%置信区间	上限
政治状况	0.987	0.746	-0.476	2.449
目前工作所在城市	-0.051	0.283	-0.606	0.505
2006年家庭规模	-0.146	0.219	-0.576	0.283
民族	-1.070	0.737	-2.514	0.375
性别	-0.656	0.555	-1.745	0.432
户籍类型	-0.532	0.557	-1.624	0.559
35岁以下有稳定收入的人员数	**-0.731****	0.304	-1.328	-0.135
当年家庭总支出	**0.000*****	0.000	0.000	0.000
常数	-3.411	3.682	-10.627	3.805
伪 R^2			0.2564	

注：***、**、* 分别表示1%、5%、10%的显著水平。

从表4.8中可以发现，同B省、C省一样，受教育年限和年龄对D省的再就业几率没有显著影响，而培训组织单位和培训费用承担者对于再就业几率的影响存在显著性差异。其中：培训组织单位的政府化对于D省的再就业几率有显著负影响，系数为-0.342，即意味着如果政府组织培训项目，将会降低30%的再就业几率；培训费用的承担者对于D省再就业几率的影响系数为0.650，这表明若个人能够承担一定的参与培训费用，将提升个人再就业几率1.92倍。但是与其他省不同的是，失业前的单位属性对D省的再就业几率有显著性影响，系数为-0.380，即表明失业前的单位不同会影响D省的再就业几率。

在反映个体特征的因素中，经济压力对就业几率的影响十分显著，其影响系数为-0.731。这说明当35岁以下有稳定收入的人员数越少时，个人的再就业几率越高。

综上所述，对D省而言，通过市场化的形式运营是提高培训促进就业效果的有效路径。

4.1 特定项目区域间政策相对绩效评估与政策优化

表 4.9　　省份 E 的再就业几率情况

再就业几率 (0=还没有实现再就业,1=已经实现再就业)	系数	标准差	95%置信区间上限	
受教育年限	-0.054	0.087	-0.225	0.117
年龄	0.006	0.031	-0.054	0.066
需要补充进行文化素质培训的项目数	-0.010	0.186	-0.375	0.354
失业前的单位属性	-0.132	0.162	-0.450	0.186
对就业政策的了解程度	0.261	0.304	-0.335	0.856
培训的组织单位	**-0.439**∗∗∗	0.158	-0.749	-0.130
接受免费培训的累计时数	0.001	0.001	0.000	0.002
职业技能培训需求是否得到满足	**1.454**∗∗∗	0.535	0.405	2.503
职业培训方式是否按需求安排	-0.038	0.540	-1.097	1.021
培训费用承担者	**0.362**∗	0.206	-0.042	0.765
能够承受的自费培训费用(单位:元)	0.000	0.000	0.000	0.001
接受培训的职业培训机构是否具有培训资质	0.269	0.460	-0.632	1.170
服务态度满意度(劳动就业部门)	0.150	0.374	-0.583	0.882
服务态度满意度(培训机构)	0.075	0.459	-0.825	0.975
对所接受的培训项目教学质量的评价	0.236	0.399	-0.546	1.018
培训成绩	-0.018	0.266	-0.539	0.504
省份	-0.226	0.746	-1.689	1.237
健康状况	-0.305	0.245	-0.785	0.174
政治状况	0.341	0.652	-0.937	1.618
目前工作所在城市	-0.252	0.285	-0.811	0.308
2006 年家庭规模	0.042	0.194	-0.338	0.421

续表

再就业几率 (0=还没有实现再就业,1=已经实现再就业)	系数	标准差	95%置信区间	区间上限
民族	-0.166	0.804	-1.742	1.409
性别	-0.416	0.462	-1.321	0.489
户籍类型	-0.307	0.504	-1.296	0.682
35岁以下有稳定收入的人员数	-0.005	0.165	-0.328	0.318
当年家庭总支出	0.000	0.000	0.000	0.000
常数	-2.143	3.437	-8.879	4.594
伪 R^2		0.148		

注：＊＊＊、＊＊、＊分别表示1%、5%、10%的显著水平。

从表4.9中可以发现，同B省、C省、D省一样，受教育年限和年龄对E省的再就业几率没有显著影响，而培训组织单位和培训费用承担者对于再就业几率的影响存在着显著性差异。其中：培训组织单位的政府化对于E省的再就业几率有显著负影响，系数为-0.493，即意味着如果政府组织培训项目，将会降低39%的再就业几率；培训费用的承担者对于E省再就业几率的影响系数为0.362，这表明若个人能够承担一定的参与培训费用，将提升个人再就业几率1.436倍。职业技能培训需求是否得到满足对E省的再就业几率有显著影响，系数为1.454，即表明职业技能培训需求是否得到满足会影响E省的再就业几率。

在反映个体特征的因素中，经济压力对就业几率的影响十分显著，其影响系数为-0.731。这说明当35岁以下有稳定收入的人员数越少时，个人的再就业几率越高。

综上所述，对D省而言，通过市场化的形式营运是提高培训促进就业效果的有效路径。

② τ_2：失业持续期。

表 4.10   省份 A 的失业持续期情况

失业持续期	Haz.Ratio	标准差	Z 值	P 值	95%置信区间	
受教育年限	0.973	0.022	−1.240	0.216	0.932	1.016
年龄	1.039	0.067	0.600	0.551	0.916	1.179
需要补充进行文化素质培训的项目数	1.192	0.207	1.010	0.312	0.848	1.676
失业前的单位属性	1.058	0.108	0.550	0.579	0.866	1.293
对就业政策的了解程度	0.856	0.221	−0.600	0.547	0.517	1.419
培训的组织单位	1.012	0.115	0.100	0.919	0.809	1.265
接受免费培训的累计时数	0.999	0.001	−0.570	0.568	0.996	1.002
职业技能培训需求是否得到满足	1.072	0.385	0.190	0.847	0.530	2.169
职业培训方式是否按需求安排	0.825	0.313	−0.510	0.611	0.392	1.734
培训费用承担者	1.078	0.184	0.440	0.660	0.771	1.507
能够承受的自费培训费用(单位：元)	1.000	0.000	0.220	0.825	1.000	1.000
接受培训的职业培训机构是否具有培训资质	0.912	0.305	−0.280	0.782	0.473	1.755
服务态度满意度(劳动就业部门)	1.022	0.259	0.090	0.931	0.622	1.680
服务态度满意度(培训机构)	0.959	0.309	−0.130	0.896	0.510	1.803
对所接受的培训项目教学质量的评价	1.242	0.360	0.750	0.454	0.704	2.191
培训成绩	1.077	0.223	0.360	0.720	0.718	1.615
省份	1.323	0.584	0.630	0.526	0.557	3.142
健康状况	0.963	0.169	−0.210	0.830	0.682	1.359
政治状况	1.141	0.695	0.220	0.828	0.346	3.767
目前工作所在城市	1.018	0.222	0.080	0.936	0.663	1.561
2006 年家庭规模	0.914	0.158	−0.520	0.604	0.652	1.282
民族	0.603	0.416	−0.730	0.463	0.156	2.327

续表

失业持续期	Haz. Ratio	标准差	Z 值	P 值	95%置信区间上限	
性别	0.995	0.325	−0.020	0.988	0.524	1.889
户籍类型	1.274	0.421	0.730	0.463	0.667	2.435
35 岁以下有稳定收入的人员数	0.756	0.136	−1.560	0.119	0.532	1.074
当年家庭总支出	1.000	0.000	−0.110	0.912	1.000	1.000
卡方检验统计量			14.33			
对数似然值			−286.675			
P 值			0.968			

注：＊＊＊、＊＊、＊ 分别表示 1%、5%、10%的显著水平。

通过 Cox 比例风险模型来研究各个因素对失业持续期的影响。如表 4.10 所示，根据模型的特征，从估计结果中可以看出，对于 A 省，受教育年限的系数为 0.973，即受教育年限每增加一年，再就业几率增加 1.65 倍。年龄对于再就业几率的影响系数为 1.039，即年龄每增加一岁，再就业几率增加 1.83 倍。综合来看，受教育程度越高，年龄越大，即阅历或者经验越丰富，再就业的可能性越大。学历高、经验丰富的受训者在下一时刻实现再就业的几率越高。

就业政策和实施状况的各个具体观测指标对于再就业几率的影响也存在明显差异。其中"对就业政策的了解程度"对于 A 省的再就业几率影响为正，为 0.856。对就业政策的了解程度越高，再就业几率也就越大。具体而言，对于 A 省，对政策的了解程度每增加一单位，再就业几率将提升 1.35 倍；培训的组织单位的非政府化，对于 A 省的再就业几率影响系数为正，为 1.012。所以培训组织单位的非政府化会提升再就业几率。对于 A 省，培训费用承担者对再就业几率的影响系数为 1.078。若个人能够承担参与培训的费用，将提升个人再就业几率。对于 A 省，职业技能培训需求是否得到满足对再就业几率的影响系数为 1.072。所以职业技能培训需求越是得到满足，职业技能培训供求越是匹配，则越能够提升再就业几率。

在反映个体特征的因素中,健康状况对 A 省的受训者就业几率的影响并不显著,而经济压力对就业几率的影响较为显著。35 岁以下有稳定收入的人员数对于 A 省再就业几率影响系数为正数,为 0.756。这说明 35 岁以下有稳定收入的人员数越多,受训人员在下一时刻再就业的几率就越高。此外,省际再就业几率存在明显区别,各因素综合起来对 A 省再就业几率存在显著的积极影响,系数为 1.080,即各因素均增加一单位,下一时刻再就业几率增加 1.94 倍。

表 4.11　　　　　　　　省份 B 的失业持续期情况

参与项目后求职(失业)持续时间(t)	Haz. Ratio	标准差	Z 值	P 值	95%置信区间上限	
受教育年限	0.978	0.019	−1.170	0.243	0.942	1.015
年龄	0.999	0.059	−0.020	0.981	0.890	1.121
需要补充进行文化素质培训的项目数	1.401*	0.268	1.760	0.078	0.963	2.038
失业前的单位属性	1.015	0.100	0.150	0.881	0.836	1.232
对就业政策的了解程度	0.981	0.196	−0.100	0.923	0.664	1.450
培训的组织单位	1.032	0.079	0.400	0.686	0.888	1.199
接受免费培训的累计时数	1.000	0.001	0.160	0.872	0.998	1.002
职业技能培训需求是否得到满足	0.911	0.265	−0.320	0.749	0.515	1.611
职业培训方式是否按需求安排	1.117	0.339	0.370	0.714	0.617	2.025
培训费用承担者	0.897	0.179	−0.540	0.586	0.606	1.327
能够承受的自费培训费用(单位:元)	1.000	0.000	−0.070	0.947	1.000	1.000
接受培训的职业培训机构是否具有培训资质	0.977	0.265	−0.080	0.933	0.575	1.661
服务态度满意度(劳动就业部门)	0.994	0.241	−0.020	0.981	0.619	1.598
服务态度满意度(培训机构)	1.354	0.497	0.830	0.409	0.660	2.779
对所接受的培训项目教学质量的评价	0.724	0.209	−1.120	0.264	0.411	1.276

4 特定项目和多项目的政策绩效评估及组合优化

续表

参与项目后求职(失业)持续时间(t)	Haz. Ratio	标准差	Z 值	P 值	95%置信区间上限	
培训成绩	1.039	0.202	0.200	0.843	0.709	1.522
省份	1.694	1.029	0.870	0.385	0.515	5.570
健康状况	0.882	0.134	-0.820	0.411	0.655	1.189
政治状况	0.838	0.227	-0.650	0.514	0.493	1.426
目前工作所在城市	0.937	0.198	-0.310	0.759	0.619	1.419
2006 年家庭规模	0.889	0.147	-0.710	0.478	0.643	1.230
民族	0.514	0.290	-1.180	0.238	0.171	1.551
性别	1.190	0.347	0.600	0.551	0.672	2.108
户籍类型	1.211	0.414	0.560	0.574	0.620	2.365
35 岁以下有稳定收入的人员数	1.003	0.005	0.680	0.495	0.994	1.013
当年家庭总支出	1.000	0.000	0.340	0.733	1.000	1.000
卡方检验统计量			14.38			
对数似然值			-375.139			
P 值			0.9677			

注：＊＊＊、＊＊、＊分别表示1%、5%、10%的显著水平。

如表 4.11 所示，由于 Cox 比例风险模型放松了对分布函数的假定，所以我们可以忽略基准风险函数的具体函数形式，而根据相对风险函数的变化来确定风险率的相对变化，即此处的再就业几率的相对变化。从表 4.11 的估计结果来看，在省份 B 接受培训的人如果对培训政策越了解，在下一时刻的再就业几率也就越高。而培训组织单位的非政府化，以及个人承担一定的培训项目费用，将对受培训者在下一时刻的再就业几率有积极的影响。性别对再就业几率影响系数为 1.190，意味着男性在下一时刻的再就业几率为女性的 2.29 倍。户籍类型对再就业几率的影响类似，系数为 1.211，即城市户籍的受训人员比农村户籍的受训人员在下一时刻再就业几率高 2.36 倍。

4.1 特定项目区域间政策相对绩效评估与政策优化

表 4.12　　省份 C 的失业持续期情况

参与项目后求职(失业)持续时间(t)	Haz. Ratio	标准差	Z 值	P 值	95%置信区间上限	
受教育年限	0.986	0.023	−0.580	0.563	0.942	1.033
年龄	1.059	0.077	0.790	0.431	0.918	1.222
需要补充进行文化素质培训的项目数	1.108	0.169	0.680	0.500	0.822	1.493
失业前的单位属性	1.087	0.118	0.770	0.441	0.879	1.345
对就业政策的了解程度	0.687	0.168	−1.540	0.124	0.425	1.108
培训的组织单位	1.051	0.124	0.420	0.675	0.834	1.324
接受免费培训的累计时数	0.999	0.001	−0.590	0.553	0.996	1.002
职业技能培训需求是否得到满足	0.894	0.347	−0.290	0.773	0.418	1.912
职业培训方式是否按需求安排	0.839	0.307	−0.480	0.630	0.409	1.718
培训费用承担者	1.028	0.221	0.130	0.898	0.675	1.566
能够承受的自费培训费用(单位:元)	1.000	0.000	0.800	0.423	1.000	1.001
接受培训的职业培训机构是否具有培训资质	1.318	0.550	0.660	0.509	0.581	2.987
服务态度满意度(劳动就业部门)	1.165	0.324	0.550	0.582	0.675	2.011
服务态度满意度(培训机构)	1.166	0.510	0.350	0.726	0.494	2.750
对所接受的培训项目教学质量的评价	0.942	0.326	−0.170	0.862	0.478	1.855
培训成绩	1.339	0.322	1.220	0.224	0.836	2.145
省份	0.460	0.275	−1.300	0.194	0.143	1.484
健康状况	1.151	0.209	0.780	0.436	0.807	1.642
政治状况	0.880	0.287	−0.390	0.695	0.464	1.668
目前工作所在城市	1.050	0.243	0.210	0.833	0.667	1.651
2006 年家庭规模	0.912	0.168	−0.500	0.617	0.635	1.309
民族	0.761	0.635	−0.330	0.743	0.148	3.908
性别	1.058	0.369	0.160	0.871	0.534	2.097

续表

参与项目后求职(失业)持续时间(t)	Haz. Ratio	标准差	Z值	P值	95%置信区间上限	
户籍类型	1.151	0.420	0.390	0.699	0.563	2.352
35岁以下有稳定收入的人员数	0.815	0.167	-1.000	0.319	0.545	1.218
当年家庭总支出	1.000	0.000	-0.430	0.666	1.000	1.000
卡方检验统计量			25.12			
对数似然值			-273.455			
P值			0.512			

注：***、**、* 分别表示1%、5%、10%的显著水平。

如表 4.12 所示，对于 C 省来说，从估计结果中可以看到，对就业政策的了解程度对再就业几率的影响系数为 0.687，表明接受培训的人如果对培训政策越了解，在下一时刻的再就业几率也就越高。而培训组织单位的非政府化，个人对参与培训项目费用的承担，将对受训人员在下一时刻的再就业几率有积极的影响。性别对再就业几率的影响系数为 1.058，意味着男性在下一时刻的再就业几率为女性的 1.88 倍。户籍对再就业几率的影响系数为 1.151，即城市户籍的受训人员比农村户籍的受训人员在下一时刻再就业几率高 2.16 倍。而 C 省 35 岁以下有稳定收入的人员数对再就业几率的影响系数为正数，为 0.815。这说明"35 岁以下有稳定收入的人员数"越多，受训人员在下一时刻的再就业几率就越高。

表 4.13　　省份 D 的失业持续期情况

参与项目后求职(失业)持续时间(t)	Haz. Ratio	标准差	Z值	P值	95%置信区间上限	
受教育年限	0.975	0.020	-1.240	0.215	0.937	1.015
年龄	0.989	0.062	-0.170	0.864	0.874	1.119
需要补充进行文化素质培训的项目数	1.262	0.228	1.290	0.197	0.886	1.798
失业前的单位属性	1.163	0.110	1.590	0.112	0.966	1.400

续表

参与项目后求职(失业)持续时间(t)	Haz. Ratio	标准差	Z 值	P 值	95%置信区间上限	
对就业政策的了解程度	0.874	0.191	−0.610	0.539	0.569	1.343
培训的组织单位	1.056	0.091	0.640	0.522	0.893	1.250
接受免费培训的累计时数	0.999	0.001	−0.520	0.606	0.997	1.002
职业技能培训需求是否得到满足	1.119	0.347	0.360	0.718	0.609	2.056
职业培训方式是否按需求安排	0.851	0.260	−0.530	0.598	0.467	1.550
培训费用承担者	1.112	0.165	0.710	0.475	0.831	1.488
能够承受的自费培训费用(单位:元)	1.000	0.000	0.280	0.783	1.000	1.000
接受培训的职业培训机构是否具有培训资质	1.370	0.745	0.580	0.563	0.471	3.979
服务态度满意度(劳动就业部门)	1.029	0.253	0.120	0.908	0.635	1.667
服务态度满意度(培训机构)	**1.999****	0.650	2.130	0.033	1.056	3.782
对所接受的培训项目教学质量的评价	0.668	0.202	−1.340	0.181	0.370	1.207
培训成绩	1.063	0.199	0.330	0.745	0.737	1.533
省份	1.509	0.894	0.690	0.488	0.472	4.820
健康状况	0.944	0.158	−0.350	0.729	0.680	1.310
政治状况	0.888	0.353	−0.300	0.766	0.408	1.935
目前工作所在城市	1.076	0.175	0.450	0.652	0.782	1.481
2006 年家庭规模	0.842	0.120	−1.210	0.228	0.636	1.114
民族	0.855	0.456	−0.290	0.769	0.300	2.434
性别	0.807	0.259	−0.670	0.505	0.431	1.514
户籍类型	1.183	0.356	0.560	0.576	0.656	2.135
35 岁以下有稳定收入的人员数	0.857	0.149	−0.890	0.374	0.611	1.204
当年家庭总支出	1.000	0.000	−1.170	0.241	1.000	1.000
卡方检验统计量			33.12			
对数似然值			−328.741			
P 值			0.159			

注:﹡﹡﹡、﹡﹡、﹡分别表示1%、5%、10%的显著水平。

如表 4.13 所示，根据模型的特征，从估计结果中可以看出，对于 D 省，受教育年限对再就业几率的影响系数为 0.975，即受教育年限每增加一年，在下一时刻再就业几率会增加 1.65 倍。年龄对于再就业几率的影响系数为 0.989，即年龄每增加一岁，在下一时刻再就业几率会增加 1.69 倍。综合来看，学历高、经验丰富的受训人员在下一时刻实现再就业几率越高。

在就业政策和实施状况的各个具体观测指标中，对培训机构服务态度的满意度显著影响再就业几率，满意度越高，则受训人员在下一时刻的再就业几率越高。服务态度满意度（培训机构）对再就业几率的系数是 1.999，满意度每增加一单位，再就业几率提升约 6.38 倍。对就业政策的了解程度对于 D 省的再就业几率影响系数为正，为 0.874，即对就业政策的了解程度越高，越提升下一时刻的再就业几率。具体而言，对于 D 省，对政策的了解程度每增加一单位，再就业几率将提升 1.4 倍；培训组织单位的非政府化，对于 D 省的再就业几率影响系数为正，为 1.056。所以培训组织单位的非政府化会提升在下一时刻的再就业几率。培训费用承担者对再就业几率的影响系数为 1.112。若个人能够参与培训费用的承担，将提升个人再就业几率。职业技能培训需求是否得到满足对再就业几率的影响系数为 1.119，所以职业技能培训需求越是能得到满足，职业技能培训供求越是匹配，则能够提升受训者在下一时刻的再就业几率。

在反映个体特征的因素中，性别对再就业几率的影响系数为 0.807，意味着男性在下一时刻的再就业几率为女性的 1.24 倍。户籍对再就业几率的影响系数为 1.183，即城市户籍的受训人员比农村户籍的受训人员在下一时刻的再就业几率高 2.26 倍。35 岁以下有稳定收入的人员数对于 D 省再就业几率的影响系数为正数，为 0.857。这说明 35 岁以下有稳定收入的人员数越多，受训人员在下一时刻再就业几率就越高。此外，省际再就业几率存在明显区别，各因素综合起来对 D 省再就业几率存在显著的积极影响，系数为 1.694，即各因素增加一单位，下一时刻再就业几率增加 4.44 倍。

4.1 特定项目区域间政策相对绩效评估与政策优化

表 4.14　　省份 E 的失业持续期情况

参与项目后求职(失业)持续时间(t)	Haz. Ratio	标准差	Z 值	P 值	95%置信区间	上限
受教育年限	0.978	0.021	−1.020	0.307	0.938	1.021
年龄	1.012	0.070	0.180	0.859	0.885	1.158
需要补充进行文化素质培训的项目数	1.095	0.131	0.750	0.450	0.866	1.384
失业前的单位属性	1.183	0.129	1.540	0.124	0.955	1.465
对就业政策的了解程度	1.229	0.321	0.790	0.431	0.736	2.050
培训的组织单位	0.935	0.107	−0.580	0.560	0.747	1.171
接受免费培训的累计时数	0.999	0.001	−0.520	0.603	0.997	1.002
职业技能培训需求是否得到满足	1.205	0.487	0.460	0.645	0.545	2.663
职业培训方式是否按需求安排	0.828	0.321	−0.490	0.627	0.387	1.771
培训费用承担者	1.116	0.192	0.640	0.522	0.797	1.563
能够承受的自费培训费用(单位:元)	1.000	0.000	1.000	0.318	1.000	1.000
接受培训的职业培训机构是否具有培训资质	1.015	0.532	0.030	0.977	0.363	2.837
服务态度满意度(劳动就业部门)	0.845	0.203	−0.700	0.483	0.528	1.353
服务态度满意度(培训机构)	1.282	0.413	0.770	0.442	0.681	2.411
对所接受的培训项目教学质量的评价	1.065	0.363	0.190	0.853	0.546	2.078
培训成绩	1.231	0.271	0.940	0.346	0.799	1.896
省份	1.080	0.618	0.130	0.893	0.352	3.315
健康状况	0.983	0.154	−0.110	0.914	0.723	1.336
政治状况	1.030	0.548	0.060	0.955	0.363	2.923
目前工作所在城市	1.104	0.220	0.500	0.620	0.747	1.633
2006 年家庭规模	1.090	0.198	0.470	0.636	0.764	1.555
民族	0.963	0.768	−0.050	0.962	0.201	4.599
性别	1.113	0.350	0.340	0.733	0.601	2.061

续表

参与项目后求职(失业)持续时间(t)	Haz. Ratio	标准差	Z 值	P 值		95%置信区间上限
户籍类型	1.180	0.390	0.500	0.618	0.617	2.256
35 岁以下有稳定收入的人员数	**0.798***	0.098	−1.830	0.067	0.626	1.016
当年家庭总支出	**1.000***	0.000	−1.920	0.055	1.000	1.000
卡方检验统计量			21.73			
对数似然值			−285.367			
P 值			0.703			

注：＊＊＊、＊＊、＊分别表示 1%、5%、10%的显著水平。

如表 4.14 所示，对于 E 省，受教育年限和年龄对再就业几率的影响系数分别为 0.978 和 1.012，这表明，教育年限每增加一年，在下一时刻的再就业几率将增加 1.66 倍；而年龄每增加一岁，在下一时刻的再就业几率将增加 1.75 倍。在就业政策和实施状况的各个具体观测指标中，对就业政策的了解程度对于 E 省的再就业几率的影响系数为正，为 1.229。对就业政策的了解程度越高，越提升下一时刻的再就业几率。培训组织单位的非政府化，对于 E 省的再就业几率的影响系数为 0.935。培训费用承担者对再就业几率的影响系数为 1.116。职业技能培训需求是否得到满足对再就业几率的影响系数为 1.205。所以，职业技能培训需求越是能得到满足，职业技能培训供求越是匹配，以及培训组织单位的非政府化与个人承担培训费用，将明显提升受训人员在下一时刻的再就业几率。在反映个体特征的因素中，35 岁以下有稳定收入的人员数对于再就业几率的影响显著，其系数为 0.798，这表明 35 岁以下有稳定收入的人员数每增加一个，受训人员的再就业几率将增加大约 1.22 倍。而当年家庭总支出对再就业几率的影响同样显著，其系数为 1.000，表明当年家庭总支出每增加一元，再就业几率将提升约 1.72 倍。健康状况对再就业几率的影响系数为 0.983，说明受训人员越健康，将来再就业的可能性越大。而性别对再就业几率影响明显，系数为 1.113，意味着男性在下一时刻的再就业几率为女性的 2.04 倍。户籍对再就业几率的影响系数为 1.180，即城市户籍的受训人员比农村户籍的受训人员在下一时刻的再就业几率高2.25倍。

③ τ_3：收入绩效。

对收入绩效的研究，本节采取的是 Tobit 模型。此模型的系数并不等于其边际效应，需要用模型系数乘以对应的调整系数才能得到，解释变量既会影响分布正值部分收入的条件均值，又会影响观测值落入分布正值部分的概率。对每个省份的收入绩效的分析如下所示。

表 4.15　　　　　　　　省份 A 的收入绩效情况

收入绩效	系数	标准差	Z 值	P 值	95%置信区间上限	
受教育年限	0.020	0.016	1.230	0.220	-0.012	0.053
年龄	0.048	0.049	0.990	0.327	-0.049	0.146
需要补充进行文化素质培训的项目数	0.023	0.143	0.160	0.871	-0.260	0.306
失业前的单位属性	0.128	0.092	1.390	0.166	-0.054	0.311
对就业政策的了解程度	0.027	0.189	0.140	0.888	-0.347	0.400
培训的组织单位	-0.059	0.087	-0.680	0.497	-0.232	0.114
接受免费培训的累计时数	0.000	0.000	0.560	0.577	0.000	0.001
职业技能培训需求是否得到满足	-0.124	0.276	-0.450	0.655	-0.671	0.424
职业培训方式是否按需求安排	-0.351	0.290	-1.210	0.228	-0.924	0.223
培训费用承担者	-0.159	0.124	-1.290	0.201	-0.404	0.086
能够承受的自费培训费用（单位：元）	0.000	0.000	-0.440	0.659	0.000	0.000
接受培训的职业培训机构是否具有培训资质	-0.280	0.245	-1.140	0.256	-0.764	0.205
服务态度满意度（劳动就业部门）	-0.147	0.196	-0.750	0.454	-0.536	0.241
服务态度满意度（培训机构）	-0.097	0.270	-0.360	0.721	-0.632	0.438
对所接受的培训项目教学质量的评价	0.292	0.222	1.320	0.191	-0.147	0.731
培训成绩	0.040	0.167	0.240	0.812	-0.291	0.371

续表

收入绩效	系数	标准差	Z值	P值		95%置信区间上限
省份	**-0.66***	0.337	-1.940	0.054	-1.322	0.012
健康状况	-0.102	0.145	-0.710	0.481	-0.389	0.184
政治状况	0.526	0.470	1.120	0.265	-0.405	1.457
目前工作所在城市	0.234	0.184	1.270	0.206	-0.131	0.600
2006年家庭规模	0.118	0.113	1.040	0.298	-0.106	0.341
民族	0.162	0.420	0.390	0.700	-0.670	0.995
性别	0.016	0.264	0.060	0.953	-0.508	0.539
户籍类型	0.178	0.276	0.640	0.521	-0.369	0.724
35岁以下有稳定收入的人员数	-0.015	0.134	-0.120	0.908	-0.282	0.251
当年家庭总支出	0.000	0.000	-1.270	0.207	0.000	0.000
常数	-2.277	2.328	-0.980	0.330	-6.887	2.333
σ	1.219	0.092			1.036	1.402
伪 R^2				0.0640		

注：***、**、* 分别表示1%、5%、10%的显著水平。

对收入绩效的研究，本节采取的是Tobit模型。同样，Tobit模型的系数并不等于其边际效应。解释变量既会影响分布正值部分收入的条件均值，又会影响观测值落入分布正值部分的概率。如表4.15所示，对于A省，"省份"变量对于收入绩效的影响存在显著差异，系数为-0.66，则表明A省的培训效果并不理想。受教育年限的系数值为0.020，而年龄的系数为0.048，这两个系数分别乘以对应的调整系数便可得到相应的边际效应。教育年限和年龄对于收入绩效的影响系数为正，受教育程度越高，年龄越大即经验越丰富的人收入越高。而对就业政策的了解程度对收入绩效的影响系数为0.027，对政策越了解，越有助于提升收入。培训的组织单位对收入绩效的影响系数为-0.059，培训组织单位的政府化对于收入的提升具有积极影响。男性受训人员的收入绩效显然高于女性，性别对收入绩效的影响系数为0.016。而城镇户籍的受训人员的收入绩效也将高于非城镇户籍的受训人员，其影响系数为 0.178。另外，收入绩效的省际差异明显。对于 A 省来说，其系数为 -0.991，表明培训效果对收入绩效的影响不理想。

表 4.16 省份 B 的收入绩效情况

收入绩效	系数	标准差	95%置信区间	上限
受教育年限	**0.054**^{**}	0.025	0.005	0.103
年龄	0.068	0.070	-0.071	0.206
需要补充进行文化素质培训的项目数	0.041	0.219	-0.393	0.475
失业前的单位属性	0.173	0.133	-0.090	0.435
对就业政策的了解程度	0.004	0.254	-0.498	0.506
培训的组织单位	0.127	0.109	-0.089	0.343
接受免费培训的累计时数	0.000	0.000	-0.001	0.001
职业技能培训需求是否得到满足	**-0.705**[*]	0.363	-1.423	0.014
职业培训方式是否按需求安排	-0.259	0.411	-1.073	0.554
培训费用承担者	-0.100	0.189	-0.474	0.274
能够承受的自费培训费用(元)	0.000	0.000	0.000	0.000
接受培训的职业培训机构是否具有培训资质	-0.304	0.350	-0.997	0.388
服务态度满意度(劳动就业部门)	0.231	0.328	-0.417	0.880
服务态度满意度(培训机构)	-0.087	0.435	-0.947	0.773
对所接受的培训项目教学质量的评价	0.208	0.318	-0.422	0.838
培训成绩	0.169	0.233	-0.292	0.630
省份	-0.426	0.745	-1.900	1.048
健康状况	**-0.356**[*]	0.194	-0.740	0.028
政治状况	0.084	0.390	-0.687	0.855
目前工作所在城市	0.304	0.264	-0.217	0.826
2006 年家庭规模	0.175	0.178	-0.177	0.528
民族	0.042	0.599	-1.142	1.227
性别	-0.057	0.383	-0.815	0.701

续表

收入绩效	系数	标准差		95%置信区间上限
户籍类型	-0.065	0.439	-0.934	0.803
35岁以下有稳定收入的人员数	-0.005	0.005	-0.016	0.005
当年家庭总支出	0.000	0.000	0.000	0.000
常数	-3.723	2.963	-9.587	2.140
$\varSigma$	1.771	0.128	1.517	2.025
伪 R^2			0.0481	

注：＊＊＊、＊＊、＊分别表示1%、5%、10%的显著水平。

如表4.16所示，对于B省，受训人员失业之前的单位属性和所在城市对收入绩效的影响并不显著，它们的影响系数分别为0.173和0.304。受教育年限显著影响收入绩效，其系数值为0.054；而年龄对收入绩效的影响系数为0.068，教育年限和年龄对于收入绩效的影响系数为正，这表明受教育程度越高，则收入绩效越高。此外，与前文对省份再就业几率的研究不同，职业技能培训的需求满足度对收入绩效的影响较为显著，其影响系数为负，值为-0.705，这说明职业技能培训虽然能提高再就业几率，但可能只是对于一些简单工作技能的培训，导致收入绩效不高。除此以外，值得注意的是，受训人员的健康状况也显著影响收入绩效，其系数为-0.356。这表明受训者越健康，其收入绩效将会越低，导致这种现象的原因可能是那些身体状况较差的人出于自身健康的考虑而激励自己去努力工作以获得更好的工作环境或者薪资。另外，收入绩效的省际差异并不明显，对于B省来说，其系数为-0.159，培训效果对收入绩效的影响不理想。

表4.17　　　　　　　　省份C的收入绩效情况

参加项目后的收入（全年工资与福利之和）与参加项目前的收入之比	系数	标准差		95%置信区间上限
受教育年限	**0.081**＊	0.042	-0.002	0.164
年龄	0.000	0.112	-0.221	0.222
需要补充进行文化素质培训的项目数	-0.290	0.285	-0.854	0.274

续表

参加项目后的收入(全年工资与福利之和)与参加项目前的收入之比	系数	标准差	95%置信区间上限	
失业前的单位属性	**0.134**[*]	0.070	−0.004	0.271
对就业政策的了解程度	−0.190	0.377	−0.935	0.555
培训的组织单位	0.266	0.209	−0.148	0.680
接受免费培训的累计时数	0.000	0.001	−0.001	0.001
职业技能培训需求是否得到满足	−0.427	0.663	−1.739	0.885
职业培训方式是否按需求安排	**−1.676**^{**}	0.705	−3.071	−0.281
培训费用承担者	0.232	0.273	−0.307	0.772
能够承受的自费培训费用(单位:元)	0.000	0.000	−0.001	0.001
接受培训的职业培训机构是否具有培训资质	0.709	0.546	−0.372	1.790
服务态度满意度(劳动就业部门)	−0.233	0.465	−1.152	0.687
服务态度满意度(培训机构)	0.730	0.592	−0.442	1.902
对所接受的培训项目教学质量的评价	0.555	0.485	−0.405	1.514
培训成绩	−0.289	0.361	−1.004	0.426
省份	0.538	1.007	−1.455	2.531
健康状况	−0.008	0.324	−0.650	0.634
政治状况	0.339	0.546	−0.741	1.419
目前工作所在城市	0.459	0.427	−0.386	1.304
2006年家庭规模	−0.366	0.280	−0.921	0.189
民族	0.346	0.983	−1.599	2.291
性别	**−1.703**^{***}	0.627	−2.945	−0.462
户籍类型	−0.594	0.707	−1.993	0.805
35岁以下有稳定收入的人员数	0.012	0.349	−0.679	0.704
当年家庭总支出	0.000	0.000	0.000	0.000
常数	−4.238	4.690	−13.520	5.044
Σ	2.754	0.199	2.361	3.147
伪 R^2			0.0825	

注: ***、**、* 分别表示1%、5%、10%的显著水平。

如表 4.17 所示，对于 C 省来说，与 B 省一样，受教育年限显著影响收入绩效，受教育年限的系数值为 0.081，而年龄几乎对收入绩效没有影响，教育年限对于收入绩效的影响为正，受教育程度越高，收入绩效越高。受训人员失业之前的单位属性和职业培训方式是否按需求安排对收入绩效的影响明显，它们的系数分别为 0.134 和 -1.676。这意味着由于受训人员失业之前的单位属性、培训安排方式的不同，其获得的收入绩效也不尽相同。与 A 省、B 省不同的是，对 C 省而言，性别显著影响收入绩效，男性受训人员的收入绩效显然低于女性受训人员的收入绩效，其系数为 -1.703，这可能由于女性相比于男性更容易接受新知识，也更有耐心。另外，收入绩效的省际差异并不明显，对于 C 省，其系数为 0.538，对于 C 省来说，培训效果对收入绩效有积极影响。

表 4.18　　省份 D 的收入绩效情况

收入绩效	系数	标准差	95%置信区间上限	
受教育年限	0.037**	0.014	0.009	0.066
年龄	0.008	0.040	-0.072	0.088
需要补充进行文化素质培训的项目数	0.062	0.133	-0.202	0.326
失业前的单位属性	0.046	0.075	-0.103	0.194
对就业政策的了解程度	0.014	0.153	-0.289	0.316
培训的组织单位	0.016	0.065	-0.114	0.145
接受免费培训的累计时数	0.000	0.000	0.000	0.001
职业技能培训需求是否得到满足	-0.194	0.220	-0.630	0.241
职业培训方式是否按需求安排	-0.600***	0.230	-1.054	-0.146
培训费用承担者	-0.074	0.100	-0.272	0.125
能够承受的自费培训费用(单位:元)	0.000	0.000	0.000	0.000
接受培训的职业培训机构是否具有培训资质	-0.287	0.265	-0.811	0.237
服务态度满意度(劳动就业部门)	0.118	0.181	-0.240	0.476
服务态度满意度(培训机构)	0.117	0.240	-0.357	0.591

续表

收入绩效	系数	标准差	95%置信区间上限	
对所接受的培训项目教学质量的评价	0.001	0.194	−0.383	0.385
培训成绩	0.108	0.132	−0.153	0.369
省份	−0.159	0.420	−0.988	0.671
健康状况	**−0.208***	0.115	−0.435	0.020
政治状况	**0.644****	0.311	0.029	1.259
目前工作所在城市	0.172	0.118	−0.062	0.406
2006年家庭规模	0.014	0.095	−0.175	0.202
民族	0.087	0.333	−0.572	0.746
性别	−0.091	0.240	−0.566	0.384
户籍类型	−0.191	0.246	−0.678	0.295
35岁以下有稳定收入的人员数	−0.051	0.125	−0.298	0.196
当年家庭总支出	0.000	0.000	0.000	0.000
常数	−2.313	1.693	−5.661	1.034
σ	1.106	0.075	0.958	1.254
伪 R^2			0.0810	

注：***、**、* 分别表示1%、5%、10%的显著水平。

如表4.18所示，对于D省来说，与B省、C省一样，受教育年限对于收入绩效的影响显著，系数值为0.037，这表明受教育程度越高，收入绩效越高，而年龄对收入绩效的影响很小，且系数不显著，为0.008，说明年龄越大，收入绩效并无明显提升；职业培训方式是否按需求安排和健康状况对收入绩效的影响系数分别为−0.600和−0.208。与其他省份不同的是，政治状况对收入绩效的影响显著，系数为0.644。这表明政治面貌对收入绩效有一定的影响作用。这些系数分别乘以对应的调整系数便可得到相应的边际效应。另外，收入绩效的省际差异并不明显，对于D省，其系数为−0.426。对于D省来说，培训效果对收入绩效的影响并不理想。

表 4.19　　省份 E 的收入绩效情况

收入绩效	系数	标准差	95%置信区间上限	
受教育年限	0.040**	0.018	0.005	0.075
年龄	0.056	0.054	-0.050	0.163
需要补充进行文化素质培训的项目数	-0.078	0.116	-0.308	0.152
失业前的单位属性	0.129	0.094	-0.058	0.316
对就业政策的了解程度	-0.012	0.182	-0.373	0.348
培训的组织单位	0.081	0.092	-0.101	0.264
接受免费培训的累计时数	0.000	0.000	0.000	0.001
职业技能培训需求是否得到满足	0.067	0.297	-0.521	0.656
职业培训方式是否按需求安排	-0.842***	0.323	-1.482	-0.203
培训费用承担者	-0.145	0.121	-0.386	0.095
能够承受的自费培训费用(单位:元)	0.000	0.000	0.000	0.000
接受培训的职业培训机构是否具有培训资质	-0.197	0.298	-0.787	0.393
服务态度满意度(劳动就业部门)	-0.116	0.223	-0.558	0.325
服务态度满意度(培训机构)	0.314	0.297	-0.275	0.903
对所接受的培训项目教学质量的评价	0.100	0.238	-0.370	0.571
培训成绩	0.053	0.161	-0.266	0.372
省份	-0.991**	0.457	-1.896	-0.085
健康状况	-0.108	0.146	-0.397	0.182
政治状况	-0.005	0.381	-0.759	0.748
目前工作所在城市	0.113	0.166	-0.216	0.442
2006年家庭规模	-0.119	0.121	-0.358	0.120
民族	0.204	0.465	-0.716	1.125
性别	-0.481*	0.279	-1.033	0.071
户籍类型	-0.163	0.294	-0.745	0.419
35岁以下有稳定收入的人员数	0.197*	0.102	-0.005	0.398

续表

收入绩效	系数	标准差	95%置信区间上限	
当年家庭总支出	0.000	0.000	0.000	0.000
常数	−1.177	2.099	−5.331	2.977
Σ	1.273	0.098	1.078	1.468
伪 R^2		0.1044		

注：***、**、* 分别表示1%、5%、10%的显著水平。

如表4.19所示，对于E省来说，与其他省类似，受教育年限对于收入绩效的影响显著，系数值为0.040，受教育程度越高，收入绩效越高。而"职业培训方式是否按需求安排"对收入绩效的影响显著，其系数为−0.842。与C省一样，性别显著影响收入绩效，男性受训人员的收入绩效显然低于女性受训人员的收入绩效，性别对收入绩效的影响系数为−0.481。然而与其他省份不同的是，经济压力对收入绩效有显著影响，其系数为0.197，这表明有稳定收入的人员数越多，收入绩效越高。另外，收入绩效的省际差异并不明显，对于E省，其系数为−0.655。这表明对于E省来说，培训效果对收入绩效的影响并不理想。

④ τ_4：满意度绩效。

表4.20　　　　　　　　省份A的满意度绩效情况

满意度绩效	系数	标准差	95%置信区间上限	
受教育年限	−0.033	0.031	−0.095	0.029
年龄	0.125	0.083	−0.037	0.288
需要补充进行文化素质培训的项目数	−0.209	0.248	−0.695	0.277
失业前的单位属性	0.037	0.169	−0.294	0.368
对就业政策的了解程度	−0.418	0.327	−1.058	0.223
培训的组织单位	0.191	0.162	−0.126	0.508
接受免费培训的累计时数	0.001**	0.001	0.000	0.002

续表

满意度绩效	系数	标准差	95%置信区间上限	
职业技能培训需求是否得到满足	0.053	0.427	−0.783	0.889
职业培训方式是否按需求安排	−0.520	0.489	−1.478	0.439
培训费用承担者	0.048	0.197	−0.338	0.434
能够承受的自费培训费用(单位:元)	0.000	0.000	−0.001	0.000
接受培训的职业培训机构是否具有培训资质	**−0.782***	0.446	−1.656	0.093
服务态度满意度(劳动就业部门)	0.104	0.300	−0.483	0.691
服务态度满意度(培训机构)	**0.869****	0.442	0.003	1.735
对所接受的培训项目教学质量的评价	0.131	0.378	−0.610	0.871
培训成绩	0.207	0.270	−0.322	0.736
省份	−0.616	0.605	−1.801	0.569
健康状况	−0.031	0.237	−0.495	0.433
政治状况	0.355	0.675	−0.969	1.678
目前工作所在城市	−0.120	0.311	−0.730	0.489
2006年家庭规模	0.189	0.181	−0.165	0.544
民族	0.219	0.638	−1.032	1.470
性别	0.551	0.443	−0.316	1.419
户籍类型	0.163	0.448	−0.716	1.042
35岁以下有稳定收入的人员数	0.228	0.217	−0.197	0.652
当年家庭总支出	0.000	0.000	0.000	0.000
常数			118	
对数似然值			0.1408	

注：***、**、* 分别表示1%、5%、10%的显著水平。

如表4.20所示，对于A省来说，受训人员接受免费培训的时间对满意度绩效有一定影响，其系数为0.001，这表明受训人员接受免费培训的时间越长，对培训就会越满意，但从系数可以看出，虽然有一定影响，但其影响程度并不高。同时,职业培训机构的培训资质、服务态度对满意度绩效影响显著,它们的系数分别是−0.782和0.869,这意味着,职业培训机构的培训资质的提升、服务态度的改善有助于提高受训者对培训的满意度,并且其影响程度远高于受训者接受免费培训的时间。

因此,对A省来说,受训人员在对培训进行满意度评价时,更多的是考虑培训机构的资质以及服务,从这两方面进行提高将能提升满意度绩效。

表 4.21　　　　　　　　　省份 B 的满意度绩效情况

满意度绩效	系数	标准差	95%置信区间	上限
受教育年限	**−0.060****	0.030	−0.118	−0.001
年龄	**0.169****	0.078	0.016	0.323
需要补充进行文化素质培训的项目数	−0.090	0.239	−0.558	0.379
失业前的单位属性	0.112	0.159	−0.200	0.424
对就业政策的了解程度	0.070	0.269	−0.456	0.596
培训的组织单位	**0.221***	0.131	−0.035	0.477
接受免费培训的累计时数	**0.001****	0.000	0.000	0.002
职业技能培训需求是否得到满足	−0.059	0.377	−0.797	0.679
职业培训方式是否按需求安排	0.600	0.436	−0.255	1.454
培训费用承担者	−0.045	0.202	−0.442	0.352
能够承受的自费培训费用(单位:元)	0.000	0.000	−0.001	0.000
接受培训的职业培训机构是否具有培训资质	−0.030	0.396	−0.807	0.746
服务态度满意度(劳动就业部门)	−0.412	0.340	−1.077	0.254
服务态度满意度(培训机构)	**1.029****	0.470	0.108	1.950
对所接受的培训项目教学质量的评价	0.109	0.346	−0.568	0.786
培训成绩	−0.216	0.246	−0.698	0.265
省份	−0.106	0.786	−1.647	1.435

续表

满意度绩效	系数	标准差	95%置信区间上限	
健康状况	-0.028	0.220	-0.459	0.403
政治状况	0.273	0.423	-0.556	1.101
目前工作所在城市	0.098	0.304	-0.498	0.694
2006年家庭规模	-0.022	0.191	-0.397	0.352
民族	0.394	0.593	-0.767	1.556
性别	-0.204	0.434	-1.055	0.647
户籍类型	0.097	0.480	-0.843	1.038
35岁以下有稳定收入的人员数	-0.004	0.006	-0.016	0.007
当年家庭总支出	0.000	0.000	0.000	0.000
常数			135	
对数似然值			0.132	

注：＊＊＊、＊＊、＊分别表示1%、5%、10%的显著水平。

如表4.21所示，对于B省来说，与A省不同的是，受教育年限和年龄对于满意度绩效影响显著，系数分别为-0.060和0.169。值得注意的是，受教育年限对满意度具有负效应，即表明受教育年限越长，满意度绩效相反会越低，这可能是因为随着受教育年限的提高，对自身有更高的要求；年龄对满意度具有正效应，即表明年龄越高，满意度绩效也会越高。同时，培训的组织单位对满意度绩效的影响系数为-0.004，即意味着如果培训组织单位由政府来充当，可以增加受训人员的满意度。

另外，与A省相同，受训人员接受免费培训的时间和培训机构的服务态度对满意度绩效影响显著，其系数分别为0.001和1.029，从系数中可以看出，受训人员接受免费培训的时间影响程度并不高，同时，比A省更加看重培训机构的服务态度。

表 4.22　　　　　　省份 C 的满意度绩效情况

满意度绩效	系数	标准差	95%置信区间下限	95%置信区间上限
受教育年限	**−0.072****	0.032	−0.135	−0.010
年龄	0.063	0.081	−0.096	0.222
需要补充进行文化素质培训的项目数	−0.041	0.194	−0.420	0.339
失业前的单位属性	−0.015	0.046	−0.105	0.076
对就业政策的了解程度	0.297	0.286	−0.264	0.859
培训的组织单位	0.043	0.161	−0.274	0.359
接受免费培训的累计时数	**0.001****	0.001	0.000	0.002
职业技能培训需求是否得到满足	−0.169	0.432	−1.016	0.679
职业培训方式是否按需求安排	0.384	0.496	−0.588	1.355
培训费用承担者	−0.020	0.193	−0.399	0.359
能够承受的自费培训费用(单位:元)	0.000	0.000	−0.001	0.000
接受培训的职业培训机构是否具有培训资质	−0.443	0.379	−1.187	0.300
服务态度满意度(劳动就业部门)	**−0.523***	0.312	−1.135	0.088
服务态度满意度(培训机构)	**1.507*****	0.371	0.780	2.234
对所接受的培训项目教学质量的评价	−0.258	0.351	−0.946	0.430
培训成绩	−0.025	0.260	−0.535	0.485
省份	−0.301	0.751	−1.774	1.171
健康状况	−0.135	0.236	−0.598	0.327
政治状况	0.104	0.358	−0.599	0.806
目前工作所在城市	0.011	0.331	−0.638	0.659
2006 年家庭规模	0.051	0.191	−0.324	0.426
民族	−0.011	0.637	−1.259	1.238
性别	0.496	0.448	−0.383	1.375
户籍类型	0.177	0.508	−0.818	1.173

续表

满意度绩效	系数	标准差	95%置信区间上限	
35岁以下有稳定收入的人员数	0.047	0.230	-0.405	0.498
当年家庭总支出	0.000*	0.000	0.000	0.000
常数			131	
对数似然值			0.158	

注：***、**、* 分别表示1%、5%、10%的显著水平。

如表 4.22 所示，对于 C 省，与 A 省、B 省相同的是，受教育年限对于满意度绩效影响显著，系数为 -0.072，受训人员接受免费培训的时间和培训机构的服务态度对满意度绩效影响显著，其系数分别为 0.001 和 1.507，观察系数可以发现，接受免费培训的时间对满意度绩效的影响程度并不高，同时，C 省比 A 省、B 省更加看重培训机构的服务态度。

另外，C 省与 A 省、B 省不同的是，劳动就业部门的服务态度也显著影响满意度绩效，其系数为 -0.523，这表明随着劳动就业部门的服务态度发生改变，受训人员的满意度也会发生变化。同时，虽然当年家庭总支出也显著影响满意度绩效，但其系数为 0.000，表明影响程度甚微，在此不做分析。

表 4.23　　　　　　　　　省份 D 的满意度绩效情况

满意度绩效	系数	标准差	95%置信区间上限	
受教育年限	-0.023	0.028	-0.078	0.032
年龄	0.088	0.072	-0.053	0.229
需要补充进行文化素质培训的项目数	-0.032	0.231	-0.484	0.421
失业前的单位属性	0.222	0.144	-0.060	0.503
对就业政策的了解程度	-0.093	0.271	-0.624	0.439
培训的组织单位	0.028	0.120	-0.207	0.263

续表

满意度绩效	系数	标准差	95%置信区间上限	
接受免费培训的累计时数	**0.001****	0.000	0.000	0.002
职业技能培训需求是否得到满足	0.133	0.368	−0.588	0.855
职业培训方式是否按需求安排	−0.078	0.403	−0.869	0.713
培训费用承担者	0.210	0.184	−0.150	0.569
能够承受的自费培训费用(单位:元)	0.000	0.000	0.000	0.000
接受培训的职业培训机构是否具有培训资质	−0.150	0.515	−1.160	0.861
服务态度满意度(劳动就业部门)	−0.287	0.301	−0.876	0.302
服务态度满意度(培训机构)	**0.881****	0.403	0.092	1.670
对所接受的培训项目教学质量的评价	0.337	0.360	−0.369	1.043
培训成绩	0.019	0.224	−0.421	0.458
省份	0.376	0.728	−1.050	1.802
健康状况	−0.177	0.205	−0.578	0.225
政治状况	0.188	0.475	−0.744	1.119
目前工作所在城市	0.281	0.223	−0.155	0.717
2006年家庭规模	0.094	0.159	−0.219	0.406
民族	0.019	0.542	−1.043	1.081
性别	0.359	0.410	−0.444	1.163
户籍类型	0.017	0.446	−0.857	0.892
35岁以下有稳定收入的人员数	−0.138	0.216	−0.561	0.286
当年家庭总支出	0.000	0.000	0.000	0.000
常数			142	
对数似然值			0.0863	

注:***、**、*分别表示1%、5%、10%的显著水平。

如表4.23所示,对于D省来说,与B省一样,受训人员接受免费培训的时间和培训机构的服务态度对满意度绩效影响显著,其系数分别为

0.001 和 0.881，从中可以看出，受训人员接受免费培训的时间对满意度绩效影响程度并不高，同时，D 省比 A 省更加看重培训机构的服务态度，但没有 B 省、C 省那么看重。

表 4.24　　　　　　　省份 E 的满意度绩效情况

满意度绩效	系数	标准差	95%置信	区间上限
受教育年限	**−0.073****	0.031	−0.133	−0.012
年龄	**0.144***	0.083	−0.020	0.308
需要补充进行文化素质培训的项目数	**−0.461*****	0.180	−0.814	−0.109
失业前的单位属性	−0.028	0.162	−0.346	0.291
对就业政策的了解程度	−0.152	0.285	−0.710	0.407
培训的组织单位	0.036	0.155	−0.268	0.340
接受免费培训的累计时数	**0.001****	0.000	0.000	0.002
职业技能培训需求是否得到满足	−0.297	0.432	−1.143	0.550
职业培训方式是否按需求安排	0.583	0.503	−0.403	1.569
培训费用承担者	0.063	0.193	−0.316	0.442
能够承受的自费培训费用(单位:元)	0.000	0.000	0.000	0.000
接受培训的职业培训机构是否具有培训资质	−0.407	0.418	−1.226	0.411
服务态度满意度(劳动就业部门)	−0.318	0.315	−0.935	0.298
服务态度满意度(培训机构)	**1.023*****	0.385	0.268	1.777
对所接受的培训项目教学质量的评价	0.028	0.368	−0.693	0.749
培训成绩	0.264	0.247	−0.221	0.748
省份	−0.856	0.742	−2.311	0.599
健康状况	−0.146	0.221	−0.579	0.288
政治状况	−0.047	0.516	−1.057	0.964
目前工作所在城市	−0.059	0.263	−0.575	0.457
2006 年家庭规模	0.130	0.181	−0.224	0.485
民族	0.462	0.646	−0.804	1.728

续表

满意度绩效	系数	标准差	95%置信区间上限	
性别	0.645	0.441	-0.220	1.509
户籍类型	0.128	0.469	-0.792	1.048
35岁以下有稳定收入的人员数	0.111	0.164	-0.210	0.431
当年家庭总支出	**0.000****	0.000	0.000	0.000
常数		127		
对数似然值		0.1205		

注：＊＊＊、＊＊、＊分别表示1%、5%、10%的显著水平。

如表4.24所示，对于E省，和B省、C省一样，受教育年限、年龄对于满意度绩效的影响显著，其系数分别为-0.073和0.144。这表明文化程度越高，年龄越大，经验越丰富，满意度绩效越高。同时，受训人员接受免费培训的时间和培训机构的服务态度对满意度绩效影响显著，其系数分别为0.001和1.023，从中可以看出，受训人员接受免费培训的时间影响程度并不高。需要注意，与其他省份不一样的是，E省中需要补充进行文化素质培训的项目数同样具有显著影响，其影响系数为-0.461，这表明当文化素质类型的培训项目增加时，受训人员的满意度绩效是下降的，这可能是因为受训人员更注重实际技能的培训，对这种文化素质的培训重视度不足。

⑤ τ_5：就业改善信心绩效。

本节通过多分有序模型来研究各因素对各省份的就业改善信心绩效的影响，具体分析如下。

表4.25　　　　　　省份A的就业改善信心绩效情况

就业改善信心绩效	系数	标准差	95%置信区间上限	
受教育年限	**-0.057***	0.031	-0.118	0.004
年龄	-0.028	0.084	-0.192	0.137

续表

就业改善信心绩效	系数	标准差	95%置信区间下限	区间上限
需要补充进行文化素质培训的项目数	0.286	0.238	-0.180	0.752
失业前的单位属性	-0.081	0.156	-0.387	0.226
对就业政策的了解程度	0.524	0.327	-0.117	1.166
培训的组织单位	0.099	0.143	-0.182	0.380
接受免费培训的累计时数	-0.001	0.001	-0.004	0.002
职业技能培训需求是否得到满足	0.233	0.447	-0.643	1.108
职业培训方式是否按需求安排	1.230**	0.481	0.287	2.173
培训费用承担者	0.068	0.215	-0.354	0.489
能够承受的自费培训费用(单位:元)	0.000	0.000	0.000	0.000
接受培训的职业培训机构是否具有培训资质	-0.092	0.467	-1.007	0.823
服务态度满意度(劳动就业部门)	0.203	0.329	-0.442	0.847
服务态度满意度(培训机构)	0.696	0.515	-0.314	1.706
对所接受的培训项目教学质量的评价	-0.079	0.406	-0.875	0.717
培训成绩	-0.278	0.277	-0.821	0.265
省份	0.062	0.586	-1.087	1.211
健康状况	0.255	0.248	-0.232	0.741
政治状况	-0.088	0.659	-1.380	1.204
目前工作所在城市	-0.015	0.338	-0.677	0.647
2006年家庭规模	-0.207	0.195	-0.589	0.176
民族	0.885	0.647	-0.382	2.152
性别	-0.652	0.438	-1.510	0.207
户籍类型	0.121	0.482	-0.824	1.065
35岁以下有稳定收入的人员数	0.402*	0.245	-0.078	0.881
当年家庭总支出	0.000	0.000	0.000	0.000
常数			132	
对数似然值			0.1630	

注：＊＊＊、＊＊、＊分别表示1%、5%、10%的显著水平。

如表 4.25 所示，对于 A 省，受教育年限对就业改善信心绩效的影响显著，其系数为-0.057。与满意度绩效类似，受教育年限越长，就业改善信心绩效反而会越低，这可能是因为随着教育的提高，受训人员对自身有更高的要求。同时，值得关注的是，职业培训的安排方式也显著影响着就业改善信心绩效，其系数为1.230，这表明职业培训方式的不同影响着受训人员的就业改善信心，这可能是因为对于受训人员而言，其更倾向于对与自己本职业相关的培训。

同时，在反映个体特征的因素中，经济压力对就业改善信心绩效的影响十分显著，其影响系数为0.402，这说明家里有稳定收入的人员数越多，就业改善信心绩效越强。这可能是因为有一定经济实力的受训人员，对再就业的信心较大，导致其就业改善信心绩效表现较好。

表 4.26　　　　　省份 B 的就业改善信心绩效情况

就业改善信心绩效	系数	标准差	95%置信区间上限	
受教育年限	**-0.094*****	0.032	-0.157	-0.031
年龄	0.002	0.081	-0.156	0.160
需要补充进行文化素质培训的项目数	**0.427***	0.251	-0.064	0.918
失业前的单位属性	-0.086	0.155	-0.391	0.218
对就业政策的了解程度	**0.756****	0.299	0.170	1.342
培训的组织单位	-0.110	0.130	-0.365	0.146
接受免费培训的累计时数	-0.001	0.001	-0.004	0.002
职业技能培训需求是否得到满足	0.045	0.422	-0.781	0.872
职业培训方式是否按需求安排	0.772	0.484	-0.176	1.721
培训费用承担者	0.014	0.223	-0.424	0.452
能够承受的自费培训费用(单位:元)	0.000	0.000	0.000	0.000
接受培训的职业培训机构是否具有培训资质	**-0.750***	0.402	-1.537	0.038
服务态度满意度(劳动就业部门)	0.359	0.376	-0.378	1.097
服务态度满意度(培训机构)	0.586	0.487	-0.369	1.541

续表

就业改善信心绩效	系数	标准差	95%置信区间上限	
对所接受的培训项目教学质量的评价	0.292	0.368	−0.429	1.012
培训成绩	−0.165	0.266	−0.687	0.357
省份	0.763	0.872	−0.946	2.472
健康状况	0.162	0.220	−0.269	0.593
政治状况	−0.284	0.414	−1.095	0.528
目前工作所在城市	0.275	0.317	−0.346	0.896
2006年家庭规模	0.013	0.216	−0.410	0.437
民族	−0.057	0.638	−1.308	1.193
性别	0.059	0.437	−0.796	0.915
户籍类型	0.417	0.524	−0.610	1.445
35岁以下有稳定收入的人员数	0.001	0.006	−0.012	0.013
当年家庭总支出	0.000	0.000	0.000	0.000
常数			143	
对数似然值			0.2427	

注：＊＊＊、＊＊、＊ 分别表示 1%、5%、10%的显著水平。

如表4.26所示，对于B省来说，和A省一样，受教育年限对就业改善信心绩效的影响显著，其系数为−0.057。然而，与A省不同的是，受训人员对就业政策的了解程度显著影响就业改善信心，其影响系数为0.756，这说明当受训人员对就业政策较为了解时，就业改善信心绩效也将会比较好，这可能是因为受训人员对政府推行的一些促进就业政策较为关注，从而影响着就业改善信心绩效。另外，文化素质培训的项目数、职业培训机构的培训资质对就业改善信心绩效也有显著影响，其系数分别为0.427和−0.750，这表明随着文化素质培训项目的增多、培训机构资质的提升，将显著地提高受训人员的就业改善信心绩效。

因此，对于B省来说，为了提高就业信心绩效，可适当增加文化素质培训项目；加大宣传，使受训人员更加了解政策，提升培训机构的培训资质。

表 4.27　　省份 C 的就业改善信心绩效情况

对未来改善就业状况的信心 (1=完全没有信心,2=没有多少信心, 3=一般,4=比较有信心,5=非常有信心)	系数	标准差		95%置信 区间上限
受教育年限	−0.044	0.032	−0.107	0.018
年龄	0.070	0.084	−0.094	0.233
需要补充进行文化素质培训的项目数	0.000	0.197	−0.386	0.386
失业前的单位属性	**0.165****	0.068	0.032	0.299
对就业政策的了解程度	**0.652****	0.280	0.102	1.201
培训的组织单位	−0.115	0.145	−0.400	0.170
接受免费培训的累计时数	0.000	0.001	−0.003	0.003
职业技能培训需求是否得到满足	−0.018	0.459	−0.917	0.882
职业培训方式是否按需求安排	0.617	0.497	−0.357	1.592
培训费用承担者	0.163	0.193	−0.215	0.541
能够承受的自费培训费用(单位:元)	0.000	0.000	0.000	0.000
接受培训的职业培训机构是否具有培训资质	0.513	0.415	−0.301	1.327
服务态度满意度(劳动就业部门)	0.204	0.349	−0.481	0.889
服务态度满意度(培训机构)	**0.928***	0.511	−0.074	1.929
对所接受的培训项目教学质量的评价	0.160	0.391	−0.606	0.927
培训成绩	0.152	0.260	−0.357	0.661
省份	**−1.332***	0.725	−2.754	0.089
健康状况	0.034	0.230	−0.418	0.485
政治状况	**−0.744****	0.377	−1.483	−0.005
目前工作所在城市	**0.620***	0.329	−0.024	1.264
2006 年家庭规模	0.116	0.214	−0.304	0.535
民族	0.525	0.640	−0.729	1.778

续表

对未来改善就业状况的信心 （1=完全没有信心，2=没有多少信心， 3=一般，4=比较有信心，5=非常有信心）	系数	标准差	95%置信区间	
				上限
性别	-0.582	0.452	-1.468	0.303
户籍类型	0.073	0.509	-0.925	1.070
35岁以下有稳定收入的人员数	0.170	0.252	-0.324	0.664
当年家庭总支出	0.000	0.000	0.000	0.000
常数			139	
对数似然值			0.222	

注：＊＊＊、＊＊、＊分别表示1%、5%、10%的显著水平。

如表4.27所示，对于C省，与A省、B省不同的是，受教育年限对就业改善信心绩效的影响并不显著，而失业前的单位属性、政治状况和目前工作所在城市对就业改善信心绩效的影响较为显著，其中：失业前的单位属性对就业改善信心绩效的影响系数为0.165，这表明失业前单位的不同会影响就业改善信心绩效，这可能与受训人员本身的工作性质有关；政治状况对就业改善信心绩效的影响系数为-0.744，这意味着政治面貌对受训人员的就业改善信心有着一定的负效应，这与政治面貌影响就业是一致的；工作城市对就业改善信心绩效有着十分显著的影响，其系数为0.620，这是因为工作城市具有十分鲜明的地区差异性，那些经济较发达的城市的工作岗位数量以及质量都是较高的，所以会影响受训人员的就业改善信心。

此外，值得注意的是，培训机构服务态度对就业改善信心绩效的影响也十分显著，其系数为0.928，这可能是因为受训者评判培训项目优劣的一项指标就是其服务态度的好坏。与B省相同的是，对就业政策的了解程度显著影响就业改善信心绩效，其系数为0.652。

因此，提高宣传力度、增加受训者对政策的了解程度、改善培训机构的服务态度会适当提高受训人员的就业改善信心绩效。

表 4.28　　　　　省份 D 的就业改善信心绩效情况

就业改善信心绩效	系数	标准差	95%置信区间上限	
受教育年限	**−0.067****	0.030	−0.126	−0.008
年龄	−0.093	0.074	−0.238	0.053
需要补充进行文化素质培训的项目数	0.338	0.241	−0.133	0.810
失业前的单位属性	−0.028	0.140	−0.302	0.246
对就业政策的了解程度	0.281	0.276	−0.260	0.823
培训的组织单位	0.053	0.116	−0.176	0.281
接受免费培训的累计时数	−0.002	0.001	−0.004	0.001
职业技能培训需求是否得到满足	0.104	0.388	−0.657	0.864
职业培训方式是否按需求安排	**0.753***	0.432	−0.095	1.600
培训费用承担者	0.188	0.184	−0.172	0.549
能够承受的自费培训费用(单位:元)	0.000	0.000	0.000	0.000
接受培训的职业培训机构是否具有培训资质	−0.226	0.535	−1.275	0.823
服务态度满意度(劳动就业部门)	0.282	0.332	−0.368	0.932
服务态度满意度(培训机构)	**0.922****	0.443	0.054	1.790
对所接受的培训项目教学质量的评价	0.365	0.362	−0.344	1.074
培训成绩	−0.293	0.237	−0.757	0.172
省份	−0.724	0.846	−2.382	0.934
健康状况	**0.441****	0.218	0.014	0.868
政治状况	**−0.884***	0.520	−1.902	0.135
目前工作所在城市	0.178	0.226	−0.265	0.621
2006 年家庭规模	−0.213	0.179	−0.564	0.138
民族	−0.027	0.588	−1.179	1.126
性别	−0.531	0.442	−1.397	0.335
户籍类型	0.324	0.460	−0.578	1.227
35 岁以下有稳定收入的人员数	0.342	0.244	−0.135	0.820

续表

就业改善信心绩效	系数	标准差	95%置信区间上限	
当年家庭总支出	0.000	0.000	0.000	0.000
常数			149	
对数似然值			0.2373	

注：＊＊＊、＊＊、＊分别表示1%、5%、10%的显著水平。

如表4.28所示，对于D省，与A省、B省一样，受教育年限对就业改善信心绩效的影响显著，其系数为-0.067；职业培训方式的安排、培训机构的服务态度同样也显著影响就业改善信心，其系数分别为0.753和0.922，从系数上可以发现，其影响程度较其他省份更大。

另外，除了政治状况对就业改善信心绩效有显著影响之外，健康状况也显著影响绩效，其系数分别为-0.884和0.441。对政治状况的研究在C省处已经分析过了，在此不做赘述，值得注意的是，健康状况对就业改善信心绩效有显著的正效应，这表明受训人员的身体健康状况越好，其就业改善信心也更强，这是因为如果身体较为健康，能承担更多的工作量，同时也更能得到企业的青睐，直接影响就业改善信心的提高。

表4.29 省份E的就业改善信心绩效情况

就业改善信心绩效	系数	标准差	95%置信区间上限	
受教育年限	**-0.083*****	0.032	-0.145	-0.021
年龄	0.039	0.083	-0.124	0.202
需要补充进行文化素质培训的项目数	0.156	0.183	-0.203	0.515
失业前的单位属性	-0.164	0.151	-0.460	0.132
对就业政策的了解程度	**0.495***	0.295	-0.083	1.073
培训的组织单位	-0.173	0.145	-0.457	0.111
接受免费培训的累计时数	0.000	0.001	-0.003	0.003

续表

就业改善信心绩效	系数	标准差	95%置信区间上限	
职业技能培训需求是否得到满足	-0.184	0.436	-1.038	0.669
职业培训方式是否按需求安排	**1.282****	0.511	0.281	2.282
培训费用承担者	0.098	0.196	-0.287	0.483
能够承受的自费培训费用(单位:元)	0.000	0.000	0.000	0.000
接受培训的职业培训机构是否具有培训资质	-0.114	0.437	-0.971	0.744
服务态度满意度(劳动就业部门)	**0.649***	0.343	-0.022	1.321
服务态度满意度(培训机构)	0.314	0.417	-0.502	1.131
对所接受的培训项目教学质量的评价	0.318	0.366	-0.399	1.034
培训成绩	-0.161	0.242	-0.636	0.314
省份	0.155	0.706	-1.230	1.539
健康状况	0.027	0.230	-0.425	0.478
政治状况	-0.250	0.520	-1.269	0.768
目前工作所在城市	-0.109	0.268	-0.634	0.416
2006 年家庭规模	0.236	0.200	-0.156	0.627
民族	0.175	0.689	-1.175	1.524
性别	-0.074	0.409	-0.875	0.727
户籍类型	0.458	0.458	-0.439	1.355
35 岁以下有稳定收入的人员数	-0.178	0.158	-0.487	0.131
当年家庭总支出	0.000	0.000	0.000	0.000
常数			140	
对数似然值			0.1988	

注:***、**、* 分别表示 1%、5%、10%的显著水平。

如表 4.29 所示,对于 E 省来说,与其他省份一样,受教育年限、受训人员对就业政策的了解程度以及职业培训安排方式对就业改善信心绩效有显著影响,其中:受教育年限对就业改善信心绩效有负效应,其系数为

−0.083；受训人员对就业政策的了解程度正向影响着就业改善信心，其系数为 0.495；职业培训方式的安排对就业改善信心有着较高的影响，其系数为 1.282。

与其他省份培训机构的服务态度显著影响就业改善信心所不同的是，对 E 省来说，劳动就业部门的服务态度显著影响就业改善信心，其系数为 0.649，这表明与其他省份看重培训机构的服务态度不同，E 省更看重劳动就业部门的服务态度，且其服务态度越好，就业改善信心越强。

本节还给出了评估过程中发现的一些对政策实施效果具有指导性意义的结论。由于本节只是为政策评估提供一种方法，所以省略掉了具体的省份名称。表 4.30 为绩效评估结果表。

表 4.30　　　　　　　　　绩效评估结果表

省份	再就业几率	失业持续期	收入绩效	满意度绩效	就业改善信心绩效	总评	前三个指标总得分
A	−0.226① (0.746)	1.323 (0.584)	−0.655 (0.337)	−0.616 (0.605)	0.062 (0.586)	−0.112②	0.442③
B	0.375 (0.937)	1.694 (1.029)	−0.426 (0.745)	−0.106 (0.786)	0.763 (0.872)	2.3	1.643
C	1.289 (0.839)	0.460 (0.275)	0.538 (1.007)	−0.301 (0.751)	−1.332 (0.725)	0.654	2.287
D	−0.498 (1.032)	1.509 (0.894)	−0.159 (0.420)	0.376 (0.728)	−0.724 (0.846)	0.504	0.852
E	1.507 (0.637)	1.080 (0.618)	−0.991 (0.457)	−0.856 (0.742)	0.155 (0.706)	0.895	1.596
F	0	0	0	0	0	0	0

---

① 其中−0.226 为对比效果估计值，0.746 为估计值标准差。

② −0.112 表示所有评估结果的总分值，由于多变量之间关系的复杂性，我们没有给出总评结果的标准差。

③ 0.442 表示前三项评估结果的总分值，由于多变量之间关系的复杂性，我们没有给出总评结果的标准差。

通过绩效评估得到以下重要结论：

①培训政策实施效果的省际差异显著。

对个体特征进行非实验控制后省际再就业培训政策实施效果差异较大，即同一个体在不同省份接受同样的培训效果会有很大的不同。该结果显示应该适当根据各地差异制定不同的财政投入政策。利用总评成绩可以很方便地根据政策实施效果的好坏进行财政资金分配，即根据总评分值或单项分值设计以效果为导向的资金分配方案。

②满意度与就业绩效相关度不高。

数据分析结果显示，越是经济条件差的地方满意度就越高，这一点与 Easterlin(1974)、Luigino 与 Pier(2003)所得出的结果是一致的。该结果表明，不能单纯以满意度绩效来作为评估指标，甚至应该弱化该指标在评估体系中的地位，因为该指标在某种程度上并不能够真实反映地区间的差异。

③受训人员个人背景和培训机制是影响积极就业促进政策绩效的关键因素。

与一般的研究设想不同，本节发现，年龄、健康状况对受训人员就业几率的影响并不显著，而财务压力对就业几率的影响非常显著。35 岁以下有稳定收入的人员数越少，当年家庭总支出越多，受训人员的就业率越高，这意味着财务压力可能是影响受训人员求职效果的主要因素，雪中送炭式的再就业培训对促进受训人员就业率的效果更好。

④教育程度对就业政策绩效的影响是多元的。

受训人员个人的受教育年限对就业几率有一定的影响，但不显著。更值得关注的是，除少数较富裕的省份外，受教育年限的系数都为负数，也即是说教育程度越高的人反而更难就业。受教育年限对就业质量有显著的正面影响，同时对满意度、就业改善信心有显著负面影响。

综合起来，可以解读为学历高的受训人员要求较高，因此实现就业的难度较大，但就业后的收入较高，总体而言，我国当前高质量的工作岗位的供应还不太令人满意。

⑤再就业培训的一些组织细节对就业的影响非常显著。

对就业政策了解程度、培训由谁组织、培训费用由谁承担、职业技能培训供求是否匹配 4 项都和就业几率显著相关。该结果表明培训组织单位非政府化对绩效结果产生显著的正效果,个人参与承担培训费用有显著的积极影响,受训人员对就业政策越了解,职业技能培训的针对性越强,职业培训促进就业的效果就越好。因此,加强政策宣传,提升培训的针对性,通过市场化的形式运营并优化培训质量监控体系,是提高培训促进就业效果的有效路径。

⑥培训成绩与促进就业之间不存在显著的正相关关系。

培训成绩与促进就业之间的关系并不显著,而且还普遍显示为负面影响,这可能揭示出当前的职业培训质量评价机制需要调整优化。

基于以上研究结果,本节认为应坚持再就业培训市场化的政策导向,高度重视并设计科学的瞄准和匹配机制,并将再就业培训的结果绩效指标作为分配再就业培训资金的核心依据。

(2) 以小额担保贷款为例

本节利用前文提到的模型对小额担保贷款项目中经营盈利几率、创造就业岗位数、当前盈利状况、未来经营信心指数和就业改善信心在不同省份的实施效果进行评估。评估结果如下:

① τ_1:经营盈利几率。

表 4.31　　省份 A 的经营盈利几率情况

实现经营盈利几率	系数	标准差	95%置信区间上限	
受教育年限	−0.083	0.057	−0.194	0.029
年龄	0.016	0.019	−0.022	0.054
失业前的单位属性	0.087	0.124	−0.156	0.329
对就业政策的了解程度	−0.187	0.164	−0.509	0.135
小额担保贷款项目的资金总额	0.000	0.000	0.000	0.000
贷款前是否参加了由就业管理部门举办的创业培训	0.045	0.166	−0.279	0.370
担保人的职业类型	−0.010	0.021	−0.052	0.032
省份	−1.150***	0.386	−1.906	−0.394
健康状况	0.204	0.166	−0.120	0.528

续表

实现经营盈利几率	系数	标准差	95%置信区间上限	
政治状况	-0.112	0.193	-0.489	0.266
目前工作所在城市	-0.173	0.257	-0.676	0.330
2006年家庭规模	-0.102	0.131	-0.359	0.155
性别	-0.374	0.302	-0.967	0.219
户籍类型	0.209	0.711	-1.185	1.603
35岁以下有稳定收入的人员数	-0.237	0.157	-0.544	0.071
当年家庭总支出	0.000	0.000	0.000	0.000
常数	2.353	1.803	-1.181	5.888
伪 R^2			0.1060	

注：***、**、* 分别表示1%、5%、10%的显著水平。

如表4.31所示，从估计结果来看，"省份"变量显著影响经营盈利几率，系数为-1.150。这表明，在A省经营盈利几率比其他省低大约68.34%。受教育年限对经营盈利几率的影响不显著，系数为-0.083，即受教育年限每增加一年，对数经营盈利几率会下降8.3%，而经营盈利几率会下降约7.86%；对就业政策的了解程度对经营盈利几率的影响系数为-0.817；小额担保贷款项目的资金总额对经营盈利几率的影响系数趋近于0，但是这些指标对该省经营盈利几率影响并不显著。反映个体特征的因素中，经济压力等因素对经营盈利几率的影响并不显著。

表4.32　　　　　省份B的经营盈利几率情况

经营盈利几率	系数	标准差	95%置信区间上限	
受教育年限	-0.046	0.046	-0.137	0.045
年龄	0.038**	0.019	0.000	0.076
失业前的单位属性	0.006	0.108	-0.207	0.218
对就业政策的了解程度	0.694***	0.195	0.311	1.076

续表

经营盈利几率	系数	标准差	95%置信区间上限	
小额担保贷款项目的资金总额	0.000	0.000	0.000	0.000
贷款前是否参加了由就业管理部门举办的创业培训	−0.187	0.154	−0.489	0.115
担保人的职业类型	−0.031	0.026	−0.083	0.021
省份	−1.542***	0.334	−2.197	−0.887
健康状况	0.102	0.160	−0.211	0.416
政治状况	−0.065	0.190	−0.438	0.309
目前工作所在城市	−0.312	0.214	−0.731	0.108
2006年家庭规模	−0.138	0.191	−0.512	0.236
性别	−0.645**	0.282	−1.197	−0.093
户籍类型	−0.659	0.696	−2.022	0.705
35岁以下有稳定收入的人员数	−0.187	0.152	−0.485	0.110
当年家庭总支出	0.000	0.000	0.000	0.000
常数	0.725	1.831	−2.864	4.313
伪 R^2			0.1289	

注：＊＊＊、＊＊、＊分别表示1%、5%、10%的显著水平。

如表4.32所示，在B省中，年龄对经营盈利几率有显著影响，其系数为0.038，即意味着年龄每增长一岁，其经营盈利几率将增加近1.039倍，这表明社会阅历和丰富的经验对创业盈利有利，同时，性别也显著影响经营盈利几率，其系数为−0.645，这表明女性的对数经营盈利几率比男性高2.2%。另外，对就业政策的了解程度也显著影响经营盈利几率，其系数为0.694，这意味着对就业政策的了解程度每提升一个单位，经营盈利几率比会提升近1倍。贷款规模系数趋近于0，但是这些指标对该省经营盈利几率的影响并不显著。反映个体特征的因素中，健康状况、经济压力等对经营盈利几率的影响并不显著。对于B省，省份差异较大，其系数为−1.542，表明B省的经营盈利几率比其他省低大约78.6%。

表 4.33　　　　　省份 C 的经营盈利几率情况

经营盈利几率	系数	标准差	95%置信区间上限	
受教育年限	0.034	0.056	−0.076	0.144
年龄	0.006	0.023	−0.040	0.051
失业前的单位属性	−0.064	0.111	−0.282	0.154
对就业政策的了解程度	**0.556*****	0.213	0.138	0.974
小额担保贷款项目的资金总额	0.000	0.000	0.000	0.000
贷款前是否参加了由就业管理部门举办的创业培训	−0.165	0.166	−0.491	0.162
担保人的职业类型	−0.019	0.028	−0.073	0.036
省份	**−1.118*****	0.416	−1.933	−0.302
健康状况	0.246	0.173	−0.094	0.586
政治状况	0.216	0.191	−0.159	0.592
目前工作所在城市	−0.288	0.254	−0.786	0.210
2006 年家庭规模	−0.041	0.184	−0.401	0.319
性别	−0.457	0.357	−1.156	0.242
户籍类型	−0.010	0.851	−1.677	1.657
35 岁以下有稳定收入的人员数	−0.061	0.178	−0.410	0.289
当年家庭总支出	0.000	0.000	0.000	0.000
常数	−0.669	2.064	−4.714	3.376
伪 R^2		0.1274		

注：***、**、* 分别表示 1%、5%、10%的显著水平。

如表 4.33 所示，与 B 省一样，在 C 省，对就业政策的了解程度显著影响经营盈利几率，其系数为 0.556，这表明对就业政策的了解程度每提升一个单位，经营盈利几率会提升近 0.74 倍，这充分说明了政策宣传的重要性。另外，与其他省相比，C 省的经营盈利也存在差异，其概率低大约 67.3%。从估计结果来看，受教育年限的系数为正，即受教育年限每增加一年，对数经营盈利几率会提升 3.4%，但这一影响并不显著。反映个体特征的因素中，健康状况、政治状况、经济压力等对经营盈利几率的影响并不显著。

表 4.34　　　　　省份 D 的经营盈利几率情况

经营盈利几率	系数	标准差	95%置信区间下限	95%置信区间上限
受教育年限	−0.080	0.064	−0.205	0.045
年龄	**0.050****	0.024	0.003	0.097
失业前的单位属性	0.035	0.112	−0.184	0.253
对就业政策的了解程度	**0.578****	0.236	0.116	1.040
小额担保贷款项目的资金总额	0.000	0.000	0.000	0.000
贷款前是否参加了由就业管理部门举办的创业培训	−0.151	0.156	−0.456	0.154
担保人的职业类型	−0.028	0.027	−0.081	0.025
省份	−1.274	0.912	−3.062	0.514
健康状况	0.248	0.187	−0.118	0.614
政治状况	0.179	0.243	−0.297	0.655
目前工作所在城市	**−0.509***	0.283	−1.063	0.045
2006 年家庭规模	−0.087	0.194	−0.468	0.293
性别	−0.261	0.354	−0.955	0.433
户籍类型	−0.461	0.726	−1.884	0.962
35 岁以下有稳定收入的人员数	−0.066	0.195	−0.448	0.315
当年家庭总支出	0.000	0.000	0.000	0.000
常数	−0.756	2.226	−5.119	3.607
伪 R^2			0.1255	

注：***、**、* 分别表示 1%、5%、10%的显著水平。

如表 4.34 所示，与 B 省、C 省一样，在 D 省，年龄和对就业政策的了解程度显著影响经营盈利几率，其系数分别 0.05 和 0.578。其中，对就业政策的了解程度每提升一个单位，经营盈利几率会提升近 0.78 倍；

年龄每增长一岁,D省的对数经营盈利几率将增加5%。值得注意的是,与其他省份不同的是,目前工作所在城市对经营盈利几率也有显著影响,其系数为-0.509,这可能是工作城市在经济程度上的差异性导致的。从估计结果来看,受教育年限的系数为负(-0.080),贷款规模系数趋近于0,但是这些指标对该省经营盈利几率的影响并不显著。反映个体特征的因素中,目前工作所在城市对经营盈利几率的影响显著,系数为-0.509,这表明,非城镇户口比城镇户口对于经营盈利几率影响将降低约39.89%。经济压力等因素对经营盈利几率的影响并不显著。

表4.35　　　　　　　省份E的经营盈利几率情况

实现经营盈利几率	系数	标准差	95%置信区间上限	
受教育年限	-0.100	0.075	-0.246	0.046
年龄	0.018	0.025	-0.030	0.067
失业前的单位属性	0.003	0.121	-0.234	0.240
对就业政策的了解程度	**0.946**^{***}	0.259	0.438	1.455
小额担保贷款项目的资金总额	0.000	0.000	0.000	0.000
贷款前是否参加了由就业管理部门举办的创业培训	-0.205	0.176	-0.549	0.139
担保人的职业类型	-0.027	0.027	-0.080	0.026
省份	-0.673	0.462	-1.578	0.231
健康状况	0.248	0.206	-0.157	0.652
政治状况	0.027	0.235	-0.433	0.487
目前工作所在城市	-0.213	0.244	-0.690	0.265
2006年家庭规模	0.025	0.190	-0.347	0.397
性别	-0.261	0.391	-1.027	0.504
户籍类型	0.301	0.715	-1.100	1.702
35岁以下有稳定收入的人员数	-0.118	0.206	-0.522	0.285
当年家庭总支出	0.000	0.000	0.000	0.000
常数	-1.289	2.322	-5.839	3.262
伪R^2			0.1215	

注:＊＊＊、＊＊、＊分别表示1%、5%、10%的显著水平。

如表4.35所示,与其他省份一样,在E省,对就业政策的了解程度对经营盈利几率影响十分显著,其系数为0.946,这表明受训人员对就业政策的了解程度每提升一个单位,经营盈利几率会提升近1.58倍。从估计结果来看,受教育年限对经营盈利几率的影响系数为负(-0.100),贷款规模系数趋近于0,但是这些指标对该省经营盈利几率的影响并不显著。反映个体特征的因素中,经济压力等因素对经营盈利几率的影响并不显著。

通过Logit模型来确定各个解释变量对经营盈利几率的影响,结果显示,在绝大多数省份,对就业政策的了解程度对经营盈利几率有显著的正向影响。例如,在B省,对就业政策的了解程度每增加一个单位,经营盈利几率比将提升1倍;而在C省、D省、E省,对就业政策的了解程度每增加一个单位,经营盈利几率将分别提升0.74倍、0.78倍和1.58倍,这充分说明了就业政策宣传的重要性。年龄这一因素在部分省份对经营盈利几率有显著影响。数据显示,年龄越大,经营盈利几率越高。例如,年龄每增长一岁,B省的对数经营盈利几率将上升3.8%;而在D省,年龄每增长一岁,其对数经营盈利几率将上升5%。总而言之,对就业政策的了解程度和个人社会阅历是影响经营盈利能力的重要因素。值得注意的是,在所有省份"获得小额担保贷款项目资金金额"的系数均趋近于0,在大多数省份受教育年限对经营盈利几率的影响的系数为负值,但是数据结果显示,贷款金额、受教育年限、经济压力等因素对经营盈利几率的影响并不显著。

② τ_2:创造就业岗位数。

表4.36　　　　　　　　省份A的创造就业岗位数情况

创造就业岗位数	系数	标准差	95%置信区间上限	
受教育年限	-0.050***	0.012	-0.073	-0.027
年龄	-0.008**	0.004	-0.016	0.000
失业前的单位属性	-0.012	0.026	-0.064	0.040
对就业政策的了解程度	-0.098***	0.034	-0.165	-0.030

续表

创造就业岗位数	系数	标准差	95%置信区间上限	
小额担保贷款项目的资金总额	0.000	0.000	0.000	0.000
贷款前是否参加了由就业管理部门举办的创业培训	0.101***	0.038	0.026	0.175
担保人的职业类型	-0.002	0.005	-0.011	0.008
省份	1.010***	0.088	0.837	1.183
健康状况	0.026	0.037	-0.046	0.098
政治状况	0.026	0.042	-0.058	0.109
目前工作所在城市	-0.321***	0.059	-0.438	-0.205
2006年家庭规模	-0.113***	0.036	-0.183	-0.042
性别	-0.093	0.062	-0.215	0.029
户籍类型	0.717***	0.242	0.242	1.191
35岁以下有稳定收入的人员数	0.079**	0.034	0.013	0.145
当年家庭总支出	0.000***	0.000	0.000	0.000
常数	2.217***	0.441	1.353	3.081
伪 R^2			0.2923	

注：＊＊＊、＊＊、＊分别表示1%、5%、10%的显著水平。

如表4.36所示，对于A省来说，受教育年限对创造就业岗位数有着显著影响，其系数为-0.050，即表明受教育年限每增加一年，创业带动就业岗位数将降低约5.0%。另外，年龄同样显著影响着就业岗位数，其影响系数为-0.008，即意味着年龄每增加一岁，创业带动就业岗位期望数会降低约0.8%。这一现象产生的原因，可能是因为那些受过良好教育、年龄较大的人的阅历和经验都较为丰富，也不愿意承担创业所带来的风险，而导致创业带动就业的难度较大。

同时，受训人员对就业政策的了解程度、贷款前是否参加了由就业管理部门举办的创业培训以及目前工作所在城市对于A省带动就业岗位数有显著影响，其中：对就业政策的了解程度对创造就业岗位数的影响系数为负数，为-0.098，这说明对就业政策越了解，带动的就业岗位数反而会变得越少，这可能是因为那些对就业政策越了解的受训者越不会参与创业项目；贷款前是否参加了由就业管理部门举办的创业培训对创造就业岗位数的影响系数为0.101，这表明贷款前参加创业培训能增加约10.6%的就业岗位数，这说明了创业培训开展的必要性；目前工作所在城市对创造就业岗位数的影响系数为-0.312，即省会城市、地级市的工作者比乡镇、农村的工作者更容易通过创业实现再就业，这与城市的地区差异是密不可分的。

在反映个体特征的因素中，受训人员的健康状况对A省的创业带动就业的影响并不显著，而经济压力对带动就业岗位数的影响非常显著。其中：2006年家庭规模对创造就业岗位数的影响的系数为负数，为-0.113；35岁以下有稳定收入的人员数对于A省带动就业岗位数的影响系数为正数，为0.079；"家庭总支出"对于A省创造就业岗位数的影响系数为正数。这表明家庭规模越小，有稳定收入的人员数越多，创业带动的就业岗位数就越多，这是因为家庭的规模小，稳定收入多的受训者能够相应承担更多创业所带来的风险，创业带动就业岗位数就会越多。而对于家庭总支出较多的受训人员，创业所带来的收益将激励他们带动就业岗位数的增加。

表4.37　　　　　　　　省份B的创造就业岗位数情况

创造就业岗位数	系数	标准差	95%置信区间上限	
受教育年限	-0.047***	0.014	-0.076	-0.019
年龄	-0.012**	0.006	-0.023	-0.001
失业前的单位属性	0.116***	0.026	0.064	0.168
对就业政策的了解程度	0.131***	0.051	0.031	0.232
小额担保贷款项目的资金总额	0.000	0.000	0.000	0.000
贷款前是否参加了由就业管理部门举办的创业培训	-0.051	0.041	-0.131	0.030
担保人的职业类型	0.041**	0.019	0.003	0.078
省份	-0.445***	0.099	-0.638	-0.251

续表

创造就业岗位数	系数	标准差	95%置信区间上限	
健康状况	0.021	0.046	-0.069	0.110
政治状况	-0.051	0.056	-0.162	0.059
目前工作所在城市	0.069	0.069	-0.065	0.204
2006年家庭规模	-0.019	0.052	-0.120	0.082
性别	0.086	0.082	-0.075	0.248
户籍类型	0.534**	0.218	0.106	0.961
35岁以下有稳定收入的人员数	0.006	0.045	-0.083	0.095
当年家庭总支出	0.000	0.000	0.000	0.000
常数	0.579	0.537	-0.473	1.632
伪 R^2		0.0767		

注：***、**、*分别表示1%、5%、10%的显著水平。

如表4.37所示，对于B省来说，与A省一样，受训者的受教育年限、年龄显著影响创业带动就业岗位数，其中受教育年限对创造就业岗位数的影响系数为-0.047，即受教育年限每增加一年，创业带动的就业岗位数将减少约4.7%，年龄对创造就业岗位数的影响系数为-0.012，即年龄每增加一岁，创业带动的就业岗位数约减少1.2%。值得注意的是，对于B省来说，对就业政策的了解程度对创造就业岗位数的影响系数为正数，为0.131，即对就业政策的了解程度每提升一个单位，创业促进就业岗位期望数将增加约14%，这与A省正好相反，这可能归功于政府的宣传工作。

与A省不同的是，失业前的单位属性对创业带动就业岗位数的影响显著，其系数为0.116，这表明失业前单位为集体、民营和外资企业的员工创业带动的岗位数多于国有企业下岗员工，这与国有企业的工作性质有一定关系。同时，担保人的职业类型也有显著影响，其系数为0.041，这说明担保人为行政机关领导人或公务员的比其他职业类型更能带动再就业，这是因为这类担保人的收入较为稳定，对创业带来的风险有一定的抵抗能力。另外，户籍对创造就业岗位数的影响系数为 0.534，即非城镇户籍人口比城镇户籍人口创业促进就业的数目更多，这可能是因为非城镇户籍的家庭结构较为复杂。

表 4.38　　　　　　　省份 C 的创造就业岗位数情况

创造就业岗位数	系数	标准差		95%置信区间上限
受教育年限	−0.046***	0.011	−0.069	−0.024
年龄	−0.012**	0.005	−0.021	−0.002
失业前的单位属性	0.036	0.028	−0.019	0.090
对就业政策的了解程度	−0.251***	0.048	−0.345	−0.156
小额担保贷款项目的资金总额	0.000***	0.000	0.000	0.000
贷款前是否参加了由就业管理部门举办的创业培训	0.169***	0.037	0.097	0.240
担保人的职业类型	0.321***	0.016	0.289	0.352
省份	2.489***	0.069	2.353	2.626
健康状况	0.047	0.031	−0.013	0.107
政治状况	−0.374***	0.036	−0.445	−0.303
目前工作所在城市	−0.117**	0.051	−0.218	−0.017
2006 年家庭规模	−0.015	0.026	−0.067	0.036
性别	−0.025	0.069	−0.159	0.110
户籍类型	0.675***	0.259	0.168	1.183
35 岁以下有稳定收入的人员数	−0.208***	0.037	−0.281	−0.135
当年家庭总支出	0.000***	0.000	0.000	0.000
常数	1.584***	0.457	0.688	2.480
伪 R^2		0.6612		

注：***、**、* 分别表示 1%、5%、10%的显著水平。

如表 4.38 所示，与 A 省、B 省一样，在 C 省，受教育年限和年龄对创业带动就业岗位数影响显著，其系数分别为-0.046 和-0.012，即受教育年限每增加一年，创业带动就业岗位数会降低 4.5%，年龄对创造就业岗位数的影响系数为-0.012，即年龄每增加一岁，创业带动就业岗位数会降低约 1.2%。

同时，受训者对就业政策的了解程度、贷款前是否参加了由就业管理部门举办的创业培训、担保人的职业类型和工作城市都显著影响着就业岗位数，其中：受训人员对就业政策的了解程度对创造就业岗位数的影响系数为负数，为-0.251；贷款前是否参加了由就业管理部门举办的创业培训对创造就业岗位数的影响系数为正数，为 0.169，即贷款前参加了就业管理部门举办的创业培训的人与未参加者相比，其带动的就业岗位数将增加 18.4%；担保人的职业类型对创造就业岗位数的影响系数为 0.321，即担保人为行政机关领导人或公务员的比其他职业类型更能带动就业；工作城市对创造就业岗位数的影响系数为-0.117，即省会城市、地级市的工作者比乡镇、农村的工作者更容易通过创业实现再就业，这说明城市的规模与级别影响创业企业带动就业的效应。

另外，与 A 省一样，在反映个体特征的因素中，健康状况等因素对 C 省的创业带动就业的影响并不显著，而经济压力对带动就业岗位数的影响非常显著。其中：户籍类型对创造就业岗位数的影响系数为 0.675，即非城镇户籍人口比城镇户籍人口创业带动就业的效果更好；35 岁以下有稳定收入的人员数对于 C 省带动就业岗位数的影响系数为负数，为-0.208；当年家庭总支出对于 C 省带动就业岗位数的影响系数为正数，但其系数为 0.000，表明影响甚微。

值得注意的是，与 A 省、B 省不同，小额担保贷款的资金总额对于 C 省带动就业岗位数影响显著，但其系数为 0.000，影响甚微。同时，政治状况也显著影响着 C 省带动就业岗位数，其系数为-0.374，即政治面貌也影响着创业带动就业岗位数，这是因为政治面貌对再就业有一定的影响。

表 4.39　　　　　省份 D 的创造就业岗位数情况

创造就业岗位数	系数	标准差	95%置信区间上限	
受教育年限	-0.049***	0.015	-0.079	-0.019
年龄	-0.009	0.006	-0.022	0.003
失业前的单位属性	0.118***	0.028	0.064	0.172
对就业政策的了解程度	0.146**	0.058	0.033	0.259
小额担保贷款项目的资金总额	0.000***	0.000	0.000	0.000
贷款前是否参加了由就业管理部门举办的创业培训	-0.061	0.043	-0.146	0.024
担保人的职业类型	0.072***	0.023	0.027	0.116
省份	-1.456***	0.220	-1.887	-1.026
健康状况	-0.003	0.051	-0.102	0.096
政治状况	-0.059	0.061	-0.180	0.061
目前工作所在城市	0.012	0.093	-0.170	0.193
2006 年家庭规模	-0.055	0.054	-0.161	0.051
性别	0.183*	0.098	-0.009	0.375
户籍类型	0.475*	0.244	-0.004	0.954
35 岁以下有稳定收入的人员数	-0.012	0.052	-0.114	0.089
当年家庭总支出	0.000	0.000	0.000	0.000
常数	0.650	0.612	-0.548	1.849
伪 R^2			0.1915	

注：***、**、* 分别表示 1%、5%、10%的显著水平。

如表 4.39 所示，与其他省一样，对于 D 省，受教育年限显著影响着创业带动就业岗位数，其系数为 -0.049，即受教育年限每增加一年，创业带动就业岗位数反而降低 4.78%，而不同的是，年龄所带来的影响并不显著。

同时，受训人员对就业政策的了解程度、失业前单位属性和担保人的职业类型对创业带动就业岗位数的影响显著。其中：受训人员对就业政策的了解程度对创造就业岗位数的影响系数为 0.146，即对就业政策的了解程度每提升一个单位，创业促进就业岗位数将会增加约 15.72%；失业前的单位属性对创造就业岗位数的影响系数为 0.118，即失业前单位为集体、民营和外资企业的员工创业带动的岗位数多于国有企业下岗员工；担保人的职业类型对创造就业岗位数的影响系数为 0.072，即担保人为行政机关领导人或公务员的比其他职业类型更能带动再就业。

而与其他省份不同的是，性别对 D 省的创业带动就业岗位数有显著影响，其系数为 0.183，即男性比女性更能提高创业带动的就业岗位数，这是因为在传统观念影响下，女性通常需要兼顾家庭的重任，所以其创业带动就业岗位数较少。

表 4.40　省份 E 的创造就业岗位数情况

创造就业岗位数	系数	标准差	95%置信区间	上限
受教育年限	−0.044***	0.014	−0.071	−0.017
年龄	0.007	0.006	−0.004	0.018
失业前的单位属性	0.099***	0.024	0.051	0.146
对就业政策的了解程度	0.149***	0.050	0.050	0.247
小额担保贷款项目的资金总额	0.000	0.000	0.000	0.000
贷款前是否参加了由就业管理部门举办的培训	−0.016	0.040	−0.094	0.062
担保人的职业类型	0.067***	0.018	0.031	0.103
省份	0.363***	0.106	0.155	0.572
健康状况	−0.001	0.048	−0.096	0.093
政治状况	−0.089*	0.053	−0.194	0.015
目前工作所在城市	−0.201***	0.063	−0.324	−0.078
2006 年家庭规模	−0.072	0.044	−0.159	0.014
性别	−0.091	0.086	−0.259	0.077
户籍类型	0.612***	0.221	0.178	1.046

续表

创造就业岗位数	系数	标准差	95%置信区间上限	
35岁以下有稳定收入的人员数	0.021	0.045	-0.067	0.109
当年家庭总支出	**0.000*****	0.000	0.000	0.000
常数	0.436	0.543	-0.628	1.500
伪 R^2			0.1253	

注：***、**、* 分别表示1%、5%、10%的显著水平。

如表4.40所示，对于E省，与D省一样，受教育年限对创业带动就业岗位数的影响显著，而年龄对此的影响并不显著。受教育年限对创造就业岗位数的影响系数为-0.044，即受教育年限每增加一年，创业带动就业岗位数反而降低约4.3%。

同时，受训者对就业政策的了解程度、失业前的单位属性和担保人的职业类型对创业带动就业岗位数的影响显著。其中：受训人员对就业政策的了解程度对带动就业岗位数的影响系数为0.149，即对就业政策的了解程度每提升一个单位，创业促进就业岗位期望数会增加约16.07%；失业前的单位属性对创造就业岗位数的影响系数为0.099，即失业前单位为集体、民营和外资企业的员工创业带动的岗位数多于国有企业下岗员工；担保人类型的系数为0.067，即担保人为行政机关领导人或公务员的比其他职业类型更能带动就业。

另外，与C省一样，受训人员的工作城市、户籍类型和政治状况都显著影响着创业带动就业岗位数，其中：目前工作所在城市对创造就业岗位数的影响系数为-0.201，即省会城市、地级市的工作者比乡镇、农村的工作者更容易通过创业实现再就业，这说明城市的规模与级别直接影响创业企业带动就业的效应；户籍类型的系数为0.612，即非城镇户籍人口比城镇户籍人口创业带动就业的效果更好；政治状况的系数为-0.089，表明政治面貌对创业带动就业岗位数有一定影响。

③ τ_3：当前盈利状况。

表 4.41　　　　　　省份 A 的当前盈利状况

当前盈利状况	系数	标准差	95%置信区间下限	95%置信区间上限
受教育年限	0.004	0.011	-0.018	0.025
年龄	**0.008***	0.004	0.000	0.015
失业前的单位属性	**0.049****	0.022	0.005	0.093
对就业政策的了解程度	**0.192*****	0.037	0.118	0.266
小额担保贷款项目的资金总额	0.000	0.000	0.000	0.000
贷款前是否参加了由就业管理部门举办的创业培	0.032	0.030	-0.028	0.092
担保人的职业类型	-0.007	0.004	-0.015	0.002
省份	-0.053	0.085	-0.220	0.114
健康状况	0.015	0.033	-0.050	0.079
政治状况	0.049	0.039	-0.027	0.126
目前工作所在城市	**-0.108***	0.057	-0.219	0.004
2006 年家庭规模	-0.010	0.035	-0.080	0.060
性别	**-0.108***	0.062	-0.229	0.014
户籍类型	-0.189	0.151	-0.488	0.109
35 岁以下有稳定收入的人员数	0.005	0.034	-0.062	0.073
当年家庭总支出	**0.000****	0.000	0.000	0.000
常数	**1.078*****	0.379	0.331	1.825
R^2			0.1931	
调整的 R^2			0.1327	

注：＊＊＊、＊＊、＊分别表示 1%、5%、10%的显著水平。

如表 4.41 所示，从估计结果中可以看出，对于 A 省，年龄对当前盈利状况影响显著，其系数为 0.008，即年龄每增加一岁，盈利状况增加近 0.8%，这是因为年龄较大的人的社会阅历更加丰富，因此盈利更加稳定。同时，受训人员失业前的单位属性、对就业政策的了解程度和目前工作所在城市也显著影响着当前盈利状况，其中：受训人员失业前的单位属性对当前盈利状况的影响系数为 0.049，即由集体、民营和外资企业失业职工创办的企业，其盈利状况明显优于由国有企业失业下岗职工创办的企业，这可能是因为国有企业的工作性质造成了下岗职工创办的企业抵抗风险的能力较差；受训人员对就业政策的了解程度显著影响着当前盈利状况，其影响系数为 0.192，即对就业政策的了解程度每提升一个单位，当前盈利状况会提升 19.2%，这说明了就业政策宣传的必要性；目前工作所在城市对当前盈利状况的影响系数为 -0.108，即省会城市、地级市的工作者比乡镇、农村的工作者更容易获得盈利，这与城市的地区差异是密不可分的。

另外，性别对当前盈利状况影响显著，系数为 -0.108，这表明女性比男性更能改善当前盈利状况。

表 4.42　　　　　　　　　省份 B 的当前盈利状况

当前盈利状况	系数	标准差	95%置信区间上限	
受教育年限	-0.004	0.010	-0.025	0.016
年龄	0.004	0.004	-0.004	0.011
失业前的单位属性	**0.064**[***]	0.021	0.023	0.105
对就业政策的了解程度	**0.166**[***]	0.036	0.096	0.236
小额担保贷款项目的资金总额	0.000	0.000	0.000	0.000
贷款前是否参加了由就业管理部门举办的创业培训	0.019	0.028	-0.036	0.073
担保人的职业类型	**-0.010**[*]	0.005	-0.021	0.000
省份	-0.045	0.065	-0.173	0.083
健康状况	0.005	0.030	-0.055	0.064
政治状况	0.040	0.036	-0.031	0.112
目前工作所在城市	**-0.079**[*]	0.046	-0.169	0.011
2006 年家庭规模	-0.021	0.037	-0.093	0.051
性别	-0.031	0.055	-0.140	0.079
户籍类型	-0.165	0.117	-0.396	0.065

续表

当前盈利状况	系数	标准差	95%置信区间上限	
35岁以下有稳定收入的人员数	0.012	0.031	-0.050	0.073
当年家庭总支出	0.000	0.000	0.000	0.000
常数	**1.357**^{***}	0.344	0.680	2.035
R^2			0.165	
调整的 R^2			0.113	

注：***、**、* 分别表示1%、5%、10%的显著水平。

如表4.42所示，对于B省，从估计结果中可以看出，与A省一样，受训人员失业前的单位属性、对就业政策的了解程度和目前工作所在城市也显著影响着当前盈利状况，其中：受训人员失业前的单位属性对当前盈利状况的影响系数为0.064，即由集体、民营和外资企业失业职工创办的企业，其盈利状况明显优于由国有企业失业下岗职工创办的企业；受训人员对就业政策的了解程度显著影响着当前盈利状况，其影响系数为0.166，即对就业政策的了解程度每提升一个单位，当前盈利状况会提升16.6%；目前工作所在城市对当前盈利状况的影响系数为-0.079，即省会城市、地级市的工作者比乡镇、农村的工作者更容易获得盈利。

然而，与A省不同的是，担保人的职业类型同样显著影响着当前盈利状况，其系数为-0.010，这表明担保人为行政机关领导人或公务员的比其他职业更能恶化盈利状况。

表4.43　　　　　　　　省份C的当前盈利状况

当前盈利状况	系数	标准差	95%置信区间上限	
受教育年限	0.010	0.013	-0.015	0.035
年龄	0.000	0.005	-0.010	0.011
失业前的单位属性	**0.048**[*]	0.026	-0.004	0.100
对就业政策的了解程度	**0.156**^{***}	0.048	0.061	0.252

续表

当前盈利状况	系数	标准差	95%置信区间上限	
小额担保贷款项目的资金总额	0.000	0.000	0.000	0.000
贷款前是否参加了由就业管理部门举办的创业培训	0.045	0.036	−0.025	0.116
担保人的职业类型	−0.011	0.007	−0.024	0.003
省份	−0.111	0.116	−0.340	0.117
健康状况	0.029	0.040	−0.049	0.108
政治状况	0.072	0.046	−0.018	0.163
目前工作所在城市	−0.054	0.066	−0.184	0.076
2006年家庭规模	0.043	0.041	−0.039	0.124
性别	−0.087	0.078	−0.241	0.067
户籍类型	−0.109	0.179	−0.461	0.244
35岁以下有稳定收入的人员数	−0.011	0.040	−0.090	0.069
当年家庭总支出	0.000	0.000	0.000	0.000
常数	0.972**	0.451	0.082	1.862
R^2			0.138	
调整的 R^2			0.071	

注：＊＊＊、＊＊、＊分别表示1%、5%、10%的显著水平。

如表4.43所示，从估计结果中可以看出，对于C省来说，与A省、B省一样，受训人员失业前的单位属性和对就业政策的了解程度对当前盈利状况的影响显著。其中，受训人员失业前的单位属性的系数为0.048；对就业政策的了解程度对当前盈利状况的影响较大，其影响系数0.156，即对就业政策的了解程度每提升一个单位，当前盈利状况会提升15.6%。不同的是，工作城市对其的影响并不显著。

在反映个体特征的因素中，健康状况、经济压力等对C省创业者的当前盈利状况的影响并不显著。

4.1 特定项目区域间政策相对绩效评估与政策优化

表 4.44　　　　　　　　　　省份 D 的当前盈利状况

当前盈利状况	系数	标准差	95%置信区间上限	
受教育年限	−0.002	0.012	−0.025	0.022
年龄	0.005	0.005	−0.004	0.015
失业前的单位属性	**0.043**＊	0.023	−0.002	0.088
对就业政策的了解程度	**0.200**＊＊＊	0.045	0.111	0.289
小额担保贷款项目的资金总额	0.000	0.000	0.000	0.000
贷款前是否参加了由就业管理部门举办的创业培训	0.035	0.031	−0.026	0.097
担保人的职业类型	−0.008	0.006	−0.021	0.004
省份	−0.021	0.185	−0.386	0.343
健康状况	−0.013	0.038	−0.088	0.062
政治状况	0.045	0.048	−0.050	0.139
目前工作所在城市	−0.032	0.067	−0.165	0.101
2006 年家庭规模	0.005	0.042	−0.078	0.088
性别	−0.065	0.072	−0.207	0.078
户籍类型	−0.130	0.152	−0.431	0.170
35 岁以下有稳定收入的人员数	0.001	0.039	−0.076	0.077
当年家庭总支出	0.000	0.000	0.000	0.000
常数	**1.047**＊＊	0.439	0.181	1.912
R^2			0.157	
调整的 R^2			0.088	

注：＊＊＊、＊＊、＊分别表示 1%、5%、10%的显著水平。

如表 4.44 所示，对于 D 省来说，与 C 省一样，受训人员失业前的单位属性和对就业政策的了解程度对当前盈利状况的影响显著。其中，受训人员失业前的单位属性对当前盈利状况的影响系数为 0.043；对就业政策的了解程度对当前盈利状况的影响较大，其影响系数 0.200，即对就业政策的了解程度每提升一个单位，当前盈利状况会提升 20%。

4　特定项目和多项目的政策绩效评估及组合优化

在反映个体特征的因素中，健康状况、经济压力等因素对 D 省创业者当前盈利状况的影响并不显著。

表 4.45　　　　　　　　省份 E 的当前盈利状况

当前盈利状况	系数	标准差	95%置信区间上限	
受教育年限	−0.003	0.013	−0.028	0.022
年龄	0.006	0.005	−0.004	0.015
失业前的单位属性	0.066***	0.024	0.018	0.114
对就业政策的了解程度	0.186***	0.047	0.095	0.278
小额担保贷款项目的资金总额	0.000	0.000	0.000	0.000
贷款前是否参加了由就业管理部门举办的创业培训	0.044	0.034	−0.023	0.110
担保人的职业类型	−0.008	0.006	−0.020	0.005
省份	−0.166	0.102	−0.367	0.036
健康状况	0.008	0.040	−0.072	0.088
政治状况	0.008	0.046	−0.083	0.098
目前工作所在城市	−0.084	0.053	−0.189	0.021
2006 年家庭规模	0.019	0.038	−0.057	0.095
性别	−0.127*	0.074	−0.273	0.020
户籍类型	−0.193	0.160	−0.509	0.124
35 岁以下有稳定收入的人员数	−0.015	0.040	−0.094	0.064
当年家庭总支出	0.000	0.000	0.000	0.000
常数	1.216***	0.437	0.355	2.078
R^2			0.169	
调整的 R^2			0.099	

注：***、**、* 分别表示 1%、5%、10%的显著水平。

如表 4.45 所示，从估计结果中可以看出，对于 E 省来说，与其他省份一样，受教育年限对当前盈利状况的影响系数为 −0.003，即受教育年限每增加一年，企业当前盈利状况反而会下降 0.3%，年龄对于当前盈利状况的影响系数为 0.006，但受教育年限和年龄对当前盈利状况的影响不显著。受训人员失业前的单位属性和就业政策的了解程度对当前盈利状况影响显著。其中，受训人员失业前的单位属性对当前盈利状况的影响系数为 0.066，即由集体、民营和外资企业失业职工创办的企业，其盈利状况明显优于由国有企业失业下岗职工创办的企业。受训者对就业政策的了解程度对当前盈利状况的影响最为显著，其系数为 0.186，即对就业政策的了解程度每提升一个单位，当前盈利状况会提升 18.6%。

另外，性别同样对于当前盈利状况的影响显著，且系数为 -0.127，即相对男性而言，女性创业者的盈利状况下降 12.7%。

④ τ_4：未来经营信心指数。

表 4.46　　　　省份 A 的未来经营信心指数情况

未来经营信心指数	系数	标准差	95% 置信区间上限	
受教育年限	-0.005	0.054	-0.112	0.101
年龄	0.023	0.019	-0.015	0.060
失业前的单位属性	-0.017	0.105	-0.224	0.189
对就业政策的了解程度	**0.894*****	0.187	0.526	1.261
小额担保贷款项目的资金总额	0.000	0.000	0.000	0.000
贷款前是否参加了由就业管理部门举办的创业培训	-0.045	0.147	-0.333	0.244
担保人的职业类型	-0.015	0.021	-0.055	0.026
省份	0.043	0.401	-0.744	0.829
健康状况	0.108	0.160	-0.206	0.422
政治状况	0.016	0.191	-0.359	0.391
目前工作所在城市	-0.116	0.268	-0.641	0.408
2006 年家庭规模	-0.241	0.165	-0.564	0.082
性别	-0.185	0.303	-0.778	0.408
户籍类型	0.224	0.651	-1.052	1.501

续表

未来经营信心指数	系数	标准差	95%置信区间上限	
35 岁以下有稳定收入的人员数	-0.161	0.162	-0.479	0.156
当年家庭总支出	**0.000****	0.000	0.000	0.000
常数	-2.585	1.843	-6.197	1.027
伪 R^2			0.1328	

注：***、**、* 分别表示 1%、5%、10%的显著水平。

如表 4.46 所示，从估计结果中可以看出，对于 A 省，受教育年限对未来经营信心指数的影响系数为-0.005，这可能与受教育年限长者拥有较高的经营期望有关，年龄对于未来经营信心指数的影响系数为 0.023，但是受教育年限和年龄对于未来经营信心的影响不显著。受训人员对就业政策的了解程度对未来经营信心指数的影响最为显著，其系数为 0.894，这充分说明了就业政策宣传的必要性。在反映个体特征的因素中，当年家庭总支出对于未来经营信心指数的影响甚微，系数为 0.000。健康状况、政治状况等对未来经营信心指数的影响并不显著。

表 4.47　　　　　省份 B 的未来经营信心指数情况

未来经营信心指数	系数	标准差	95%置信区间上限	
受教育年限	-0.043	0.037	-0.115	0.030
年龄	**0.030***	0.017	-0.004	0.064
失业前的单位属性	-0.003	0.095	-0.189	0.184
对就业政策的了解程度	**0.382****	0.167	0.055	0.709
小额担保贷款项目的资金总额	0.000	0.000	0.000	0.000
贷款前是否参加了由就业管理部门举办的创业培训	**-0.252***	0.135	-0.518	0.013
担保人的职业类型	0.013	0.030	-0.046	0.072

续表

未来经营信心指数	系数	标准差	95%置信区间上限	
省份	0.144	0.291	−0.427	0.715
健康状况	0.082	0.142	−0.197	0.362
政治状况	0.084	0.170	−0.248	0.417
目前工作所在城市	0.150	0.209	−0.260	0.561
2006年家庭规模	**−0.351****	0.165	−0.674	−0.027
性别	0.064	0.253	−0.432	0.560
户籍类型	0.228	0.557	−0.865	1.320
35岁以下有稳定收入的人员数	0.004	0.140	−0.270	0.278
当年家庭总支出	**0.000*****	0.000	0.000	0.000
常数	−1.579	1.599	−4.714	1.555
伪 R^2		0.0616		

注：***、**、*分别表示1%、5%、10%的显著水平。

如表4.47所示，从估计结果中可以看出，对于B省，与A省一样，受训人员对就业政策的了解程度对未来经营信心指数的影响最为显著，其系数为0.382，这充分说明了就业政策宣传的必要性。同时，贷款前是否参加了由就业管理部门举办的创业培训对未来经营信心指数的影响显著，其影响系数为−0.252，这说明贷款前参加了创业培训的人对未来经营信心有所提升，也说明了开展创业培训的必要性。

另外，与A省不同的是，年龄对于未来经营信心的影响显著，其影响系数为0.030，即年龄越大，其对未来经营信心也较大，这是因为年龄较大的人阅历较为丰富，对未来经营有一定的安排，所以对未来经营的信心也较足。

在反映个体特征的因素中，健康状况等因素对B省创业者未来经营信心指数的影响并不显著，而经济压力对其影响显著，家庭规模越小，家庭总支出越多，未来经营信心越强。

表 4.48 省份 C 的未来经营信心指数情况

未来经营信心指数	系数	标准差	95%置信区间	上限
受教育年限	0.087*	0.051	-0.012	0.187
年龄	0.006	0.021	-0.034	0.046
失业前的单位属性	0.018	0.102	-0.182	0.218
对就业政策的了解程度	0.670***	0.194	0.289	1.050
小额担保贷款项目的资金总额	0.000	0.000	0.000	0.000
贷款前是否参加了由就业管理部门举办的创业培训	-0.159	0.145	-0.444	0.127
担保人的职业类型	-0.008	0.027	-0.061	0.044
省份	-0.751*	0.402	-1.538	0.036
健康状况	0.213	0.156	-0.092	0.518
政治状况	0.089	0.180	-0.264	0.442
目前工作所在城市	-0.421*	0.248	-0.906	0.065
2006 年家庭规模	-0.215	0.166	-0.540	0.110
性别	-0.121	0.309	-0.727	0.484
户籍类型	-0.081	0.708	-1.469	1.307
35 岁以下有稳定收入的人员数	-0.165	0.162	-0.481	0.152
当年家庭总支出	0.000	0.000	0.000	0.000
常数	-1.533	1.829	-5.118	2.052
伪 R^2			0.0992	

注：＊＊＊、＊＊、＊分别表示 1%、5%、10%的显著水平。

如表 4.48 所示，对于 C 省，从估计结果中可以看出，与 A 省、B 省一样，受训人员对就业政策的了解程度对未来经营信心指数的影响最为显著，其系数为 0.670，这充分说明了就业政策宣传的必要性。

而与其他省份不一样的是，年龄对于未来经营信心指数的影响不显著，受教育年限对于未来经营信心指数的影响较为显著，其系数为 0.087，即受教育年限越高，未来经营信心也越大，这可能是因为随着教育不断的提升,对自身价值有一定的提升,从而导致其未来经营信心不断增加。另外,在反映个体特征的因素中,工作城市对于未来经营信心的影响显著,其系数为-0.421,这表明省会城市、地级市的受训人员比其他城市类型的未来经营信心要更大,这是因为城市之间独特的地区差异所造成的。健康状况、经济压力等因素对 C 省的创业者未来经营信心指数的影响并不显著。

表 4.49　　省份 D 的未来经营信心指数情况

未来经营信心指数	系数	标准差	95%置信区间上限	
受教育年限	-0.013	0.052	-0.115	0.088
年龄	**0.036**[*]	0.020	-0.004	0.075
失业前的单位属性	0.057	0.098	-0.134	0.248
对就业政策的了解程度	**0.373**[*]	0.194	-0.007	0.753
小额担保贷款项目的资金总额	0.000	0.000	0.000	0.000
贷款前是否参加了由就业管理部门举办的创业培训	-0.118	0.134	-0.380	0.144
担保人的职业类型	-0.003	0.027	-0.056	0.050
省份	-0.348	0.882	-2.076	1.380
健康状况	0.178	0.161	-0.138	0.493
政治状况	0.050	0.214	-0.369	0.469
目前工作所在城市	**-0.437**[*]	0.263	-0.952	0.078
2006 年家庭规模	-0.198	0.163	-0.518	0.121
性别	0.016	0.303	-0.577	0.610
户籍类型	-0.307	0.623	-1.528	0.914
35 岁以下有稳定收入的人员数	-0.161	0.168	-0.491	0.169
当年家庭总支出	**0.000**^{***}	0.000	0.000	0.000
常数	-1.257	1.916	-5.011	2.498
伪 R^2	0.0841			

注:***、**、* 分别表示 1%、5%、10%的显著水平。

如表 4.49 所示，对于 D 省，从估计结果中可以看出，年龄对于未来经营信心指数的影响显著，系数为 0.036。同其他省份一样，受训人员对就业政策的了解程度对未来经营信心指数的影响较为显著，其系数为 0.373。在反映个体特征的因素中，与 C 省一样，目前工作所在城市对于未来经营信心指数的影响显著，其系数为 −0.437。而经济压力也对其影响显著，家庭总支出越多，未来经营信心越强。

表 4.50　　省份 E 的未来经营信心指数情况

未来经营信心指数	系数	标准差	95%置信区间上限	
受教育年限	−0.018	0.057	−0.130	0.094
年龄	0.011	0.021	−0.029	0.052
失业前的单位属性	0.041	0.105	−0.166	0.247
对就业政策的了解程度	**0.519**^{***}	0.202	0.124	0.915
小额担保贷款项目的资金总额	0.000	0.000	0.000	0.000
贷款前是否参加了由就业管理部门举办的创业培训	−0.070	0.144	−0.352	0.211
担保人的职业类型	−0.014	0.026	−0.065	0.038
省份	−0.070	0.449	−0.950	0.810
健康状况	0.146	0.173	−0.192	0.485
政治状况	−0.004	0.201	−0.398	0.389
目前工作所在城市	−0.260	0.224	−0.698	0.178
2006 年家庭规模	−0.183	0.164	−0.506	0.139
性别	−0.211	0.325	−0.848	0.427
户籍类型	0.323	0.641	−0.934	1.579
35 岁以下有稳定收入的人员数	−0.030	0.175	−0.374	0.313
当年家庭总支出	**0.000**^{**}	0.000	0.000	0.000
常数	−1.328	1.958	−5.166	2.510
伪 R^2			0.0863	

注：***、**、* 分别表示 1%、5%、10% 的显著水平。

如表 4.50 所示，对于 E 省，从估计结果中可以看出，受教育年限和年龄对于未来经营信心指数的影响不显著。另外，和 A 省一样，受训人员对就业政策的了解程度对未来经营信心的影响最为显著，其系数为 0.519，这充分说明了就业政策宣传的必要性。在反映个体特征的因素中，健康状况等因素对 E 省创业者的未来经营信心指数的影响并不显著。而经济压力对其影响显著，且家庭总支出越多，未来经营信心越强。

⑤ τ_5：就业改善信心指数。

表 4.51　　省份 A 的就业改善信心指数情况

就业改善信心指数	系数	标准差	95%置信区间	
				区间上限
受教育年限	0.018	0.045	−0.071	0.106
年龄	0.015	0.016	−0.017	0.047
失业前的单位属性	**0.394*****	0.099	0.199	0.588
对就业政策的了解程度	**0.402*****	0.153	0.103	0.701
小额担保贷款项目的资金总额	0.000	0.000	0.000	0.000
贷款前是否参加了由就业管理部门举办的创业培训	**0.230***	0.123	−0.011	0.470
担保人的职业类型	−0.022	0.017	−0.055	0.011
省份	**1.325*****	0.368	0.605	2.046
健康状况	**0.264***	0.139	−0.008	0.536
政治状况	0.118	0.160	−0.194	0.431
目前工作所在城市	0.318	0.225	−0.124	0.759
2006 年家庭规模	**−0.068****	0.028	−0.123	−0.014
性别	−0.419	0.259	−0.925	0.088
户籍类型	0.600	0.570	−0.517	1.716
35 岁以下有稳定收入的人员数	−0.134	0.134	−0.398	0.129
当年家庭总支出	0.000	0.000	0.000	0.000
伪 R^2		0.1322		

注：***、**、* 分别表示 1%、5%、10%的显著水平。

如表 4.51 所示，对于 A 省来说，从估计结果中可以看出，受教育年限和年龄对于就业改善信心指数的影响并不显著。而受训人员失业前的单位属性、对就业政策的了解程度和贷款前是否参加了由就业管理部门举办的创业培训对就业信心的改善具有显著影响，其中：受训人员失业前的单位属性对就业改善信心指数的影响系数为 0.394，即集体、民营和外资企业失业职工的就业改善信心明显优于国有企业失业下岗职工；对就业政策的了解程度对就业改善信心指数的影响最为显著，其系数为 0.412，这充分说明了就业政策宣传的必要性；贷款前是否参加了由就业管理部门举办的创业培训对就业改善信心指数的影响显著，其系数为 0.230，即那些贷款前参加了创业培训的人能提升就业改善信心。

另外，在反映个体特征的因素中，健康状况显著影响着就业改善信心，其系数为 0.264，即如果受训者身体较为健康，其就业改善信心也能相应得到提升。同时，家庭规模对就业改善信心指数也有显著的影响，其影响系数为 -0.068，即表明家庭规模越小，其就业改善信心将会越大，这是因为家庭规模较小的人家庭负担较小，所以就业改善信心将会较大。

表 4.52 省份 B 的就业改善信心指数情况

就业改善信心指数	系数	标准差	95%置信区间上限	
受教育年限	0.002	0.016	-0.029	0.033
年龄	0.006	0.015	-0.023	0.035
失业前的单位属性	0.318***	0.089	0.143	0.493
对就业政策的了解程度	0.228	0.142	-0.050	0.506
小额担保贷款项目的资金总额	0.000	0.000	0.000	0.000
贷款前是否参加了由就业管理部门举办的创业培训	0.030	0.114	-0.193	0.253
担保人的职业类型	-0.020	0.019	-0.057	0.018
省份	-3.559***	0.319	-4.184	-2.934
健康状况	0.049	0.120	-0.187	0.284
政治状况	0.192	0.152	-0.106	0.489

续表

就业改善信心指数	系数	标准差	95%置信区间上限	
目前工作所在城市	0.016	0.163	-0.304	0.335
2006年家庭规模	-0.141	0.144	-0.424	0.142
性别	0.325	0.216	-0.098	0.748
户籍类型	0.308	0.449	-0.572	1.188
35岁以下有稳定收入的人员数	0.010	0.118	-0.222	0.242
当年家庭总支出	0.000	0.000	0.000	0.000
伪 R^2		0.2056		

注：***、**、* 分别表示1%、5%、10%的显著水平。

如表4.52所示，对于B省来说，从估计结果中可以看出，与A省相同的是，受训人员失业前的单位属性对就业信心的改善作用显著，即集体、民营和外资企业失业职工的就业改善信心明显优于国有企业失业下岗职工。

与A省不同的是，对就业政策的了解程度、健康状况、家庭规模等对B省的就业改善信心指数的影响并不显著。

表4.53　　　省份C的就业改善信心指数情况

就业改善信心指数	系数	标准差	95%置信区间上限	
受教育年限	-0.015	0.043	-0.099	0.069
年龄	-0.013	0.018	-0.048	0.022
失业前的单位属性	**0.404*****	0.101	0.207	0.601
对就业政策的了解程度	**0.699*****	0.163	0.379	1.019
小额担保贷款项目的资金总额	0.000	0.000	0.000	0.000
贷款前是否参加了由就业管理部门举办的创业培训	0.203	0.126	-0.043	0.450
担保人的职业类型	-0.032	0.020	-0.072	0.007

续表

就业改善信心指数	系数	标准差	95%置信区间上限	
省份	-0.330	0.374	-1.062	0.403
健康状况	0.182	0.140	-0.092	0.456
政治状况	-0.119	0.160	-0.431	0.194
目前工作所在城市	0.180	0.221	-0.253	0.613
2006年家庭规模	-0.127	0.136	-0.393	0.139
性别	-0.067	0.266	-0.588	0.453
户籍类型	0.794	0.571	-0.325	1.914
35岁以下有稳定收入的人员数	-0.098	0.144	-0.380	0.183
当年家庭总支出	0.000	0.000	0.000	0.000
伪 R^2			0.0824	

注：＊＊＊、＊＊、＊ 分别表示1%、5%、10%的显著水平。

如表4.53所示，对于C省来说，从估计结果中可以看出，与A省一样，受教育年限和年龄对于就业改善信心指数的影响并不显著。而受训人员失业前的单位属性和对就业政策的了解程度对就业信心的改善具有显著影响，其中，受训者失业前的单位属性的影响系数为0.404，即对于C省来说，集体、民营和外资企业失业职工的就业改善信心明显优于国有企业失业下岗职工。对就业政策的了解程度对就业改善信心指数的影响最为显著，其系数为0.699。而在反映个体特征的因素中，健康状况、经济压力等因素对C省创业者的就业信心指数的影响并不显著。

表 4.54　　　　省份 D 的就业改善信心指数情况

就业改善信心指数	系数	标准差	95%置信区间上限	
受教育年限	-0.013	0.045	-0.100	0.075
年龄	-0.006	0.017	-0.040	0.027
失业前的单位属性	0.322＊＊＊	0.092	0.142	0.503

续表

就业改善信心指数	系数	标准差	95%置信区间上限	
对就业政策的了解程度	0.615***	0.168	0.285	0.945
小额担保贷款项目的资金总额	0.000	0.000	0.000	0.000
贷款前是否参加了由就业管理部门举办的创业培训	0.320***	0.117	0.090	0.549
担保人的职业类型	−0.032	0.020	−0.072	0.007
省份	−0.552	0.637	−1.801	0.697
健康状况	0.249*	0.139	−0.024	0.522
政治状况	−0.043	0.182	−0.400	0.313
目前工作所在城市	0.302	0.210	−0.109	0.713
2006年家庭规模	0.044	0.136	−0.223	0.310
性别	−0.216	0.264	−0.734	0.302
户籍类型	0.761	0.559	−0.334	1.857
35岁以下有稳定收入的人员数	−0.108	0.144	−0.390	0.175
当年家庭总支出	0.000	0.000	0.000	0.000
伪 R^2		0.0764		

注：***、**、* 分别表示1%、5%、10%的显著水平。

如表4.54所示，对于D省来说，从估计结果中可以看出，和A省一样，受教育年限和年龄对于就业改善信心指数的影响并不显著。而受训者失业前的单位属性、对就业政策的了解程度和贷款前是否参加了由就业管理部门举办的创业培训对就业信心的改善作用显著，其中：受训人员失业前单位属性的影响系数为0.322，即对于D省来说，集体、民营和外资企业失业职工的就业改善信心明显优于国有企业失业下岗职工；受训人员对就业政策的了解程度对就业改善信心指数的影响最为显著，其系数为0.615；贷款前参加创业培训对就业改善信心也有显著影响，其系数为0.320，这充分表明了创业培训对提升再就业信心有一定的作用。而在反映个体特征的因素中，健康状况对D省的创业者就业信心改善指数的影响显著，其系数为0.249。

表 4.55　　　　　省份 E 的就业改善信心指数情况

就业改善信心指数	系数	标准差	95%置信	区间上限
受教育年限	0.016	0.047	−0.076	0.107
年龄	−0.003	0.018	−0.038	0.031
失业前的单位属性	0.360***	0.101	0.163	0.558
对就业政策的了解程度	0.440***	0.165	0.116	0.764
小额担保贷款项目的资金总额	0.000	0.000	0.000	0.000
贷款前是否参加了由就业管理部门举办的创业培训	0.213*	0.123	−0.028	0.454
担保人的职业类型	−0.038*	0.020	−0.078	0.002
省份	0.388	0.414	−0.423	1.198
健康状况	0.288**	0.147	0.000	0.576
政治状况	0.000	0.172	−0.337	0.337
目前工作所在城市	−0.119	0.212	−0.534	0.297
2006 年家庭规模	−0.127	0.141	−0.404	0.150
性别	−0.122	0.273	−0.657	0.413
户籍类型	0.849	0.560	−0.250	1.947
35 岁以下有稳定收入的人员数	−0.010	0.147	−0.299	0.279
当年家庭总支出	0.000	0.000	0.000	0.000
伪 R^2			0.0719	

注：＊＊＊、＊＊、＊分别表示 1%、5%、10%的显著水平。

如表 4.55 所示，对于 E 省来说，从估计结果中可以看出，和其他省份一样，受教育年限和年龄对于就业改善信心指数的影响并不显著。而受训人员失业前的单位属性、对就业政策的了解程度和贷款前是否参加了由就业管理部门举办的创业培训对就业信心的改善作用显著，其中：受训人员失业前的单位属性的影响系数为 0.360，即对于 E 省来说，集体、民营和外资企业失业职工的就业改善信心明显优于国有企业失业下岗职工；受训人员对就业政策的了解程度对就业改善信心指数的影响最为显著，其系数为 0.440；贷款前是否参加了由就业管理部门举办的创业培训也对就业改善信心有显著影响，其系数为 0.213，这充分表明了创业培训对提升再就业信心有一定的作用。

另外，与其他省份不同的是，在 E 省，担保人的职业类型也显著影响着就业改善信心，其影响系数为 -0.038。同时，在反映个体特征的因素中，健康状况对于创业者的就业信心改善有显著影响，系数为 0.288，而目前工作所在城市、经济压力等因素对 E 省创业者的就业信心改善的影响并不显著。

本节还给出了评估过程中发现的一些具有指导性意义的结论。由于本书只是为政策评估提供一种方法，所以省略掉了具体的省份名称。

表 4.56　　　　　　　　　　绩效评估结果表

省份	经营盈利几率	创造就业岗位数	当前盈利状况	未来经营信心指数	就业改善信心绩效	总评	前三个指标总得分
A	-1.150① (0.386)	1.010 (0.088)	-0.053 (0.085)	0.043 (0.401)	1.325 (0.368)	1.175②	-0.193③
B	-1.542 (0.334)	-0.445 (0.099)	-0.045 (0.065)	0.144 (0.291)	-3.559 (0.319)	-5.447	-2.032
C	-1.118 (0.416)	2.489 (0.069)	-0.111 (0.116)	-0.751 (0.402)	-0.330 (0.374)	0.179	1.26
D	-1.274 (0.912)	-1.456 (0.220)	-0.021 (0.185)	-0.348 (0.882)	-0.552 (0.637)	-3.651	-2.751
E	-0.673 (0.462)	0.363 (0.106)	-0.166 (0.102)	-0.070 (0.449)	0.388 (0.414)	-0.158	-0.476
F	0	0	0	0	0	0	0

---

① -1.150 表示绩效评估结果，0.386 表示评估结果的标准差。

② **1.175** 表示所有指标评估结果总分值，由于多变量之间关系的复杂性，我们没有给出总评结果的标准差。

③ **-0.193** 表示前三个指标评估结果总分值，由于多变量之间关系的复杂性，我们没有给出总评结果的标准差。

如表4.56所示，通过绩效评估得到以下重要结论：

①综合五个结果变量来看，对个体特征进行非实验控制后省际政策的实施效果差异非常显著，即同一个体在不同省份接受同样的小额担保贷款服务，效果会有很大的不同。这一现象提示不同省份环境对小额担保贷款项目实施的效果影响非常重大，因此应该适当根据各地差异制定不同的财政投入政策。利用总评成绩可以很方便地根据政策实施效果的好坏进行财政资金分配，即以政策实施效果绩效得分为导向设计资金分配方案。当然对于不同的具体解释变量，需要深入探索并判断影响其绩效的关键因素。

②在所有的省份，对就业政策的了解程度都对经营盈利几率具有显著的影响，这充分证明了就业政策宣传的重要性，更深层次而言，对小额担保贷款政策的了解越充分，贷款者最终盈利的几率越大。同时值得关注的是，年龄这一因素在绝大多数省份也都对经营盈利几率有显著影响，数据显示年龄越大，创业盈利几率越高①。因此，总体而言，数据调研结果显示，社会阅历和经验对于小额担保贷款的创业者的经营盈利能力有较大的影响。与此形成对比的是，小额担保贷款项目的资金总额、受教育年限等与经营盈利能力联系薄弱。

③"创造就业岗位数"指标反映的是政策制定者最关注的小额担保贷款带动就业效应。在创业活动最为活跃的省份，当年家庭总支出、2006年家庭规模、35岁以下有稳定收入的人员数等是主要的影响因素，它们构成一种压力，影响创业者创业的积极性。同时需要关注的是，城市的规模与级别直接影响创业带动就业的效应，其原因在于在这些地方的企业更接近市场（服务型企业尤其如此），因此小额担保贷款不应只是作为一种政策资源均分均享，而应该基于效率原则主要集中在省内的大中型城市。特别值得关注的是，受教育年限对小额担保贷款的影响在所有省份都是负向的，即受教育程度越高的创业者创办的企业带动就业的效果越差，这一点非常值得进一步探讨。

④从数据分析结果来看，在所有省份失业前的单位属性都对当前盈利状况存在显著的正向影响，其政策启示是国有企业失业下岗职工创办企业的盈利能力低于集体、民营和外资企业失业职工创办企业的盈利水平。

---

① 本次调研中小额担保贷款的贷款者年龄在50岁以下的占总人数的90.4%。

⑤对未来经营信心指数影响最显著的是当年家庭总支出和对就业政策了解程度这两项因素。其中当年家庭总支出越高的人员的未来经营信心指数越高。

⑥失业前的单位属性对就业改善信心绩效影响显著,计划经济色彩浓厚的国有企业的失业下岗职工的就业信心较差,而计划经济色彩较淡薄的集体企业的失业人员就业信心反而较强。同时少数省份的调研数据显示,健康状况也对就业改善信心绩效有显著的影响。

4.1.4 特定项目区域间政策相对绩效评估结论与政策优化建议

对项目参与者在不同省份间的相对绩效评估,是优化就业政策、科学分配就业资金和强化监管的重要手段。本节给出了特定项目参与者在不同省份参与职业培训和小额担保贷款项目相对绩效评估方法,依此对以上两类项目在不同省份间相对绩效差异有了深入的把握,以此为基础便可以为就业资金在省份内部根据不同政策目标进行合理的优化组合分配提供科学的决策依据。

下面本书将利用雷达图分别展示职业培训项目和小额担保贷款项目在不同省份依据不同评估指标所得的相对效果差异情况。

4.1.4.1 职业培训项目区域间多指标相对绩效评估结果雷达图

职业培训项目区域间多指标相对绩效评估结果雷达图包含再就业几率、失业持续期、收入绩效、满意度绩效和就业改善信心绩效5个维度,每个维度的最低分为-1.5分,最高分为1.5分,6个省份在职业培训项目5个维度的得分情况可以通过图4.1综合反映出来。

分项目来看,从图4.1中可以直观地看到,在再就业几率方面,省份E的相对效果最好,而省份D的相对绩效最差,并且各省份相对绩效差距非常明显,这说明职业培训项目在有些省份提升再就业几率方面效果并不明显。在失业持续期方面,B省份的相对绩效最好,而作为基准的F省份的相对绩效最差。在收入绩效方面,省份C的相对效果最好,而省份E的相对绩效最差。在满意度绩效方面,省份D的相对效果最好,而省份E的相对绩效最差。在就业改善信心绩效方面,省份B的相对效果最好,而省份C的相对绩效最差。

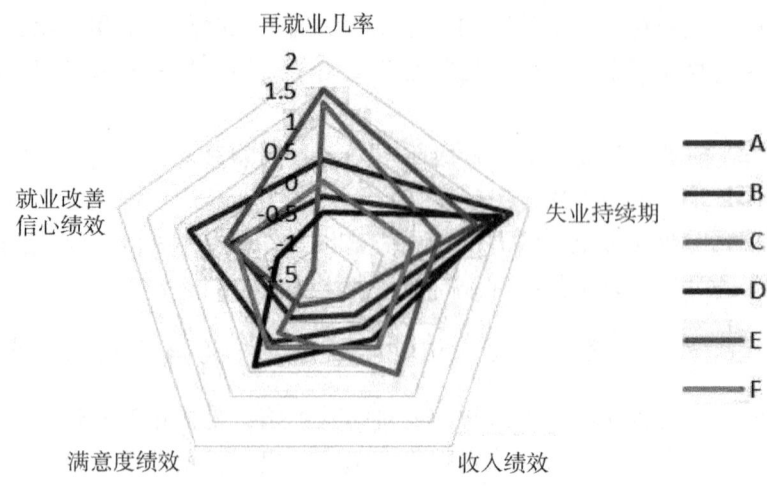

图 4.1　职业培训项目区域间多指标相对绩效评估结果雷达图

4.1.4.2　小额担保贷款项目区域间多指标相对绩效评估结果雷达图

小额担保贷款项目区域间多指标相对绩效评估结果雷达图包含经营盈利几率、创造就业岗位数、当前盈利状况、未来经营信心指数和就业改善信心绩效5个维度，每个维度的最低分为−4分，最高分为3分，6个省份在就业培训项目5个维度的得分情况可以通过图4.2综合反映出来。

分项目来看，从图4.2中可以直观地看到，在经营盈利几率方面，省份F的相对效果最好，而省份B的相对绩效最差。在创造就业岗位数方面，省份C的相对绩效最好，而作为基准的D省份的相对绩效最差。在当前盈利状况方面，各省份之间没有明显差别。在未来经营信心指数方面，省份F、A、E的相对效果最好，而省份C的相对绩效最差。在就业改善信心绩效方面，省份A的相对效果最好，而省份C、D的相对绩效最差。

对就业支出进行绩效评估，是梳理优化就业政策、科学分配就业支出和强化监管的重要手段。本节给出了特定项目区域间培训和小额担保贷款项目资金相对绩效评估的研究方法，从而为省际财政资金分配提供了科学的决策依据。本节首先借鉴了David Hulme（1997）、Shahid Khandke（2006）提供的培训和小额担保贷款项目的行为理论，在Becker（1964）、Mincer（1974）、Heckman（2000、2007），Caliendo（2006）、Kluve（2007）、

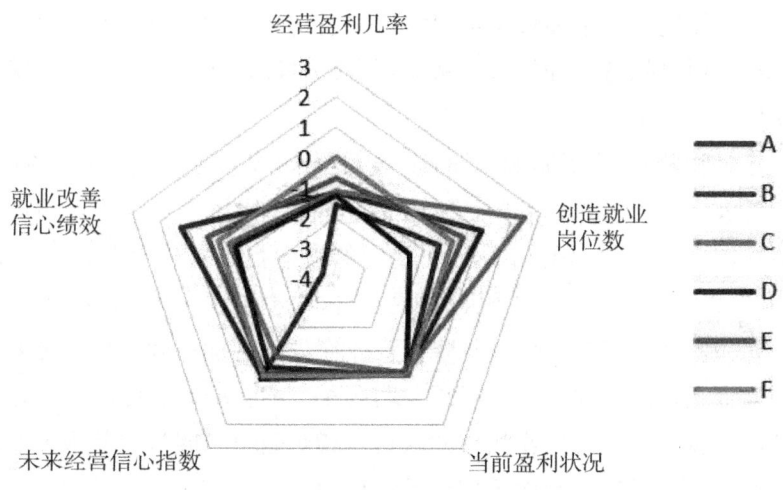

图 4.2 小额担保贷款项目区域间多指标相对绩效评估结果雷达图

Imbens(2008)研究的基础上,构建了特定项目区域间相对绩效评估的 Rubin 因果模型理论框架及评估方法,以微观计量经济学理论为基础,利用特定项目不同省份项目参与近似于自然实验,克服了绩效评估中的自选择问题。然后利用该方法对我国部分地区的培训和小额担保贷款项目绩效进行评估。结果显示,积极就业促进政策从整体而言是有效的,能够提高失业者收入,改善其生活状况。但无论是针对培训还是小额担保贷款的评估,都能发现省际项目的相对效果差异显著。这表明政府在实施具体项目时,应该具体考虑政策目标和实施地的具体情况。个体特性显著影响项目效果,这表明为提高项目质量,应该有针对性地选择目标群体。最后提出建立和完善促进就业长效机制的财政投入政策。后续研究将进一步针对多项目组合政策优化进行深入而细致的研究。

4.2 多项目的政策相对绩效评估和优化选择

4.2.1 研究背景

上一节我们对具体项目的效果进行了评估,但就业促进项目种类繁多,哪个项目的效果最好?如果项目效果不同,这种差异是什么原因造成的？不同群体更愿意参加哪类项目？这一系列问题的研究能够帮助我们准确掌握不同项目的特性和效果，从而更有针对性地选择目标群体，精准服务，提高政策质量。

国外对积极就业促进政策的多项目绩效评估展开了丰富的研究，Kluve 等（2002）对欧洲多个就业促进项目进行了比较分析，发现培训和就业援助是较为有效的，但对青年失业者的就业援助相对效果较差。Belot 和 Ours（2004）对培训、就业服务和提供公共岗位三个项目进行了实证分析，发现相比就业服务，培训在降低失业率方面更加有效，提供公共岗位项目则完全无效。Sianesi（2008）研究瑞典 6 个不同的就业促进项目相对效果时发现，越是和常规工作相似的项目，相对效果越明显。其中就业补助项目的相对效果最好，其次是培训者替代项目。

然而，受微观数据和研究方法等限制，国内研究仍主要集中在具体项目的效果评估上。王海港等（2009）利用带有异质性处理效应的工具变量模型方法，研究发现珠江三角洲农村的职业培训对农村居民的影响的差异较大，最有可能参加培训的村民从培训中获得的边际收益最低。李锐（2010）利用 Rubin 因果模型与改进的 Heckman 模型对小额担保贷款的绩效进行估算，研究发现省际小额担保贷款政策的实施效果差异非常显著。赵曼等（2010）利用改进的区域间差异因果推断模型，对不同区域间培训政策效果差异进行分析，并对资金在不同区域间的分配提出了合理的建议。

与本节角度相近的文献非常少。王德文等（2008）发现简单培训、短期培训和正规培训对农村迁移劳动力再流动都有显著作用，但简单培训对工资收入的影响不显著，短期培训和正规培训则对其工资收入有着重要的决定作用。丁煜等（2011）指出只有中高级职业培训才有显著的收入效应。宋月萍和张涵爱（2015）对不同类别培训的工资效应进行了研究，发现技能型培训的作用最明显。然而，他们的研究有两点不足：一是虽然从多项目视角进行了分析，但局限于培训项目，不是真正意义上的对不同积极就业促进政策效果差异的研究；二是所采用的计量分析方法（回归或传统的倾向得分匹配）无法很好地识别积极就业促进政策和工资收入之间的因果关系。因此本节力图在这两方面进行改进，以弥补国内该领域研究的不足。本节使用世界银行2008年积极就业促进政策调查数据以及2014—2015年补充调研资料，运用广义倾向得分法和绩效评估模型，以小额担保贷款、职业培训和职业介绍三个项目为例，研究不同积极就业促进政策效果差异问题。

4.2.2 多项目广义倾向得分评估方法

积极就业政策的对象是下岗失业人员、农民工和高校毕业生等，自身禀赋、家庭和社会环境均会影响到他们的决策。例如，从事创业活动的人往往需要初始资本和拼搏精神，那么家庭经济和风险偏好就会影响其选择。因此，在积极就业政策实施过程中，劳动者的选择并非随机的，他们会基于自身、家庭和社会因素进行不同的自我选择。因此，直接通过普通最小二乘法(OLS)得到的政策绩效是有偏差的。为解决选择偏差问题，一般采用工具变量法和倾向得分法。工具变量法最大的缺陷在于难以找到合适的工具变量，倾向得分法因易于理解、标准化程度高，逐渐成为主流方法。倾向得分法是基于观测数据，通过控制协变量(即各类特征变量)，从而有效控制样本选择偏差的方法(Rosenbaum、Rubin，1983)。在得到倾向得分后，一般再用匹配法和加权法处理：一是匹配法，即根据所得到的倾向值匹配干预组(参与A政策的群体)和控制组(不参与A政策的群体)，在倾向值近似相等的前提下，使每个参与者都能匹配一个非参与者，以此尽量消除选择偏差；二是加权法，其原理是不进行匹配，直接使用倾向值的条件概率作为权重进行分析，以此消除选择偏差。比如直接将倾向值的倒数作为权重，纳入多元回归模型。

传统的倾向得分法只能解决二元干预(即是否参与某项政策)的情形，对于多元干预情形不能直接应用。Imbens(2000)提出了广义倾向得分，并比较了传统倾向得分和广义倾向得分，论证了广义倾向得分的可操作性。和传统倾向得分法类似，在得到广义倾向得分后，可以运用匹配法、回归法和加权法等评估政策绩效。虽然匹配法在二元干预时应用最广泛，但将其应用在多元干预上仍有不少困难(王永吉，2011；李庆海，2014；邬顺全,2014):一是如何选择最合适的匹配方法、如何设置匹配参数(如匹配比例、卡钳值);二是如何控制多组的混杂因素;三是匹配次数较多,相互比较的流程复杂。再加上匹配法容易造成样本的缺失,相比加权法,不能很好地保证样本数据的完整性;国外已有加权法应用在多元干预的成熟的实例(Cattaneo 等,2010、2013)。本书结合国内外经验,拟采用广义倾向得分加权法评估多元政策干预问题。

第一阶段:估计广义倾向得分。借鉴 Imbens(2000)的基本思路,广义倾向得分可以通过多分类 Logit 模型估计得到。假设对于观测个体 i,给定协变量 X_i 时,其选择就业政策 j 的条件概率为:

$$p(j, X_i) = P(D = j \mid X_i) = \frac{e^{X\beta_i}}{\sum_{j=0}^{D} e^{X\beta_i}} \quad (4.13)$$

式(4.13)中,下标 i 代表不同的个体;X 代表影响政策选择的因素,如年龄、性别、受教育程度等自身特征,家庭收入、支出等家庭特征,当地失业率、平均工资水平等社会环境;β 为各变量系数,$\beta > 0$ 表示该因素在个体选择项目时有积极的正影响,反之为负影响。$p(j, X_i)$ 是广义倾向得分,本书的倾向得分定义为,在给定可能影响项目选择的因素时,政策参与者选择某种就业政策的条件概率或可能性。

第二阶段:使用广义倾向得分估计具体项目效果。基于数据可获得性原则,本书以客观收入指标进行衡量。Imbens(2000)建议每次选择其中一组作为对照,与剩余的所有组进行比较,直到所有组都作为对照组与其他组比较过。Rubin(2004)的做法是进行两两比较,但这样一是比较次数多,二是不如多个直接比较精准度高。本书借鉴 Cattaneo(2010,2013)的倾向值加权法,平均政策绩效 μ_j 满足式(4.14):

$$\frac{1}{n}\sum_{i=1}^{n}\left\{\frac{D_i(j)(y_i - \mu_j)}{p_j(X_i)} - \frac{e_j(X_i; \beta_j)}{p_j(X_i)}\{D_i(f) - p_j(X_i)\}\right\} = 0 \quad (4.14)$$

式(4.14)中,μ_j 代表项目参与者的平均收入,y_i 代表个体 i 参加项目 j 的收入,本文选取的指标为参加项目后第一份工作的最高月收入,收入进行指数化处理并取对数。$e_j(X_i; \beta_j)$ 是给定影响收入的因素时的条件期望值,其值为 $E\{y_i(j) - \mu_j \mid X_i\}$。

由于平均效果对不同项目参与者带来的收入变化不敏感,仅依据平均相对效果指标评判项目有效性会存在偏误,因此应进一步分析分位数效果,更全面地估计不同项目相对效果的真实情况。分位数政策绩效 q_j 满足如下式子:

$$\frac{1}{n}\sum_{i=1}^{n}\left\{\frac{D_i(j)[1\{y_i \leq q_j(\tau)\} - \tau]}{p_j(X_i)} - \frac{e_j\{x_i; q_j(\tau)\}}{p_j(X_i)}\{D_i(j) - p_j(X_i)\}\right\} = 0 \quad (4.15)$$

式(4.15)中,q_j 代表项目参与者在不同分位点的收入,$1(\cdot)$ 为示性函数,当平均收入 $y_i \leq q_j(\tau)$ 时,等于1,其他情况时等于0。分位点 τ 分别取0.25、0.5和0.75。

第三阶段:估计项目 m 相对于项目 l 的平均相对效果。中国积极就业政策种类繁多,假设有 S 个就业项目,用集合 $D = \{A, B, C, D, E, \cdots, S\}$ 表示参与者的决策结果。每一个体仅能参与其中一个项目,则共有 S 种参与状态,对应 S 种潜在结果,记为 $Y = \{Y^A, Y^B, Y^C, \cdots, Y^S\}$,其中 Y^A 为 A 项目的绩效。那么项目 m 相对于项目 l 的平均相对效果可表示为:

$$\begin{aligned}\text{ATE} &= E(Y^m) - E(Y^l) = E[E(Y^m - Y^l \mid p(m, X))] \\ &= E\left[\frac{Y \times l(D=m)}{p(m, X)}\right] - E\left[\frac{Y \times l(D=l)}{p(l, X)}\right]\end{aligned} \quad (4.16)$$

式(4.16)中,m 和 l 代表任意两种不同的决策结果($m, l \in D, m \neq l$),$1(\cdot)$ 为示性函数,当参与者的决策是 m 时,等于1,其他情况时等于0。类似可以得到分位数政策相对绩效 $\text{QTE} = E(Q^m) - E(Q^l)$。

4.2.3 基于广义倾向得分法的多项目政策评估

4.2.3.1 基于广义倾向得分法的多项目政策评估中的变量选择

(1) 因变量选择及其定义

评估积极就业政策绩效的指标包括主观指标和客观指标两类。主观指标包括就业满意度(李锐等,2016)和就业改善信心指数(赵曼等,2010;英明和魏淑艳,2016)等,客观指标包括就业稳定性(Winter、Ebmer,

2001)、再就业几率(Kluve 等,2007;Bidani 等,2009;吴要武、蔡昉,2009)、工资收入(王海港等,2009;李锐,2010;宁光杰,2012;曹永福等,2013)和失业持续期(Weber、Hofer,2003;吴晓琪,2010)等。目前政策绩效评估以客观指标为主,尤其是基于劳动者收入变化状况的评估更为成熟;主观指标易受劳动者自身影响,评估的选择偏差更加不易消除。因此,基于数据可获取性原则和评估目的,本书选用收入指标评估积极就业政策绩效。本书的收入指参与者参加职业培训项目,或者小额担保贷款项目,或者职业介绍项目后第一份工作的最高月收入,此收入不包括奖金、补贴和红利等,收入进行指数化处理并取对数。

(2)自变量选择及其定义

多项目评估首先是分析项目选择过程,再分析政策相对绩效。因此自变量体系,既包括影响政策决策的变量,又包括影响劳动者收入的变量。大量学者进行了研究:王海港等(2009)在研究影响农村居民参加培训的因素时发现,个人受教育年限、党员或村镇干部身份等个体特征显著影响参与培训的概率。Leonardo 和 Pierluigi(2010)研究发现,个体的项目选择行为不是随机的,而是根据个体条件和家庭情况进行综合决策。Flores 和 Mitnik(2011)认为个体特征和社会特征影响选择过程。宁光杰(2012)指出,性别、年龄、婚姻状态、受教育年限等既影响外出劳动者的就业状态选择,又影响收入。程名望等(2015、2016)发现健康、基础教育、技能培训和工作经验所体现出的人力资本对农户收入增长有显著作用。综合来看,个体特征、家庭特征和社会环境三个方面,既影响项目的选择过程,又影响最终的项目效果。因此我们从这三个方面构建自变量体系。本书的变量设置、定义以及赋值如表 4.57 所示。

表 4.57 变量说明

变	量	含 义
因变量	项目选择决策	参加培训项目=1,参加职业介绍项目=2,参加小额担保贷款项目=3
	项目绩效	参加项目后的第一份工作的最高月工资收入(元/月)

续表

变量		含 义
自变量	个体特征	
	年龄	以岁为单位，取值为 17~69
	民族	汉族=1，非汉族=0
	性别	男性=1，女性=0
	户籍	城市=1，农村=0
	受教育年限	以年为单位，取值为 0~20
	健康状况	非常差=1，差=2，正常=3，好=4，非常好=5
	政治状况	党员=1，非党员=0
	工作经验	工作年数，以年为单位，取值为 0~44
	工作经验平方项	工作年数的平方
	家庭特征	
	35岁以下有稳定收入来源的人员数	以人为单位，取值为 0~5
	家庭负担	用家庭总收入减去家庭总支出，差值为负数，表明有负担=1，无负担=0
	社会环境	
	失业率	2007 年、2008 年和 2009 年城镇登记失业率
	GDP 增长率	2008 年 GDP 增长率
	职工平均工资	2008 年一年内直接支付给本单位职工的全部劳动报酬总额

4.2.3.2 描述性统计分析

在实证分析前进行简单的数据分析①。表 4.58 是分项目的统计性描述。可以发现，小额担保贷款项目参与者的工资收入比职业培训项目参与

---

① 2008 年数据涵盖的积极就业项目更加全面，样本数量更大，因此实证部分以 2008 年数据为主，但考虑到数据的时效性，在效果分析与讨论部分，结合 2014—2015 年补充调研资料，综合评估积极就业政策绩效，及时准确地反映政策效果。

者和职业介绍项目参与者的都高。三个项目的参与者在个体特征和家庭特征方面都有明显差异；城市的经济水平会影响所有群体的收入，项目实施城市的社会环境也有一定的差异。

从个体特征方面来看，小额担保贷款项目参与者的平均年龄为41岁，高出职业培训项目参与者5岁左右，高出职业介绍项目参与者3岁左右。这和宁光杰（2012）、石丹淅（2013）得出的结论一致，即年龄越大，越倾向于从事创业活动。参加小额担保贷款项目的男性比例远高于职业培训和职业介绍，可能是由于男性更具创业精神和企业家精神，Gagnon（2009）、Wang等（2010）也得到了类似的结论。小额担保贷款项目参与者中，约95%的人拥有城镇户籍，可能的原因是截至2008年，积极就业政策实施时间较短，政策在城市的传播更广泛，农村劳动者对此不太了解。在人力资本方面，三个项目的参与者的受教育水平差别不大，表明教育对项目选择影响较小；小额担保贷款项目参与者的工作经验更为丰富，这与当时的政策目标密切相关。小额担保贷款项目最初的目标群体是再就业人员，相比其他项目参与者，他们在参加项目前，就已有多份工作。可以看出，职业培训项目参与者的工作经验最少，这是因为职业培训既包括在职培训，也包括职前培训；同时随着政府逐渐重视高校毕业生和农民工的就业状况，针对此类群体的培训日渐增多，而这类群体往往缺乏工作经验，因此职业培训参与者的工作经验整体偏低。三个项目参与者的健康状况差别不大，职业介绍参与者稍微差点。小额担保贷款项目的党员比例也更高一些，这和Wu（2006）、Yueh（2009）和黄志岭（2012年）的结论不一致，可能的原因是他们区分了城镇和农村，但本书是全样本考察；同时黄志岭只选取了男性样本，这点和本书也有差异。但无论影响方向如何，都表明政治状况会影响项目选择。从家庭特征方面看，小额担保贷款项目参与者的家庭条件最差。正如前面所说，能否提高收入是项目参与者最关注的。从事创业活动的群体，往往能借助贷款经费，在较短时间内实现财富的增加，改善生活状况。因此家庭条件越差，越有可能选择小额担保贷款项目。从社会环境来看，小额担保贷款项目实施地的综合经济实力稍强。

表 4.58 变量的描述性统计

	变量	职业培训	小额担保贷款	职业介绍
因变量	参加政策后月收入	819.61 (844.06)	1990.41 (3111.54)	660.96 (725.56)
个体特征	年龄	35.57(9.92)	41.17(7.28)	38.19(9.18)
	民族(汉族)	95.58%	95.37%	95.91%
	性别(男性)	38.34%	52.81%	34.41%
	户籍(城市)	79.67%	95.08%	91.59%
	受教育年限	10.95(2.47)	11.22(2.50)	11.12(2.61)
	受教育年限平方	125.91(52.63)	132.17(54.61)	130.63(58.19)
	健康状况			
	非常差	0.66%	0.39%	0.54%
	差	2.98%	2.60%	3.99%
	正常	23.76%	23.05%	24.68%
	好	31.77%	32.98%	36.10%
	非常好	40.88%	40.98%	34.70%
	政治状况(党员)	10.39%	17.07%	9.05%
	工作经验	16.52(9.858)	21.60(7.899)	19.10(9.89)
	工作经验平方	369.91(342.30)	528.9(345.7)	462.35(379.67)
家庭特征	35岁以下有稳定收入来源的人员数			
	0人	46.44%	46.20%	41.15%
	1人	31.89%	36.26%	38.22%
	2人	19.56%	16.37%	19.00%
	3人	1.89%	0.97%	1.30%
	4人	0.22%	0.19%	0.22%
	5人	0	0	0.11%
	家庭负担(有负担)	60.11%	70.20%	55.71%

续表

	变量	职业培训	小额担保贷款	职业介绍
社会环境	2007年失业率	3.64(0.58)	3.72(0.59)	3.72(0.55)
	2008年失业率	3.78(0.60)	3.83(0.58)	3.85(0.55)
	2009年失业率	3.71(0.53)	3.76(0.50)	3.77(0.49)
	2008年GDP增长率	14.04(2.34)	14.21(2.30)	14.20(2.30)
	2008年职工平均工资	24342.4(7778.36)	24106(7464)	23873.04(7424.82)

注：括号内为标准差。

表4.58的描述性统计分析初步表明，项目实施城市的社会环境不同。为深入分析经济状况对政策绩效的影响，再加上本书意在评估若一个城市实施多个项目时，哪个项目更有效，本书进一步给出全国各调研城市实施不同项目的统计结果，如表4.59所示。从表中可以看出，积极就业政策的实施程度不同，在云南、河南和山东三个省份均只实施了职业培训政策，在新疆的乌鲁木齐和陕西的延安只实施了两个政策。为保证评估的准确性，在下文的分析中，剔除了这些城市的数据。另外，无论是职业培训、小额担保贷款还是职业介绍，各省省会城市的实施效果都优于非省会城市。

表4.59　　　　　　　　　各省项目实施情况

省份	城市	职业培训	小额担保贷款	职业介绍	省份	城市	职业培训	小额担保贷款	职业介绍
新疆	巴州	674.3(523.8)	1622(1381)	532.9(190.4)	云南	昆明	909.1(395.6)	/	/
	博州	210.2(321.5)	1452(859.1)	531.2(269.3)		曲靖	970.9(379.4)	/	/
	乌鲁木齐	684.6(703.2)	/	271.7(349.7)		玉溪	96.67(167.4)	/	/

续表

省份	城市	职业培训	小额担保贷款	职业介绍	省份	城市	职业培训	小额担保贷款	职业介绍
黑龙江	哈尔滨	558.8 (488.4)	1405 (878.4)	529.0 (151.4)	江苏	南京	1332 (1103)	5828 (7237)	494.2 (403.4)
	双鸭山	506.9 (295.1)	607.7 (534.5)	575.0 (169.2)		苏州	1068 (735.0)	4341 (3672)	955.8 (2087)
	齐齐哈尔	137.0 (145.3)	669.7 (556.5)	297.0 (227.5)		盐城	780.2 (2236)	724.0 (609.9)	122.6 (273.8)
安徽	合肥	246.2 (396.7)	6314 (6689)	354.2 (258.1)	陕西	铜川	416.6 (212.8)	784.0 (674.2)	366.1 (229.8)
	马鞍山	624.0 (327.8)	1299 (1072)	609.5 (251.8)		西安	666.3 (710.4)	2064 (1249)	423.5 (252.8)
	芜湖	1112 (1356)	1333 (1072)	1251 (1758)		延安	699.2 (243.7)	1279 (702.6)	/ /
山东	菏泽	91.49 (231.1)	/ /	/ /	湖北	咸宁	453.0 (269.4)	1486 (967.9)	435.9 (254.0)
	济南	23.26 (152.5)	/ /	/ /		宜昌	757.9 (832.9)	1310 (831.7)	454.2 (255.7)
	烟台	482.6 (638.5)	/ /	/ /		荆州	589.3 (321.2)	1462 (983.0)	421.5 (337.3)
河南	焦作	0 (0)	/ /	/ /	总计		819.61 (844.06)	1990.41 (3111.54)	660.96 (725.56)
	南阳	0 (0)	/ /	/ /					
	郑州	0 (0)	/ /	/ /					

注：括号内为标准差。"/"表明该城市没有实施特定项目。

4.2.3.3　多项目积极就业政策广义倾向得分分析

（1）积极就业政策的项目选择过程

积极就业政策，作为一种社会项目，其参与状态受到个体和政府的双重影响（李锐等，2015）。一方面，根据微观经济学理论，个体对于参与项目的收益具有理性认识，会结合自身禀赋和家庭条件，对备选项目进行成本收益分析，最后根据收入最大化原则做出项目决策；另一方面，积极就业政策的实施需要政府支持，同时政府会对参与者进行资格审查，只有资格审查通过的个体才能申请小额担保贷款等。因此本书首先忽视社会环境对项目选择的影响，仅分析个体选择的过程，然后在方程中加入衡量社会环境的因素，分析个体和政府的双向选择问题。

表 4.60 的第 2 列至第 4 列是仅考虑个体特征和家庭特征（即个体选择）情况下三个项目的选择过程的比较；第 5 列至第 7 列是考虑个体特征、家庭特征和社会环境（即同时考虑个体选择和政府选择）三重因素情况下三个项目的选择过程的比较。由于多分类 Logit 回归系数反映的只是项目选择变化的方向，本身没有太多解释意义，因此本书给出边际效应结果，以反映各类影响因素对参与者选择积极就业政策时在概率上的边际影响。根据本书第二章的描述性统计分析，初步认为年龄、性别、户籍、健康状况、人力资本、家庭负担和城市经济水平会影响劳动者收入。第二章也提及，倾向得分模型中最关键的是协变量的选择，将上述影响收入的变量放入选择方程中，能有效控制选择偏差，平衡三个项目参与者的差异，减少评估偏差。

表 4.60　　项目选择决定

	仅考虑个体选择			同时考虑个体选择和政府选择		
	职业培训	小额担保贷款	职业介绍	职业培训	小额担保贷款	职业介绍
年龄	-0.010***	0.016***	-0.006**	-0.007**	0.015***	-0.009***
	(0.002)	(0.002)	(0.002)	(0.003)	(0.003)	(0.003)
民族	0.030	-0.073	0.043	0.104**	-0.048	-0.046
	(0.043)	(0.049)	(0.044)	(0.049)	(0.055)	(0.059)

续表

	仅考虑个体选择			同时考虑个体选择和政府选择		
	职业培训	小额担保贷款	职业介绍	职业培训	小额担保贷款	职业介绍
性别	-0.063*** (0.019)	0.171*** (0.020)	-0.108*** (0.019)	-0.016 (0.023)	0.158*** (0.021)	-0.166*** (0.022)
户籍	-0.220*** (0.034)	0.138*** (0.031)	0.082*** (0.030)	-0.162*** (0.040)	0.124*** (0.031)	0.041 (0.037)
受教育年限	0.017 (0.018)	0.001 (0.019)	-0.016 (0.017)	-0.009 (0.020)	0.007 (0.021)	0.010 (0.020)
受教育年限平方	-0.002* (0.001)	0.001 (0.001)	0.001 (0.001)	-0.002* (0.001)	0.001 (0.001)	0.000 (0.001)
健康状况	-0.019* (0.011)	0.046*** (0.011)	-0.027** (0.011)	-0.018 (0.013)	0.059*** (0.012)	-0.034*** (0.013)
政治状况	0.034 (0.032)	0.059*** (0.030)	-0.093*** (0.028)	0.058 (0.036)	0.034 (0.029)	-0.080** (0.033)
工作经验	-0.014*** (0.004)	0.031*** (0.005)	-0.017*** (0.004)	-0.012** (0.005)	0.030*** (0.005)	-0.020*** (0.005)
工作经验平方	0*** (0.000)	-0.001*** (0.000)	0.001*** (0.000)	0.000 (0.000)	-0.001*** (0.000)	0.001*** (0.000)
35岁以下稳定收入来源的人数	-0.044*** (0.012)	0.010 (0.013)	0.046*** (0.011)	-0.021 (0.014)	-0.024** (0.013)	0.026* (0.014)
家庭负担	-0.033* (0.019)	0.122*** (0.019)	-0.089*** (0.020)	-0.044* (0.023)	0.131*** (0.019)	-0.081*** (0.023)
2007年失业率				0.075 (0.076)	-0.144** (0.068)	-0.048 (0.075)
2008年失业率				-0.152* (0.087)	0.244*** (0.074)	0.027 (0.087)

续表

	仅考虑个体选择			同时考虑个体选择和政府选择		
	职业培训	小额担保贷款	职业介绍	职业培训	小额担保贷款	职业介绍
2009年失业率				0.028 (0.094)	-0.076 (0.083)	0.029 (0.094)
2008年GDP增长率				0.001 (0.008)	-0.005 (0.008)	0.010 (0.008)

注：***、**、*分别表示估计系数在1%、5%、10%的水平上显著，括号内为标准差；本书将失业率、GPD增长率和当地职工平均工资视作衡量社会环境的因素，但回归结果显示，职工平均工资的影响微乎其微，且不显著。因此，表中没有呈现职工平均工资变量的结果。

表4.60的结果表明，在仅考虑个体选择的情况下，除民族和受教育年限对项目决策没有显著影响外，其他个体特征和家庭特征均有显著影响。首先，年龄、健康状况和工作经验对小额担保贷款项目参与者的决策是正向影响，对职业培训和职业介绍参与者的决策则相反。年龄越大的人，参加小额担保贷款项目的可能性越大，这与第二章的结论一致，也和2014—2015年补充调研资料反映的结论一致；每年长一岁，个体选择小额担保贷款项目的可能性增加1.6%，同时选择职业培训和职业介绍的可能性分别降低1%和0.6%。可能的原因是创业活动对自雇者的社会资本和人力资本有更高的要求，年轻人在短期内难以获得。身体状况越好，个体越倾向于参加小额担保贷款项目。这是因为，相比工资性就业而言，自雇佣就业方式需要持续投入和付出。工作经历促进参与者选择小额担保贷款项目，工作时间每增加一年，个体选择小额担保贷款项目以从事创业活动的可能性增加3.1%，参加职业培训和职业介绍的可能性降低1.4%和1.7%。值得注意的是，工作经验对参与者决策的影响曲线图是倒U形的，这表明虽然工作经历会促使参与者选择小额担保贷款项目，但存在一个拐点，越过这个拐点后，工作经验对其选择是负影响。家庭负担的系数为正，表明家庭负担越大，参与者越可能选择小额担保贷款项目，这种结论在2014—2015年的调研中依旧存在。描述性统计分析表明，约有70%的小额担保贷款项目参与者有家庭负担，而职业培训参与者和职业介绍参与

者中，有家庭负担的占比不超过60%，这也证实了回归分析的正确性。其次，三个项目中性别的回归系数分别为-0.063、0.171和-0.108，这表明较之女性，男性更倾向选择小额担保贷款项目，可能的原因是中国劳动力市场存在一定的性别歧视，加上传统家庭分工使女性更重视家庭，较少外出工作，因此男性更易吸收创业资源，更具创业精神。户籍对选择职业培训、小额担保贷款和职业介绍的影响分别为-0.220、0.138和0.082，均在1%的显著性水平上显著，这表明拥有城市户口者更愿意参加小额担保贷款项目和职业介绍，且更倾向于参加小额担保贷款项目，这和描述性统计分析的结论保持一致。党员身份仅对小额担保贷款项目有显著的积极影响，第二章提及小额担保贷款项目的党员比例为17.07%，而职业培训项目和职业介绍项目中党员比例均只在10%左右，也说明了这一点。

个体选择倾向只能在一定程度上影响积极就业政策的实施，政策实施还受政府的影响(李锐等，2015)。表4.60的后3列也证实了该说法。在考虑个体选择和政府选择的双重影响下，个体特征、家庭特征和社会环境共同影响项目决策，但社会环境的影响程度较小，这也表明作为积极就业政策，政策申请人占更多的主动权。就参与者自身禀赋和家庭条件而言，即使考虑了政府对参与者最终能否成功参与的影响，除民族、受教育年限和政治状况对项目决策没有显著影响外，其他个体特征和家庭特征均有显著影响，只是影响的力度有所削弱或增强，这里不再赘述。接下来，重点分析社会环境对项目选择的影响。借鉴Reize(2000)、Haapanen和Tervo(2009)、石丹淅(2013)等学者的研究，本书以实施政策前后时间段的失业率和实施当年的GDP增长率作为社会环境的代理变量。为简化分析，本书假定社会环境直接影响政府决策，进而间接影响参与者决策。就失业率而言，失业率对三个项目的选择都有显著影响，但不同阶段的失业率高低，对项目选择的影响不同。对于小额担保贷款项目，失业率对自雇行为有两方面的影响：一方面，失业率越高，表明其他就业方式的收入将越少，为促进就业，政府会鼓励个体从事创业活动，加大小额担保贷款的优惠力度，进而对个体选择小额担保贷款项目产生积极影响；另一方面，恶化的经济环境将迫使部分创业者退出，从而减少创业活动，削弱小额担保贷款项目的申请倾向。这与Haapanen和Tervo(2009)的结论一致。对于职业培训项目，失业率越高，在职人员的工作态度越消极，此时选择职业培训的可能性较小;当失业率继续上升,在职人员为稳定就业,会积极主动地提高职业技能,倾向于参加职业培训项目。对于职业介绍项目,失业率越高,表明低层次劳动力者靠自身资源就业越困难,职业介绍机构将加强信息发布和就业指导,帮助就业困难群体实现就业,因而会提高个体选择职业介绍的可能性;但同时,当失业率升高到一定程度后,政府会加大失业保险金,提高最低生活保障,就业困难群体选择待业的收益比选择就业的收益更高,此时失业率对个体决策会产生消极影响。就 GDP 增长率而言,GPD 增长率对三个项目的选择没有显著影响,Munoz 和 Cueto(2008)也曾得出类似结论。

(2)不同积极就业政策项目的相对绩效差异

表 4.61 给出了各项目的相对绩效差异在平均值和不同分位点的情况。

表 4.61　　　　　　不同分位数上的各项目相对绩效

		仅考虑个体选择			同时考虑个体选择和政府选择		
		职业培训	小额担保贷款	职业介绍	职业培训	小额担保贷款	职业介绍
	平均值	914.99*** (75.14)	1863.69*** (101.85)	665.73*** (26.08)	906.37*** (61.87)	2255.87*** (163.21)	700.97*** (29.34)
分位数	10%分位数	320*** (25.63)	400*** (8.26)	398*** (3.51)	380*** (14.67)	416.67*** (24.18)	400*** (16.77)
	25%分位数	500*** (7.24)	666.67*** (51.89)	480*** (10.2)	500*** (6.40)	800*** (35.16)	480*** (20.52)
	50%分位数	700*** (22.18)	1083.33*** (93.36)	560*** (13.44)	680*** (23.18)	1233.33*** (81.84)	590*** (8.01)
	75%分位数	960*** (30.49)	2000*** (168.27)	700*** (9.76)	950*** (39.55)	2333.33*** (80.46)	750*** (21.65)
	90%分位数	1400*** (54.55)	3333.33*** (159.02)	950*** (42.72)	1400 (90.92)	3916.67 (236.88)	1000 (23.85)

注:＊＊＊、＊＊、＊分别表示估计系数在1%、5%、10%的水平上显著,括号内为标准差。

通过对不同分布点的差异做更详细的刻画，可以更加深入地了解项目相对绩效差异。由上一节可知，虽然下岗失业人员、高校毕业生和农民工等是积极就业政策的目标群体，但他们的决策行为既受自身和家庭的影响，又受政府的影响，忽视积极就业政策实施过程中政府的角色，会低估积极就业政策的效果。因此，在这一节，仅考虑个体选择的结果只作为对比值，接下来只分析个体和政府双重影响下的各项目相对绩效。

从表4.61中可以看出，从平均值看，职业培训、小额担保贷款和职业介绍的相对绩效分别约是900元、2255元和700元，均在1%的显著性水平上显著。小额担保贷款项目的效果最优，其次是职业培训项目，最差的是职业介绍项目。与参加项目前的最高月收入相比，三个项目分别使参与者的收入约提高180元、1600元、130元①。这表明从促进参与者收入角度来看，三个项目都是积极有效的，且小额担保贷款项目对收入的提升效果非常明显。结合第二章的描述性统计分析，较之职业培训项目和职业介绍项目，小额担保贷款项目参与者的自身情况更好，他们拥有更强健的身体和更好的社会资源，在实现就业和积累财富方面更具优势，且小额担保贷款项目申请者从事的行业平均收入更高。职业介绍没有发挥作用和当时的社会背景有一定关系。公共职业介绍机构发展滞后：大部分职业介绍机构规模不大，设备不足，难以保证及时传递供求信息，难以建立有效的信息网络；职业介绍机构和职业培训的合作力度不够，弱势群体往往因缺乏职业技能无法在劳动力市场找到合适岗位，职业介绍机构即使能够提供较好的岗位，也因劳动者自身原因无法实现就业，种种原因导致职业介绍的效果相对最差。

从分位数来看，从低分位数到高分位数，三个项目的相对绩效差异越来越大，这表明在收入分布的不同位置上，收入差距的变化趋势是不对称的。对于三个项目而言，平均绩效和75%分位数表现出的趋势基本相同，这表明参加政策后，失业群体的收入都得到了提升，且大部分人的收入处于相对高收入部分。在低分位数上，三个项目的相对绩效差距较小，从中位数位置开始，尤其是高分位数上项目相对绩效差距越来越大。项目的收

---

① 参加政策前，职业培训、小额担保贷款和职业介绍三个项目的申请者，最后一份工作的月收入分别是621.89元、621.66元和572.35元。

入相对效果差异，随收入分布由底端到顶端呈现快速上升趋势。相对效果差异主要是由顶端收入的差异引起的。具体来看，表现在两个方面，第一，就单个项目而言，职业培训的绩效在25%、50%和75%分位数上都很显著，并且在底端的项目效果明显小于顶端。在25%的分位水平上，参与者收入是500元；在75%分位数上，参与者收入是950元，两者相差约450元；在90%的分位水平，参与者收入达到1400元。这种变化趋势在小额担保贷款项目和职业介绍项目中也存在，尤其在小额担保贷款项目中更加明显。值得注意的是，职业介绍项目在顶端的分位数水平上，项目绩效是1000元，高于参加项目前的最高月收入，但在底端的分位数水平上，项目绩效为400元，这表明职业介绍项目对少部分人是有效的，但效率损失非常严重。第二，就多个项目的比较分析而言，从25%的分位水平变化至50%的分位水平，职业培训、小额担保贷款和职业介绍参与者的收入分别增加180元、400元和80元；从50%分位数变化至75%分位数，三个项目收入分别增加170元、1100元和160元。项目相对绩效差异随着分位数的提高而提高。小额担保贷款项目的个体收入增加速度越来越快，而参加培训和职业介绍的个体收入虽然也在同步增加，但没有其增加得明显。这种现象可能存在两种原因，一是项目对收入的影响变化趋势，在不同分位数表现不同。正如第一章分析，不同项目的目标对象、作用方式、作用时间等都不相同。小额担保贷款项目给予申请者直接的资金支持，可以快速提高贷款者的收入，同时申请人一般具有高学历，在资金充足的情况下，常能在短时间增加财富值，实现财富的积累效应。职业培训通过开发人力资本直接影响收入，但在劳动力市场中，劳动者从参加职业培训到最后获得工资收入，需要一个技能转化的过程，劳动报酬的改变往往需要较长的时间才能体现出来，因此职业培训虽然能够带来参与者收入的增加，但是由于涉及职业技能的转化过程，这种影响不会很快表现出来。类似地，职业介绍通过搜寻和匹配改善劳动力市场供给不平衡的情况，但匹配过程不是即期完成的，需要一段时间。二是不同参与者群体在个体特征方面差距的变化趋势，在不同分位数表现不同。从第二章的描述性分析和第三章的选择过程分析可知，三个项目的参与者在年龄、性别和健康状况等方面具有显著差异。这种差异可能在低分位数上差距不明显，但在高分位数上差距越来越大。

(3) 积极就业政策绩效差异的分解

根据前文分析可知，三个项目参与者在个体特征方面具有显著差异，同时政府会结合实施地的经济水平和失业现状，限制项目申请者的成功参与，这些因素均会影响积极就业政策的决策，进而影响积极就业政策的绩效。根据本章第二节的猜想，这些因素会在不同分位水平显著影响各项目的相对绩效，从而导致积极就业项目对具有不同特征的参与者的作用、效果有差异，在底端收入差距较小，在顶端收入差距较大。因此，本节运用多项目评估模型，在考虑个体选择和政府选择的双重影响下，根据所有参与者的性别、年龄和健康状况，对所有项目实施地区按是否为省会城市分为不同类型的子样本，考察这些特征在不同项目中给参与者收入带来的影响情况，得到的结果如表 4.62 至表 4.64 所示。

首先是性别差异。

表 4.62 的结果显示，从平均值角度来看，男性在职业培训、小额担保贷款和职业介绍项目的收入绩效分别约为 1078 元、2101 元和 805 元，而女性在三个项目的收入绩效分别约为 732 元、2351 元和 633 元。在控制其他变量的情况下，三个项目在性别上的差异分别约为 346 元、-250 元和 172 元。因此，较之女性，男性参与积极就业政策的总体效果更优，但在小额担保贷款政策中，女性的效果反而优于男性。上一节中，对于所有参与者而言，职业培训和小额担保贷款的收入绩效相差约 1300 元，但区分性别后，表 4.62 显示对于男性群体，职业培训和小额担保贷款的收入绩效相差约 1000 元；对于女性群体，两个项目的收入绩效相差约为 1600 元。因此，男性群体间各项目的差异缩小了，但女性群体间各项目的差异扩大了。从分位数角度来看，三个项目的收入绩效差异主要体现在高收入人群中，但这种差异也不如全样本明显。

分项目而言，对于职业培训和职业介绍项目，男性参与者的效果均要优于女性。男性和女性在 10% 分位数上，两个项目参与者的收入差异为 180 元和 0 元；25% 分位数上，两个项目参与者的收入差异约为 94 元和 20 元；在 50% 分位数上，两个项目参与者的收入差异为 170 元和 118 元；在 75% 分位数上，两个项目参与者的收入差异为 300 元和 222 元；在 90% 分位数上，两个项目参与者的收入差异为 500 元和 400 元。分位点越高，

4 特定项目和多项目的政策绩效评估及组合优化

项目差异越小。但对处于收入不同阶段的男性和女性而言,参加小额担保贷款项目的效果差异不同。在10%分位数和25%分位数上,男性效果优于女性,但在75%分位数和90%分位数上,女性效果优于男性。另外,女性在90%分位数上的项目绩效,远远高于所有群体的平均绩效。因此若想提高积极就业政策的效果,应鼓励女性参与小额担保贷款项目。

表 4.62　　　　　　　　　不同性别的各项目相对绩效

		职业培训		小额担保贷款		职业介绍	
		男	女	男	女	男	女
	平均值	1078.78*** (119.46)	732.37*** (46.34)	2101.30*** (150.35)	2351.12*** (308.51)	805.33*** (46.39)	633.96*** (22.69)
分位数	10%分位数	480*** (19.09)	300*** (23.48)	458.33*** (62.36)	416.67*** (32.68)	400*** (25.84)	400*** (20.14)
	25%分位数	583.33*** (20.41)	489*** (7.23)	833.33*** (32.17)	800*** (73.42)	500*** (16.27)	480*** (0.30)
	50%分位数	760*** (19.23)	590*** (13.49)	1083.33*** (153.74)	1166.67*** (125.94)	678*** 36.31	560*** (15.62)
	75%分位数	1100*** (87.78)	800*** (20.37)	2333.33*** (161.45)	2333.33*** (207.08)	900*** (62.47)	678*** (6.67)
	90%分位数	1500*** (170.72)	1000*** (58.33)	3750*** (278.26)	4166.67*** (813.46)	1200*** (70.60)	800*** (32.24)

注:***、**、*分别表示估计系数在1%、5%、10%的水平上显著,括号内为标准差。

其次是年龄差异。

由第三章分析可知,年龄是显著影响项目决策的因素,不同年龄段的群体,最终的项目收入绩效补贴也不尽相同。本书数据中,参与者的实际年龄是17~69岁,根据联合国世界卫生组织的年龄分段,本文将参与者分为17~25岁(青年)、26~35岁(壮年)、36~45岁(盛年)、46~60岁(中年)、60~69岁(老年)五个年龄段,但60岁以上的样本数量太少,因

4.2 多项目的政策相对绩效评估和优化选择

此将后面两个年龄段合并,最后将参与者划分为四个子样本。表 4.63 呈现了不同年龄段的各项目相对绩效。

总体上,不同年龄段群体的小额担保贷款项目收入绩效仍然最优,且在 1% 的显著性水平上显著,这表明对于不同年龄群体,在提高参与者收入方面,小额担保贷款项目的优势明显,但在性别方面基本无差异。三个项目中,各年龄段群体的收入绩效差异有所降低。从平均收入绩效来看,四个年龄段在职业培训项目中的收入绩效分别约为 777 元、867 元、872 元和 1103 元,在小额担保贷款项目中的收入绩效分别约为 1889 元、1910 元、2132 元和 1899 元,在职业介绍项目的收入绩效分别约为 724 元、885 元、604 元和 645 元。可以看出,对于 17~35 岁的参与者,职业培训和职业介绍项目的绩效差异很小,这类群体的工作经验是从零开始积累的,工作技能也随着年龄的增加而增加,他们通过参加职业培训增加职业技能,参加职业介绍获得工作,两个项目的效果可以同时发挥至最大。对于 36~45 岁的参与者,三个项目的差异最大。原因可能是这部分群体正当盛年,社会资源积累到最佳程度,且此时没有抚养孩子等家庭负担,进行创业活动最有利,创业者能将大部分精力放在事业上。另外,处于盛年的创业者的人力资本积累丰富,也有一定的管理能力和经营能力,获得贷款经费后,项目的盈利性有一定保证,因此,对于这类人群,小额担保贷款项目的相对优势最大。45 岁以上的参与者,参加职业介绍项目的效果非常弱,因为职业介绍对应的工作往往是劳动密集型工种,此类群体的年龄较大,不太适合从事劳动密集型工作。比较各年龄段群体的职业培训效果,可以发现,此类群体的效果最佳。可能是因为此类群体在原先的工作岗位上,工作经验已经非常丰富,工作技能也已经非常娴熟,通过参加职业培训,可以获得新的工作技能,从而开拓新的事业。从分位数分布来看,对于不同年龄段群体,高收入群体的差异降低。因此针对不同年龄段实施积极就业政策,也可以缩小政策差异。根据比较优势理论,应鼓励 17~35 岁的群体参与职业介绍项目,同时配套进行职业培训;36~45 岁的群体参与小额担保贷款项目;45 岁以上群体参与职业培训项目。

最后是省会差异。

表 4.63　　不同年龄段的各项目相对绩效

			17~25 岁	26~35 岁	36~45 岁	45~69 岁
职业培训		平均值	777.39***	867.38***	872.99***	1103.15***
			(47.35)	(74.82)	(75.24)	(223.19)
	分位数	10%分位数	320***	480***	380***	360***
			(32.60)	(46.93)	(16.99)	(50.63)
		25%分位数	480***	560***	489***	480***
			(21.35)	(23.21)	(5.39)	(36.24)
		50%分位数	600***	750***	700***	600***
			(24.00)	(56.11)	(32.21)	(67.24)
		75%分位数	850***	900***	920***	1000***
			(50.80)	(111.28)	(57.83)	(144.10)
		90%分位数	1300***	1200***	1400***	1800***
			(179.17)	(246.62)	(112.20)	(307.12)
小额担保贷款		平均值	1889.03***	1910***	2132.68***	1899.85***
			(377.7)	(1894)	(168.67)	(223.69)
	分位数	10%分位数	500***	416.67***	416.67***	416.67***
			(115.12)	(358.32)	(45.79)	(20.87)
		25%分位数	833.33***	833.33***	750***	666.7***
			(120.81)	(278.18)	(71.14)	(82.11)
		50%分位数	1000***	1166.67***	1250***	1000***
			(281.51)	(259.82)	(154.95)	(168.30)
		75%分位数	2000***	2083.33***	2333.33***	2083.33***
			(183.73)	(317.08)	(110.19)	(361.71)
		90%分位数	2500***	3333.33***	3916.667***	3333.33***
			(414.89)	(1277.80)	(336.92)	(567.17)

续表

			17~25岁	26~35岁	36~45岁	45~69岁
职业介绍		平均值	724.1***	885.85***	604.92***	645.25***
			(61.1)	(188.44)	(19.45)	(49.32)
	分位数	10%分位数	400***	400***	350***	300***
			(52.84)	(57.38)	(45.18)	(55.67)
		25%分位数	480***	500***	450***	450***
			(9.20)	(21.05)	(21.99)	(43.44)
		50%分位数	620***	678***	560***	500***
			(32.72)	(35.89)	(25.22)	(31.28)
		75%分位数	860***	800***	700***	700***
			(66.84)	(73.38)	(29.34)	(85.43)
		90%分位数	1000***	1100***	800***	1000***
			(55.36)	(97.18)	(22.92)	(233.81)

注：***、**、*分别表示估计系数在1%、5%、10%的水平上显著，括号内为标准差。

积极就业政策的实施范围广，在调查的城市中，有省会城市和非省会城市，省会城市的经济发展水平无疑是最好的，政策效果也应当更优。同时，在本章第一节，本书虽然选择政策实施地区的失业率和GDP增长率等指标作为社会环境的代理变量，考察政府选择对政策效果的影响。但效果不是特别显著。因此，为进一步明确社会经济发展水平等城市综合实力对积极就业政策的影响，本书按照省会和非省会的标准，将样本分为两个部分，如果参与者所在城市是南京、乌鲁木齐、西安、哈尔滨和合肥五个城市中的任意一个，则视为省会参与，否则视为非省会参与者。表4.64列出了其收入绩效。

从表4.64中可明确看出，无论在省会城市还是非省会城市，小额担保贷款项目的收入绩效均优于职业培训和职业介绍项目。对于省会城市而言，职业培训、小额担保贷款和职业介绍的平均相对收入绩效分别约为

1038元、3745元和618元，均在1%的显著性水平下显著。对于非省会城市而言，三个项目的平均相对收入绩效分别约为888元、1290元和692元，均在1%的显著性水平下系数显著。省会城市的经济发展水平好于非省会城市，且小额担保贷款项目和其他两个项目的差距在省会城市非常明显。这可能是因为省会城市作为各省的经济中心，资源丰富，资本市场较完善，融资方式多样化，小额担保贷款申请者往往从事微利行业，经济发展水平越高的地区，越有利于这些微利行业的发展。同时良好的经济环境更加能够带动创业者的激情，从而增强创业者的信心，实现收入的增加。因此，依据劳动力市场的比较优势理论，为更好地发挥积极就业政策的作用，应鼓励省会城市实施小额担保贷款项目，加强相关优惠措施。职业介绍项目在非省会城市的效果优于省会城市，因此应鼓励非省会城市的失业群体参加职业介绍项目。

表4.64　　　　　　　　　不同区域的各项目相对绩效

		职业培训		小额担保贷款		职业介绍	
		省会	非省会	省会	非省会	省会	非省会
平均值		1037.99*** (130.71)	887.77*** (77.22)	3745.14*** (404.96)	1290.07*** (46.72)	618.00*** (19.70)	692.18*** (32.58)
分位数	10%分位数	489*** (37.53)	300*** (17.02)	750*** (103.07)	400*** (20.96)	400*** (32.23)	400*** (4.26)
	25%分位数	579*** (33.33)	480*** (32.83)	900*** (103.13)	583.33*** (61.95)	500*** (19.89)	480*** (2.83)
	50%分位数	760*** (16.92)	650*** (33.53)	166.67*** (133.45)	1000*** (41.24)	540*** (9.00)	560*** (10.55)
	75%分位数	1000*** (35.32)	900*** (43.95)	3916.67*** (378.20)	1666.67*** (74.65)	727*** (47.94)	700*** (8.89)
	90%分位数	1600*** 489***	1400*** 300***	8333.33*** 750***	2500*** 400***	800*** 400***	950*** 400***

注：***、**、*分别表示估计系数在1%、5%、10%的水平上显著，括号内为标准差。

4.2.4 基于广义倾向得分法的多项目相对绩效评估结论及其建议

4.2.4.1 研究主要结论

准确评估积极就业政策绩效，把握各政策的绩效差异及来源，是优化就业资源配置、完善就业体制、实现就业"质"和"量"双提升的重要途径。本章构建了积极就业政策绩效评估的多项目框架，利用世界银行 2008 年对我国积极就业项目的抽样调查数据和 2014—2015 年补充调研资料，以职业培训、小额担保贷款和职业介绍为例，运用广义倾向得分加权法，明确项目选择决策，关注不同收入群体的项目效果，拓展单一项目评估和平均绩效评估；考虑到劳动力市场中，劳动者自身特征和社会环境对政策相对绩效的影响，本章划分样本，深入分析不同性别、年龄和经济发展水平的政策相对绩效的差异。本章主要结论如下：

①积极就业政策的实施是非随机的，存在个体的自选择。不同特征的参与者在项目选择中存在差异。年龄、性别、健康状况、户籍、党员身份和工作经验都显著影响项目决策。相比职业培训项目参与者和职业介绍项目参与者，小额担保贷款项目参与群体更年长，身体状况更好，工作经验更加丰富，家庭负担更大。男性、拥有城镇户籍的群体或者党员更倾向于申请小额担保贷款。

②个体只能在一定程度上影响积极就业政策的实施，政策实施还会受到政府的显著影响。为简化分析，本章以实施政策前后时间段的失业率和实施当年的 GDP 增长率作为社会环境的代理变量。假定社会环境直接影响政府决策，进而间接影响参与者决策。在考虑个体和政府的双重影响下，个体特征、家庭特征和社会环境共同影响项目决策。就个体特征和家庭特征而言，即使考虑了政府对参与者最终能否成功参与的影响，除民族、受教育年限和政治状况对项目决策没有显著影响外，其他个体特征和家庭特征依旧均有显著影响，只是影响的力度有所削弱或增强。失业率对三个项目的实施影响不一，GPD 增长率对三个项目的选择没有显著影响。

③多项目评估既能简化评估流程，保证信息完整性，又能有效解决选择偏差。如表 4.58 所示，直接比较各项目的收入绩效，职业培训、小额担保贷款和职业介绍三个项目的收入绩效分别是 820 元、1990 元和 660

元，而如表4.61所示，多项目模型得到三个项目的平均收入绩效分别约是900元、2255元和700元。若不控制选择偏差，各项目的绩效将被低估，项目间的差异也将被低估。

④对于不同项目，项目绩效在不同收入群体是不对称的。小额担保贷款项目效果最优，且在高收入人群中更加明显。从分位数相对绩效评估结果可知，对于三个项目而言，平均绩效和75%分位数表现出的趋势基本相同。在低分位数上，三个项目的相对绩效差距较小，高分位数上项目相对绩效差距越来越大。项目的收入相对效果差异，随收入分布由底端到顶端呈现快速上升趋势。相对效果差异主要是由顶端收入的差异引起的。

⑤男性和女性的优势项目不同。对于职业培训和职业介绍项目，男性参与者的效果均要优于女性。如表4.62所示，在10%、25%、50%、75%和90%分位数上，职业培训项目的男女性收入差异为180元、94元、170元、300元和500元；职业介绍项目的男女性收入差异为0元、20元、118元、222元和400元。但小额担保贷款项目对处于收入不同阶段的男性和女性而言，效果差异不同。在10%分位数和25%分位数上，男性效果优于女性，但在75%分位数和90%分位数上，女性效果优于男性。另外，女性在90%分位数上的项目绩效，远远高于所有群体的平均绩效。

⑥不同年龄段群体，项目间的差异变化明显。如表4.63所示，从平均绩效看，四个年龄段在职业培训项目中的收入绩效分别约为777元、867元、872元和1103元，在小额担保贷款项目中的收入绩效分别约为1889元、1910元、2132元和1899元，在职业介绍项目的收入绩效分别约为724元、885元、604元和645元。对于17~35岁的参与者，职业培训项目和职业介绍项目效果差异很小；对于36~45岁的参与者，小额担保贷款项目具有绝对优势；若参加职业培训，45岁以上群体的相对收益最大。

⑦城市的综合实力对积极就业政策绩效有显著差异。如表4.64所示，小额担保贷款在省会城市的平均收入绩效为3745元，是非省会城市的三倍。职业培训的绩效在省会城市的效果优于非省会城市。职业介绍在非省会城市的平均收入绩效（约692元），反而高于省会城市（约618元）。

4.2.4.2 完善积极就业政策的建议

(1) 强化政府和个体在政策分配中的共同作用

积极就业政策作为一种社会项目，受到参与者自身和政府的双重影响。个体对于参与项目的收益具有理性认识，根据效用最大化做出项目选择，同时政府也会根据自身效用和社会利益最大化原则进行资源配置。项目实施地的经济发展水平和实施前后的失业情况等影响政府决策。若忽视政府在政策分配中的作用，会低估政策绩效。政府不仅仅是政策的制定者，同时也是政策的参与者。从实证分析和 2014—2015 年补充调研资料来看，在分配小额担保贷款资源时，政府应结合实施年份前一年的失业情况，若失业情况较严重，则不利于立即批准小额担保贷款的申请；若失业情况较之去年有所缓解，则应鼓励小额担保贷款的申请。在分配职业培训和职业介绍资源方面，则应结合当年的 GDP 增长情况，一般而言，GDP 增长越快，申请职业培训项目的群体越多，申请职业介绍项目的群体减少，经济发展引起工资福利和社会救助的增加，政府在分配劳动力资源时，应结合相应的配套机制。另外，应健全衡量政府绩效的评估指标，不以就业率为单一评估指标，避免政府决策行为出现"撇脂效应"，造成效率损失。

(2) 完善协同政策，促进女性参加小额担保贷款项目

逐步建立和完善就业政策与其他社会保障政策之间的联动机制。项目选择过程的分析结果显示，男性更愿意选择小额担保贷款项目。但分性别的各项目评估结果表明，在其他条件相同的情况下，女性参加小额担保贷款项目的效果更优，且高收入群体中差异更大。2014—2015 年的补充调研资料也证实了这一点。这表明，如果能够提高小额担保贷款参与者的女性比例，就能够从整体上增加社会效益。

第一，加强社会保障政策，降低女性创业风险。受传统观念影响，女性往往以家庭为重，对家庭依赖性较强，承担风险能力较弱，进而缺乏创业激情和动力，较少申请小额担保贷款。女性从家庭妇女或稳定工薪族到小额担保贷款申请者，在转变为创业者的过程中，承受的心理压力比男性更大。若能完善相关的社会保障政策，减轻女性创业的后顾之忧，降低女性创业的风险，从供给端改善小额担保贷款政策的参与群体，便能扩大女

性的参与比例。同时，配合宣传部门，扩宽女性宣传的覆盖面。

第二，成立女性创业基金，解决创业融资难问题。女性企业家受劳动力市场歧视，较之男性，往往融资困难，更易出现创业后期资金短缺的现象。可成立针对女性的创业基金，扶持女性创业者，表彰优秀女企业家，带动失业女性创业，申请小额担保贷款，鼓舞女性的创业勇气。

(3) 鼓励青壮年、盛年和中老年群体参与差异化政策

对于不同年龄阶段的劳动者，政策效果具有显著差异。实证结果显示，对于 17~35 岁的参与者，职业培训和职业介绍项目效果差异很小；在所有年龄段群体中，对于 36~45 岁的参与者，小额担保贷款项目具有绝对优势；若参加职业培训，45 岁以上群体的相对收益最大。在社会资源总量不变的情况下，鼓励 17~35 岁的失业群体参加职业培训和职业介绍，将更多的小额担保贷款资源倾斜给 36~45 岁的失业群体，开展 45 岁以上群体的职业介绍活动，都能够提高就业效率。

增加企业培训补贴，推动企业开展在职培训，强化 17~35 岁群体的职业技能。加强校企合作，对成功完成培训的在职员工提供高校继续教育的机会，或者开发多元化的培训课程，提高多种职业技能。对于参加职业培训后仍无法顺利就业的群体，职业介绍机构将发挥主动性。政府在社会资源、资金分配等方面向 36~45 岁群体倾斜，适当给予补贴等优惠措施，降低申请门槛，激发这类群体的创业动力。职业介绍机构针对 45 岁以上失业群体，减少提供劳动密集型工作，在社区服务点建立就业信息发布平台，扩大积极就业政策在中老年群体中的宣传。

(4) 根据不同地区的经济发展水平，侧重推进不同政策

经济发展水平不同的地区，各政策的实施效果不同。经济发达的地区，小额担保贷款政策效果是非省会城市的三倍，因此可以在省会城市推进小额担保贷款政策，积极创新小额担保贷款新模式，扩大小额担保贷款对象，提高小额贷款额度，加大小额担保贷款宣传，提高个贷发放量。职业介绍项目的整体效果均差于其他两个项目。在考虑经济发展水平的情况下，较之经济发达地区，经济欠发达地区的职业介绍项目效果更优。因此在非省会城市，可增加职业介绍机构的数量，增加职业介绍补贴，完善职业介绍信息平台。

5 微宏观信息结合的就业政策组合优化

纵观中国改革开放 40 多年的经济发展路径和历史沿革，各地区在历史基础、区位条件、经济发展水平、市场发育程度等方面都存在巨大差异。区域差异不仅影响了劳动力要素配置的方式，也在公共政策的制定和实施中打下了地区烙印。只有充分考虑到了区域差异，才能明晰政策间的差异，从而据此优化各个就业促进政策。

有关积极就业促进政策优化组合的传统研究大多以微观个体信息为基础，忽视了区域异质性影响。受数据或技术条件限制，传统政策评估方法未能将地区异质性影响与个体自选择因素相分离。考虑到个体嵌套于地区这一数据分层特性，多层模型可以系统区分自选择和区域选择影响的大小。为探究微宏观因素对公众决策和政策绩效的影响机制，促进政策的优化组合，本章采用不同方法构建多层倾向值模型，并将其引入 Rubin 反事实框架，构筑微观个体及宏观信息相结合的就业政策相对绩效评估体系。第一节我们采用客观收入指标衡量多项目相对效果，侧重对基于政府区域选择下个体决策机制的刻画；第二节从主观满意度角度考察多项目相对绩效，重在对微宏观因素影响个体行为选择和心理活动规律性的把握，旨在提高政府对个体行为的预测和引导能力。

在上一章中，我们介绍了单一项目估计和基于广义倾向得分匹配的多项目估计方法，而在这一章中我们引入操作更简单的相对绩效评估方法，便于项目效果的两两比较，把握政策效果差异，结合宏微观信息优化政策组合。

5.1 区域差异、自选择与政策相对绩效评估

5.1.1 研究背景

自 2002 年引入积极就业政策以来，就业资金投入不断加大，2016 年中央财政就业专项资金达 438.775 亿元①，且就业政策种类也不断增多，除了传统的职业介绍、职业培训、社会保险、公益性岗位、小额担保贷款，还新增了职业技能鉴定补贴、特定就业政策补助、扶持公共就业服务等。2017 年 1 月 18 日国务院常务会议通过了"十三五"促进就业规划，会议指出就业是最大的民生，也是经济发展最大的支撑。就业作为政府最要紧的责任，"积极的就业政策"自然备受关注。不论是政府提出的"简政放权"，还是"大众创新、万众创业"，抑或是"营改增"等为企业减税降费等政策，背后的重要诱因之一都是为了进一步促进就业。如此一来，要提高就业资金使用效率、合理配置就业政策，就需要建立科学、可操作的政策绩效评估方法，可靠地度量各政策效果。但目前中国政策效果的评估还显得比较滞后。第一，对政策效果差异的评价往往以单一项目的绝对效果为基础，并没有关注多个项目的相对绩效，如褚保金(2008)、孙若梅(2008)、王春蕊等(2010)对小额担保贷款项目的研究，王海港(2009)、李静等(2013)对培训项目的研究。事实上，相对绩效评估更能直观体现不同项目的效果差异，简化多项目比较的方法与流程。第二，大部分的微观经验评估仅仅以个体信息为基础，忽视地区性差异，这种地区同质性的假定与中国区域差异大的现状相去甚远(谢宇，2006)，评估结果的准确性值得怀疑。即使有部分研究考虑了地区异质性对政策绩效的影响，也较少剖析其影响机理。异质性是个体和政府对就业政策具体项目进行选择的基础，也是产生政策绩效差异的根源。

Rahman 等(2009)利用格莱珉银行和 BRAC(借款者资料，通过经修正的 Pitt 和 Khandker 模型证实小额担保贷款项目有异质效果。高收入者能

---

① 数据来自财社〔2016〕67 号文《财政部 人力资源社会保障部关于下达 2016 年中央财政就业补助资金的通知》。

5.1 区域差异、自选择与政策相对绩效评估

够通过参加小额担保贷款项目，使自己的状况得到更大的改善。王海港等(2009)应用异质性处理效应模型方法研究发现在职业培训项目中由不可观测变量所导致的异质性影响着村民的参与抉择和收入。上述研究考虑了个体异质性问题，在一定程度上优化了绩效评估方法，但忽略了地区异质性所产生的偏差。个体异质性和区域异质性都影响着项目的选择过程，不同的选择又会进一步导致政策效果的差异。

绩效评估中的计量经济学路径重点关注个体的自选择(Imbens 等，2009)。研究指出自选择偏差来源包括微观特征和宏观特征(Bradley，2012)。Rosenbaum(2002)对显在偏差和隐藏偏差进行仔细区分，并指出未观测到的隐藏偏差会同时影响绩效及参与决策，而这种隐藏偏差部分来源于地区的差异性。缺失宏观信息的评估虽然刻画了个体特征对政策绩效的影响，有助于明确绩效发生机制，但会导致自选择偏差。一方面，项目参与者的决策行为受微观个体信息和宏观地区信息等因素影响，具有多层次结构特征。另一方面，不同地区的基础条件状况不相同，对就业政策的选择偏好也不相同，在绩效评估时忽视地区差异，会导致政策绩效被高估或低估，影响评估可信度。中国地区经济差距极大，全国性就业政策的实施必然受到地区异质性影响，因而在设计绩效评估方法时，需重点关注宏观地区信息。

国内也有学者单纯利用宏观信息评估就业政策绩效，陈佳贵等(2003)对北京、上海等城市实施积极就业项目的整体效果进行分析，指出政策的成效与局限；杨宜勇(2005)将就业评估指标分为不同维度；赵曼等(2010)设计了就业项目评估流程与方法，但以上评估缺乏理论基础，也缺失个体福利影响信息，难以推广运用，评估也缺乏稳定性(Heckman，2007)。可见，利用单一微观信息或宏观信息进行评估均存在局限，如何在微观评估中引入宏观信息，是政策绩效评估中的重要问题与难点。有少数学者在进行微观评估时，关注了政策效果的地区差异，部分地做到了微观与宏观相结合。如 Bidani 等(2009)首次运用现代微观计量方法评估中国积极就业政策，发现在就业机会指标上武汉的效果更好，而在收入指标上沈阳的效果更好；赵曼等(2010)通过研究 9 省 27 市微观数据发现，各省份、个体间在就业机会和收入上的项目实施效果差别巨大。Allcott(2015)通过对 Opower 节能项目的研究也发现，政府所选择的节能项目试

点城市本身所拥有的环保主义者就多于其他城市，地区特征和个体差异导致节能项目的后续参与者表现变差，高估了节能项目的处理效应。李锐等（2015）通过构建双选择模型发现，不同项目受个体和政府的影响具有显著差异性。但他们的研究受方法的限制，尚未将不同层次的信息加以区分，同时未剖析宏观信息对政策绩效的内在影响机理。这是本书所关注的焦点之一。

绩效评估中的统计学路径以倾向值匹配方法（Rosenbaum、Rubin，1983）为基础，扩展绩效评估的反事实框架，一定程度上解决了数据缺失及选择偏差问题，目前该方法被广泛运用：Smith 和 Todd（2005）运用 NSW（国家支持工作）数据，发现通过倾向值匹配法得到的国家支持就业政策的效果，对于倾向得分内控制变量的选择及特定样本的选择非常敏感；Guo 等（2006）对样本进行贪婪匹配，估计监护人滥用药物对儿童受虐待风险率的影响；Buonanno 和 Pozzoli（2009）应用 Lechner 多元选择下的匹配方法，考虑大学不同科目对于大学生早期劳动力市场就业结果的作用。然而，普通倾向值匹配法只能解决基于可观测特征的选择偏差，且存在倾向值函数的正确设定问题，不少学者拓展了该方法，使其应用范围更加广泛：Rosenbaum（2002）采用 Wilcoxon 符号秩检验对匹配对研究进行敏感性分析，从而估计偏差水平；McCaffrey 等（2004）则运用一般加速化（GBM）估计倾向值，避免函数设定困难，评估青少年药品滥用的影响。部分学者为解决因忽视地区信息而导致自选择偏差的问题，提出倾向值匹配框架：Smith 和 Todd（2005）利用 NSW 的面板数据，运用双重差分匹配法来消除隐藏的固定不变的选择偏差，解决参与组与控制组间的地区不匹配问题。Bradley 等（2012）在评估英国两类教育项目的绩效时，考虑了个体、学校、区域三种类型的选择偏差，构建了衔接微观及宏观信息的多层倾向值模型，这为在微观信息评估基础上引入宏观信息，以及中国在评估政策绩效时考虑地区异质性提供了方法借鉴。

受数据和技术限制，传统研究多针对单一微观信息进行评估，较少考虑宏观信息对决策和绩效的影响，本节在传统 Rubin 反事实框架基础上，根据 Bradley 等（2012）的多层倾向值模型，将微宏观信息运用于绩效评估，不仅关注个体特征和地区特征对公众决策的影响，降低自选择偏差，更关注其对政策绩效的影响。同时，本书使用 GBM 方法检验绩效估计的稳健性；具体是在运用倾向值匹配法时，对干预组与控制组进行不同的设置，使政策相对绩效评估得以直接进行，以期简化评估方法，提高评估准确度，为就业政策绩效评估提供新方法。

本节剩余内容安排如下：第二部分介绍模型的基本原理和评估框架；第三部分介绍数据描述性统计分析、实证结果和分析与稳健性检验；第四部分是小结。

5.1.2 微宏观信息结合的多层倾向值模型

个体差异对于项目的选择存在影响，而积极劳动力市场政策具体项目的选择由个体和政府共同决定。Heckman(2006)研究发现，个体异质性的存在会导致本质异质性问题的出现，即个体选择参与某项目的决定与参与某项目的预期收益相关，从而导致分类收益问题的出现。传统的政策绩效评估研究忽视了地区异质性。考虑到地区特征对公众决策和政策绩效的影响机制，本书将多层倾向值模型引入 Rubin 反事实框架，构建微观个体及宏观区域信息相结合的就业政策相对绩效评估法。

5.1.2.1 基于倾向值匹配的相对绩效评估

就业政策的多类项目是同时推行的，与单一政策绩效评估不同，此时不是"参与或不参与 A 项目"的二元选择，而是"参与 A 项目或 B 项目或 C 项目"的多元选择。单一项目的绝对效果评估是以二元选择为基础的，存在一定偏误，有必要建立直接对多个项目进行比较的相对绩效评估法，以评价某项目相对于另一项目的有效性，这样得到的相对绩效才能真实反映项目的效果差异。Imbens(2000)对绩效评估多元选择问题进行了开创性的分析，Bradley 等(2012)将多元选择与多层模型相结合来评估英国教育项目的相对绩效，本节在 Bradley 方法的基础上评估就业政策的相对绩效：

若有 S 个就业项目，且每一个体仅能参与其中一个项目，则共有 $S+1$ 种参与状态，对应 $S+1$ 种潜在结果，记为 $Y_0, Y_1, \cdots, Y_s$，其中 Y_0 为不参与任何项目，Y_s 为参与 s 项目。将项目相对效果定义为：参与 s 项目的个体 i，如果参与 k 项目，两种潜在结果的差异。

$$\beta_{s/k} = E(Y_{is} - Y_{ik} | T = S) = E(Y_{is} | T = S) - E(Y_{ik} | T = S) \quad (5.1)$$

在式(5.1)中，$\beta_{s/k}$ 衡量项目 s 相对于项目 k 的期望平均效果(ATT：参

与 s 项目群体的平均相对效果），对于同一个体，潜在结果 Y_{is} 和 Y_{ik} 不能同时观测到，这是效果评估中的难点。若满足条件独立性假定（Conditional Independent Assumption，CIA）：$(Y_0, Y_1, \cdots, Y_s) \perp T|X$，在控制可观测特征 X 的情况下，参与决策独立于潜在结果，倾向值匹配法可用来估计 $\beta_{s/k}$。此时参与项目 s 的群体组成干预组，参与项目 k 的群体组成控制组。基于个体倾向值对"干预组"与"控制组"进行匹配，匹配后两组样本间的差异得到控制，从而具有直接可比性，样本的平均效果差异即为政策相对绩效：

$$\beta_{s/k} = \sum_{i \in s} \left(Y_{is} - \sum_{h \in k} W_{ih} Y_{hk} \right) w_i \quad (5.2)$$

在式（5.2）中，W_{ih} 是与项目 s 下的个体 i 相匹配的、参加项目 k 群体内的第 h 个观测的权重；w_i 为重构"干预组"分布的复权重，用个体 i 的倾向得分密度值赋权。当 $W_{ih} = 1$ 时，是一对一匹配；当 $W_{ih} = 1/n$ 时，是一对多匹配。本节使用卡尺范围内的最近邻居匹配，分别给出 ATT（参与者的平均效果）及 ATE（所有群体的平均效果）。

5.1.2.2 结合微宏观信息的多层倾向值模型

利用上述 Rubin 反事实框架评估相对绩效的前提是准确测得倾向值。传统的倾向值模型中，记参与 s 项目为 $T = 1$，参与 k 项目为 $T = 0$，若个体基于微观和宏观信息 X，选择参与就业项目 s，则倾向值定义为参与 s 项目的概率：

$$\pi_{ij}' = P(T_{ij} = 1|X) = P(Y_s - Y_k > 0|X) \quad (5.3)$$

可以看出，传统的倾向值模型只是将宏观信息作为影响参与者决策的因素，没有将地区等宏观信息的作用从总作用中剥离出来。部分学者（赵忠，2003；李锐等，2015）认为就业项目的参与情况是政府和个人共同决定的，故在计算倾向值时，应将政府选择与个体选择相结合。

$$\begin{aligned}\pi_{ij} &= P(T_{ij} = 1|X) = P(Y_s - Y_k > 0, G_s - G_k > 0|X, Z) \\ &= P(Y_s - Y_k > 0|X, Z) * P(G_s - G_k > 0|X, Z)\end{aligned} \quad (5.4)$$

在式（5.4）中，Z 是影响政府决策的因素，G_s 和 G_k 分别是个体参与项目 s 和 k 时政府决策的潜在效果。改进的倾向值模型将宏观信息与微观信息剥离，一定程度上考虑到了宏观信息对个体决策的影响，但未区分不同信息的影响层次。事实上，项目参与者的决策行为具有多层次结构特征。理性的政府在项目选择决策过程中，会依据宏观经济环境状况（就业压力、经济发展状况等）筛选最有针对性的项目。另外，就业项目对申请主体的资格有一些限制性条件，只有符合条件的申请者才有参与项目的机会。因此，政府决策必然先于个体决策。倾向值测算过程中，若没有考虑此点，就会造成自选择偏差，进而影响对政策相对绩效 $\beta_{s/k}$ 的估计，所以需改进传统倾向值的设定。

Bradley 等（2012）的多层倾向值模型提供了将微观个体与宏观区域信息有效分层并结合的工具。我国区域差异大，部分省份的基础设施、经济发展状况明显落后于另一些省份；不同省份对不同项目的重视程度、项目参与者人数占比、资金投入也不一样，因此政府进行决策时必然要考虑区域选择。在政府提供的可选就业项目中，个体再根据综合信息进行选择，因此个体的选择行为必然受到区域的影响。多层倾向值模型首先定义倾向值为基于政府决策个体选择参与 s 项目的概率，即：

$$\pi_{ij} = P(T_{ij} = 1|X) = P(Y_s - Y_k > 0 | G_s - G_k > 0, X, Z) \quad (5.5)$$

考虑两种类型的倾向值模型：随机截距模型和随机斜率模型。随机截距模型为：

$$\log\left(\frac{\pi_{ij}}{1-\pi_{ij}}\right) = \beta_0 + \beta_1 X_{ij} + u_j \quad (5.6)$$

在式(5.6)中，j 是个体所在城市的下标，X 是个体层面解释变量；第二层（城市）残差 $u_j \sim N(0, \sigma^2)$ 且独立于 X，是多层倾向值的随机部分，解释宏观地区层面不可观测变量影响项目参与决策常数效应；倾向值的截距随 j 的不同随机变化，给定地区 j，截距为 $\beta_0 + u_j$；β_1 用来衡量在保持 u 不变即个体处于同一城市时，微观因素 X 对参与决策的固定效应。随机斜率模型是随机截距模型的拓展：

$$\log\left(\frac{\pi_{ij}}{1-\pi_{ij}}\right) = \beta_0 + \beta_1 X_{ij} + u_{0j} + u_{1j} X_{ij} \quad (5.7)$$

随机斜率模型中，宏观地区特征对倾向值的影响来源于两部分：u_{0j}，表示多层倾向值的平均截距，参与培训项目的平均水平随地区 j 的变化而变化；$u_{1j} X_{ij}$，表示地区随机效应与个体特征的交互作用，个体特征对项目参与决策的影响方式及程度，随地区发生改变。

多层倾向值模型包括固定效应及随机效应两部分，固定效应由第一层微观个体信息决定，随机效应伴随第二层宏观数据（本节中为城市）产生：不同城市有不同特征，倾向于选择不同的就业项目，此即随机截距模型；同时城市特征也会影响个体决策，同一城市的微观个体单位间存在相互依赖；因而项目最终参与决策会随城市随机变化，此即随机斜率模型。这种地区异质性对项目参与决策的随机效应，即政府的区域选择。多层倾向值包括微观层次的个体特征信息与宏观层次的区域信息，考虑个体及城市对项目参与决策的混合效应，以多层倾向值为基础的匹配分析法可以控制多重选择偏差。

5.1.3 职业培训与小额担保贷款项目的微宏观信息结合的多层倾向值分析

本节选取职业培训及小额担保贷款项目进行政策相对效果的对比分析，其中小额担保贷款项目组（以下简称"小贷组"）样本数为1136个，占整个抽样总体的16.94%，剔除收入缺失的样本，最终保留的样本数为1065个；职业培训项目组的（以下简称"培训组"）样本数为1606个，占整个抽样总体的23.95%。

就业政策绩效包含多重维度，基于可度量性及效果差异分析的需要，本节以收入指标评估政策相对绩效。使用二分变量 T 定义政策干预条件：参加职业培训项目的干预组（$T=1$）与参加小额担保贷款项目的控制组（$T=0$）。本节利用微宏观信息的绩效评估法，考虑的控制变量包括个体及地区两个层次，表5.1列出了样本的描述性统计、对ATE（总体平均相对效果）的独立样本 t 检验以及评估ATE的OLS回归。

从表5.1中可以看出，培训组及小贷组之间，参与者的个体特征及地区层面变量，在参加项目前就有显著差异，干预组与控制组样本是非平衡的。从个体特征变量来看，除了民族变量，其余控制变量的组间差异都是统计显著的。平均来说，参加小额担保贷款项目的成员往往年龄较大，男性比例更高，绝大部分拥有城镇户籍，平均受教育水平更高，比参加职业培训项目者平均要更健康，且党员比例也更高，有更多的工作经验，但在城市工作的人相对于在乡镇及县城工作的人更有可能获得培训。总体来说，小额担保贷款项目参与者的自身条件比职业培训项目参与者要更好一些。从地区变量来看,城市的失业率、经济增长状况、财政就业支出资金增长率在两个项目中也表现出了显著的差异。但由于同一地区既有职业培训项目又有小额担保贷款项目,而同一地区内,地区层面特征变量取值相同,所以表4.1的地区变量均值不能分别反映培训组与小贷组的地区条件状况。

表5.1样本描述的结果变量表明,参加项目后小贷组参与者平均月收入比培训组高约1303元,这初步表明职业培训的绩效比小额担保贷款要差;但培训组收入取值的方差比小贷组要小很多,职业培训项目下的收入分布更均衡,而小额担保贷款项目下不同参与者的收入差距较大。OLS结果表明,其他控制变量保持不变时,职业培训项目参与者的收入平均要比小额担保贷款项目参与者的收入低57.83%,且在1%的显著性水平下显著,进一步显示小额担保贷款项目的绩效要显著高于职业培训项目,但微观个体特征与宏观地区状况在培训组与小贷组并不平衡,存在自选择与区域选择,如果协变量未进行调整,效果估计存在偏误,这不能体现项目间的真实效果差异。

表 5.1   样本描述及 OLS 回归分析

变量	样本描述(%或均值(标准差))			收入的OLS回归系数估计值(收入取对数)
	职业培训	小额担保贷款	P 值	
结果变量:参加项目后的平均月收入(元)	575.399 (18.96)	1878.791 (91.85)	0.0000[a]	
参加项目状态(参照:小额担保贷款)				−0.5783*** (0.034)
个体特征变量				
年龄	36.349 (0.24)	41.231 (0.22)	0.0000[b]	0.002 (0.004)
民族:汉族	95.08%	95.77%	0.3946[b]	0.113 (0.078)
性别:男性(参照:女性)	39.94%	53.76%	0.0000[b]	0.199*** (0.032)

179

续表

变量	样本描述(%或均值(标准差))			收入的OLS回归系数估计值(收入取对数)
	职业培训	小额担保贷款	P值	
户籍:城镇户籍	75.22%	94.89%	0.0000^b	0.148*** (0.053)
受教育水平	10.964 (0.06)	11.167 (0.08)	0.0204^b	0.009 (0.006)
健康状况	4.027 (0.02)	4.115 (0.03)	0.0111^b	0.032* (0.018)
政治状况:党员	8.66%	17.69%	0.0000^b	-0.033 (0.035)
工作单位所在地	4.034 (0.02)	3.958 (0.02)	0.0053^b	0.106*** (0.021)
工作经验	17.451 (0.25)	21.562 (0.24)	0.0000^b	0.018** (0.007)
工作经验的平方	401.73 (9.22)	527.27 (10.27)	0.0000^b	-0.0006*** (0.0002)
地区变量				
失业率(2006年)	3.820 (0.01)	3.901 (0.01)	0.0000^b	-0.088** (0.042)
GDP的对数增长率	4.429 (0.03)	4.286 (0.04)	0.0000^b	0.195*** (0.016)
就业支出资金对数增长率	0.462 (0.009)	0.396 (0.008)	0.0148^b	-0.430*** (0.050)
拟合优度R^2				0.3232

注:a. 独立样本t检验,双尾;b. Wilcoxon(Mann-Whitney)秩和检验;c. 括号内为标准差,***、**、*分别表示1%、5%、10%的显著水平。

地区平均收入水平通常可近似地反映一地的综合性地区条件,表5.2的结果显示,不同城市的参与者参加项目前的平均收入差异显著,南京收入最高者为1080.769元/月,而收入最低者分布于齐齐哈尔,仅为234.3125元/月;而那些经济发展水平相对较低的省份,如云南、河南、山东,在调查年份仅存在培训项目,小额担保贷款项目甚至没有开始实行;不同省份及城市的经济基础状况显著不同,评估政策相对绩效时不能忽视地区差异性。

表 5.2　　不同城市的参与者参加项目前的收入状况

	城市	职业培训	小额担保贷款[a]		城市	职业培训	小额担保贷款
云南	昆明	456.1364	\	陕西	西安	617.0909	533.3395
	曲靖	380.1765	\		延安	658.0645	464.5833
	玉溪	\	\		铜川	257.8364	384.2063
河南	郑州	250.871	\	黑龙江	哈尔滨	525.7358	607.3246
	南阳	460.2333	\		齐齐哈尔	234.3125	584.6244
	焦作	384.5313	\		双鸭山	447.137	339.6296
山东	济南	423.2414	\	安徽	合肥	763.3333	761.152
	烟台	756.2069	\		芜湖	847.3929	847.2222
	菏泽	478.9474	\		马鞍山	603.9216	855.4422
江苏	南京	1080.769	729.7211	湖北	宜昌	617.6357	521.3615
	苏州	1159.583	416.7222		荆州	677.2308	532.2464
	盐城	563.3333	772.7273		咸宁	611.4754	865.3985
新疆	乌鲁木齐	763.1212	\	新疆	巴州	532.8767	544.2402
	博州	549.2857	727.7778				

注:a 表示在调查年份,被调查的27个城市中,有10个城市没有小额担保贷款项目参与者样本,故这10个城市的个体参加项目前的收入值缺失。

根据第二部分建立的结合微宏观信息的绩效评估法——多层倾向值,评估职业培训项目相对于小额担保贷款项目的绩效。为了比较,本节也列出部分仅利用微观信息的评估结果,以明确不同方法下的评估结果差异。

5.1.3.1 匹配前分析

如图 5.1(a)所示，从仅利用微观个体信息的单层倾向值分布可以看出，不管是培训组还是小贷组，分布曲线均有很大的差异。匹配前的倾向值是对整体样本拟合的，拟合良好的倾向值分布曲线应能较准确地描述真实的项目参与状态。本节倾向值定义为参与培训项目的概率，因而培训组样本集中于倾向值取值较高的区间，小贷组样本集中于倾向值取值较低的区间，更符合真实的项目参与状态。

运用随机斜率模型(以城市为随机斜率项)得到包含微宏观信息的多层倾向值，倾向值密度分布如图 5.1(b)所示。图中可明显看出，匹配前的培训组与小贷组的倾向值分布曲线有很大的差异，培训组倾向值的密度的最大值出现在 0.9 与 1 之间，而小贷组倾向值的密度的最大值出现在 0.2 与 0.3 之间，两组间的项目选择行为明显不同。与仅有微观信息的倾向值分布进行比较可看出，结合微宏观信息的多层倾向值模型的拟合更好，更符合现实状况，这也说明了宏观地区信息影响项目选择。

为检验稳健性，图 5.1(c)还呈现了一般加速化回归建模①(GBM)得到的倾向值分布，GBM 不考虑倾向值函数的设定形式，以干预前的协变量来拟合非线性，预测项目参与的概率，这种建模方式避免了模型设定错误带来的拟合误差，因而 GBM 也可作为选择倾向值模型的一个比较基准。微宏观信息结合的倾向值分布曲线与一般加速化建模得到的倾向值分布曲线基本趋于一致，也说明多层倾向值模型比单层倾向值模型拟合得更好。

如图 5.1(d)所示，城市随机效应图刻画了不同城市的随机效应对整体倾向值平均水平的偏离。随机效应均值在 0 以上的城市有 10 个：云南省的昆明、曲靖、玉溪；河南省的郑州、南阳、焦作；山东省的济南、烟台、菏泽；新疆维吾尔自治区的乌鲁木齐。城市随机效应均值大于零，即倾向值的截距要高于整体平均水平，其余控制变量相同时，这些城市中的

---

① 包括个体特征，有年龄、民族、性别、户籍、受教育水平、健康状况、政治状况、工作单位所在地、工作经验、工作经验的平方；地区宏观特征，有失业率、经济增长率、就业支出资金增长率。此处的一般加速化建模部分地控制了个体及区域选择。

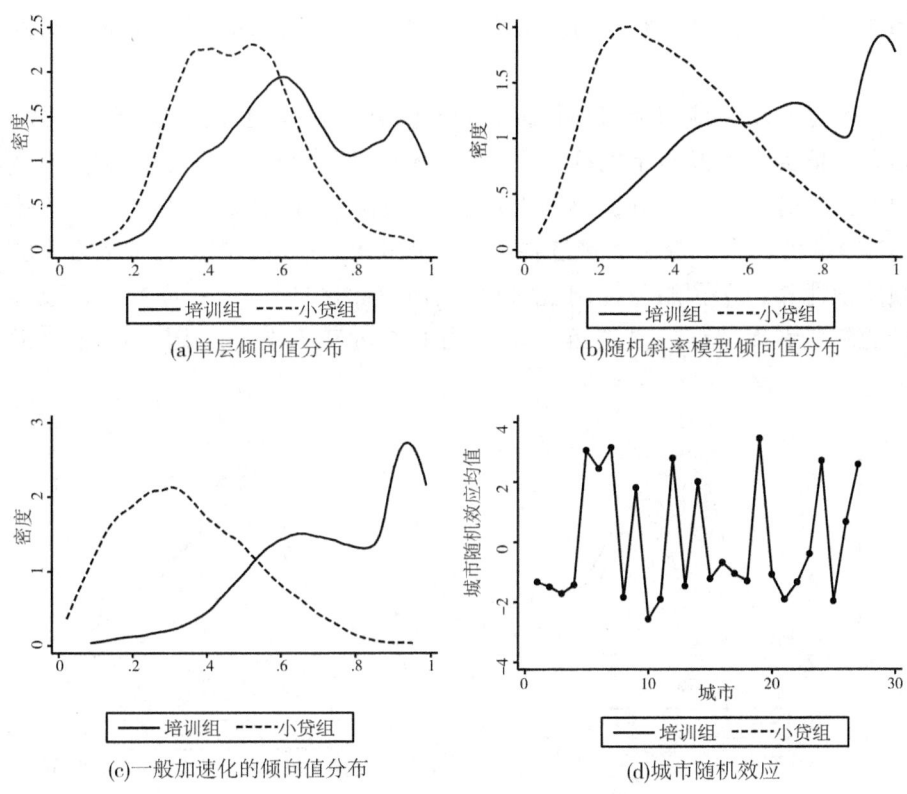

图 5.1 匹配前倾向值分布及城市随机效应

个体更倾向于选择职业培训项目。城市随机效应均值小于 0 的其余 17 个城市，个体更倾向于选择小额担保贷款项目。结合表 5.2 发现，更倾向于选择小额担保贷款项目的地区的个体，参加项目前的平均收入要更高一些，这些地区的经济条件、基础设施状况要更好，这进一步证实了区域选择的存在。

5.1.3.2 倾向值匹配

匹配前的倾向值分布表明，培训组与小贷组样本的选择行为差异巨大。因此，结合微宏观信息，使用多层倾向值，对干预组（培训组）与控制组(小贷组)进行卡尺范围内的最近邻居匹配,部分地消除选择偏差。图 5.2 为匹配后样本的倾向值分布,表 5.3 为匹配后的控制变量平衡性检验。

经过匹配,培训组与小贷组的倾向值分布曲线趋势更加一致,尤其是倾向值为 0.6 及以上的样本,两组的倾向值分布曲线基本一致,选择偏差已部分地得到控制,不同组别下的个体及地区特征趋于一致。从图 5.2 中也可看出,控制区域选择的多层倾向值与未控制区域选择的单层倾向值比较,干预组与控制组的倾向值分布曲线更一致;且控制区域选择的随机斜率模型,更趋近于均值为 0.5 的正态分布,因而匹配效果更好。

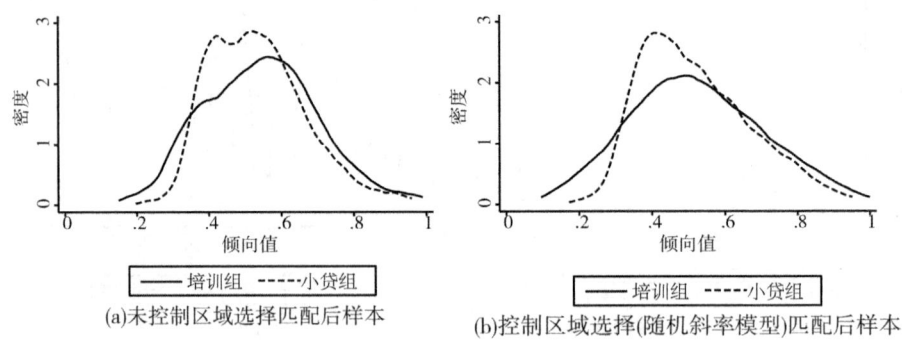

图 5.2 匹配后样本的倾向值分布

表 5.3 匹配后的控制变量平衡性检验(随机斜率模型)

控制变量	培训组 (干预组)	小贷组 (控制组)	匹配前后 差异降低 程度(%)	P 值
年龄	39.417	39.744	93.4	0.419
民族:汉族	1.051	1.044	44.7	0.536
性别:男性(参照:女性)	1.433	1.390	69.9	0.103
户籍:城镇户籍	1.074	1.063	94.1	0.381
受教育年限	11.017	10.944	46.0	0.590

续表

控制变量	培训组（干预组）	小贷组（控制组）	匹配前后差异降低程度（%）	P值
健康状况	4.012	4.005	91.1	0.883
政治状况：党员	1.190	1.166	78.3	0.333
工作单位所在地	3.967	4.031	-58.3	0.129
工作经验	20.056	20.270	95.0	0.624
工作经验的平方	471.260	477.750	95.1	0.720

注：a. 表中所列是匹配后的控制变量均值；b. 表示匹配后样本 t 检验的 P 值；c. 对于地区变量，匹配后样本均值的 t 检验没有意义，故未列出。

表 5.3 的平衡性检验显示，经过多层倾向值匹配后，控制变量的组间均值差异大幅降低，t 检验的 P 值均大于 0.1，培训组与小贷组的控制变量不存在显著差异，不同组别样本的特征更加一致，样本间的不平衡性得以较好的消除。图 5.2 与表 5.3 说明，在运用倾向值匹配时，宏观信息发挥着重要作用，多层次信息的利用有助于降低个体及区域选择偏差。

5.1.3.3 单一微观信息下的评估结果

表 5.4 的上半部分列出了仅利用微观个体信息的绩效评估结果（OLS 除外），这些方法有的未进行匹配，有的采取单层倾向值模型，总之均未考虑地区差异性和区域选择。未匹配的普通最小二乘法与一般加速化回归匹配法（仅包括个体特征）的绩效结果比较接近，从绝对收入来看：OLS 下，保持其他条件相同时，参加职业培训项目者的工作收入比小额担保贷款项目者的收入低 1333.611 元；一般加速化下，总体样本的职业培训项目相对绩效为 -1319.558 元，而职业培训项目参与者的项目相对绩效为 -1321.916 元，与 OLS 的绩效评估结果相差不到 15 元。对数收入下，OLS 结果显示，保持其余控制变量不变，职业培训项目参与者的收入比小额担保贷款项目参与者的收入低约 57.83%，一般加速化的结果也显示，职业培训项目的绩效要比小额担保贷款项目差约 57.6%（ATT）。仅考虑微观信

息的单层倾向值匹配模型，得到的职业培训项目相对绩效最差：总体的平均相对绩效为-1355.521元，比 OLS 估计的结果还低约 22 元；对数收入也表现出类似的结果，比 OLS 估计的结果还要低 2.47%。这与期望的结果不相符，参与小额担保贷款项目者的自身条件优于职业培训项目参与者，匹配后应能控制个体可观测特征引起的自我选择偏差，职业培训项目相对绩效要高于 OLS 估计结果才合理。由图 5.1 可知，仅包括微观信息的单层倾向值，忽视了宏观地区差异，并不能很好地描述个体真实的倾向值；而倾向值匹配法下，绩效估计结果对倾向值模型的设定非常敏感，因而导致单层倾向值匹配法下的相对绩效估计出现较大偏误。

表 5.4　职业培训项目相对于小额担保贷款项目的效果

结果变量	未控制区域选择下的微观评估				
	未匹配的 OLS	倾向值（单层）匹配法		一般加速化[b]	
		ATT	ATE	ATT	ATE
绝对收入	-1333.611*** (90.254)	-1324.079*** (98.344)	-1355.521	-1321.916*** (98.936)	-1319.558
对数收入	-0.5783*** (0.034)	-0.594*** (0.034)	-0.603	-0.576*** (0.038)	-0.584

	控制区域选择下的微宏观信息结合评估					
	绝对收入			对数收入		
	随机截距	随机斜率	一般加速化[c]	随机截距	随机斜率	一般加速化[c]
ATT	-1299.091*** (106.966)	-1137.368*** (86.796)	-1209.148*** (96.553)	-0.595*** (0.037)	-0.541*** (0.037)	-0.528*** (0.048)
ATE	-1326.032	-1118.546	-1187.465	-0.593	-0.535	-0.537

注：a. 括号内为标准差，***、**、* 分别表示 1%、5%、10% 的显著水平；b. 表示此处的 GBM 仅包括微观个体特征变量；c. 表示以城市的失业率、经济增长率及就业支出资金增长率作为控制区域选择的变量。

5.1.3.4　结合微宏观信息的评估结果

以多层倾向值为基础，结合微宏观信息进行相对绩效的评估，并控制个体自选择及区域选择。表 5.4 的下半部分给出了绝对收入与对数收入的政策绩效,可知总体样本相对绩效(ATE)与职业培训项目参与者相对绩效(ATT)的差距不大,下文仅以 ATT 进行分析。

随机截距模型下,仅考虑了地区随机效应对倾向值的平均截距水平的影响。ATT 的值为-1299.091,其他条件相同时,职业培训项目参与者的收入要比小额担保贷款项目参与者的收入低约 1299 元;比未控制区域选择下的绩效值略高一些。对数收入下,职业培训项目的相对绩效为-0.595,显示职业培训项目绩效要显著低于小额担保贷款项目。

随机斜率模型既考虑了地区随机效应对截距的整体影响,也考虑了地区随机效应与个体特征的交互作用;图 5.2 与表 5.3 说明经过随机斜率模型倾向值匹配,能更好地消除培训组与小贷组的不平衡,因此,随机斜率模型的绩效结果要更接近真实的相对绩效。具体来看,绝对收入下 ATT 的值为-1137.368,其他条件相同时,职业培训项目参与者的收入要比小额担保贷款项目参与者低约 1137 元,比仅利用微观信息得到的绩效值高约 187 元(与单层倾向值的 ATT 比较)。由于单层倾向值未考虑区域选择,这种职业培训项目相对于小额担保贷款项目的绩效被低估的结果,即可看作潜在的区域选择偏误。从对数收入上看,ATT 的系数为-0.541,其余控制变量不变,职业培训项目参与者的收入要比小额担保贷款项目参与者低 54.1%,与单层倾向值匹配下的-59.4%比,提高了 5.3 个百分点,同样说明区域选择导致培训项目的相对绩效被低估。

为检验绩效估计结果对倾向值模型设定的敏感性,利用包含微观个体信息及宏观地区信息的一般加速化建模倾向值对样本进行匹配:绝对收入下 ATT 的值为-1209.148,对数收入下相对绩效值为-0.528,与随机截距及随机斜率模型结果均比较接近,绩效值没有发生巨大改变,证实了微宏观信息结合评估下的相对绩效的稳健性。

5.1.3.5 稳健性分析

(1)构建一般加速化模型

如上文所述,为检验绩效估计结果对倾向值模型设定的敏感性,笔者利用包含微观个体信息及宏观地区信息的一般加速化建模倾向值对样本进行匹配,从表 5.4 的下半部分可以看出:绝对收入下 ATT 的值为

5 微宏观信息结合的就业政策组合优化

−1209.148，对数收入下相对绩效值为−0.528，与随机截距及随机斜率模型结果均比较接近，绩效值没有发生巨大改变，证实了微宏观信息结合评估下的相对绩效的稳健性。

（2）分析个体不可观测特征

多层倾向值匹配只是部分地控制了个体可观测的自选择及区域选择，没有解决个体不可观测特征，如能力等导致的选择偏差，以"参加项目前收入"作为个人能力的代理变量，缓解基于个体不可观测特征的自选择问题。对匹配后的样本进行多元分析，结果如表5.5所示。

表 5.5　职业培训项目相对于小额担保贷款项目的效果

变量	贪婪匹配后的多元分析			
	未控制区域选择		控制区域选择[a]	
	绝对收入	对数收入	绝对收入	对数收入
年龄	4.933 (14.547)	0.0006 (0.005)	9.512 (10.997)	−0.0008 (0.005)
民族	−243.999 (266.446)	−0.047 (0.085)	−151.795 (194.429)	−0.065 (0.087)
性别	267.211** (113.935)	0.192*** (0.038)	88.104 (86.525)	0.153*** (0.039)
户籍	−41.042 (239.919)	0.044 (0.075)	40.837 (170.121)	0.085 (0.070)
受教育 水平	39.656* (23.183)	0.004 (0.007)	13.412 (17.211)	0.005 (0.008)
健康状况	115.308* (63.563)	0.060*** (0.020)	94.167** (47.953)	0.043** (0.022)
政治状况	36.449 (118.299)	−0.054 (0.038)	−191.051** (88.156)	−0.097** (0.040)

续表

变量	贪婪匹配后的多元分析			
	未控制区域选择		控制区域选择[a]	
	绝对收入	对数收入	绝对收入	对数收入
工作单位所在地	337.211*** (77.958)	0.104*** (0.025)	191.934*** (56.904)	0.090*** (0.025)
工作经验	38.271 (29.134)	0.016* (0.009)	11.434 (22.804)	0.016 (0.010)
工作经验的平方	-1.048 (0.638)	-0.0004** (0.0002)	-0.565 (0.497)	-0.0004** (0.0002)
参加项目前的月收入[d]	306.665*** (74.153)	0.388*** (0.024)	372.875*** (57.938)	0.379*** (0.026)
项目相对效果	-1198.696*** (108.923)	-0.5873*** (0.035)	-856.476*** (81.533)	-0.490*** (0.037)
R^2	0.1257	0.3461	0.1477	0.3156
观测数	1444	1300[b]	1158	1090[b]

注：a. 表示随机斜率模型；b. 表示收入值为0的观测在取对数时被舍弃，样本量减少；c. 括号内为标准差；***、**、* 分别表示1%、5%、10%的显著水平；d. 表示收入取对数。

加入参加项目前的月收入作为个人能力代理变量，职业培训项目相对绩效进一步提高。未控制区域选择的绝对收入效果为-1198.696，对数收入相对绩效值为-0.5873，个体不可观测特征导致的自选择会低估职业培训的相对绩效。控制区域选择下，职业培训项目相对绩效提高幅度更明显：绝对收入效果值为-856.476，其他变量不变时，职业培训项目参与者要比小额担保贷款项目参与者的收入低856.476元；对数收入下，职业培训项目的相对绩效比小额担保贷款项目低49%；与OLS绩效值相比较，提高了477元(1333-856)，相对绩效提升了8.83个百分点(0.5783-0.49)。

综上，职业培训项目相对绩效的低估来源于三部分：第一部分是基于个体可观测特征的自选择，结果显示，这部分的偏误相对较小，甚至不明显，原因是基于单层倾向值的匹配并没有很好的平衡样本；第二部分是区域选择偏误，区域选择使职业培训项目相对绩效被低估了约187元（1324-1137），约5.3个百分点；第三部分是基于个体不可观测特征的自选择，这部分的自选择偏差使职业培训项目相对绩效被低估了约281元（1137-856），项目收入被低估了约5.1个百分点（0.541-0.49）。区域选择与个体自选择均会对绩效估计结果产生重要影响，双重选择导致职业培训项目相对绩效被低估了460~480元，低估了9~10个百分点。

5.1.4 结合微宏观信息的相对绩效评估结论及政策建议

中国区域差异大，各地经济发展水平、基础设施甚至风土人情等都存在显著差异，进而导致区域就业项目效果的差异明显。因此，在就业政策绩效评估时，区域异质性必须予以考虑。本节通过构建综合微观个体及宏观地区信息的绩效评估方法——多层倾向值模型，对职业培训与小额担保贷款项目的实证分析表明：①忽视宏观信息的微观评估，结果会出现较大偏误。区域异质性通过影响政府和个体的选择决策，进而影响政策相对绩效。将地区层次的作用从总的作用中剥离出来，可以发现更广泛地实施小额担保贷款项目的地区，其各方面条件比实施职业培训项目的地区更好，政府对就业项目的区域选择使职业培训项目相对绩效被低估了约187元，约5.3个百分点。②结合微宏观信息的多层倾向值模型，是运用倾向值匹配法得到绩效无偏估计的基础，能更好地拟合个体真实的倾向值，保证信息的完全性，提高评估的准确度。运用微宏观信息评估方法控制个体自选择及区域选择后，得到最终的职业培训项目相对绩效为-856.476元，在保持其余变量不变的情况下，职业培训项目参与者的收入要比小额担保贷款项目参与者低约49%，这一估计结果可近似看作真实的项目效果差异。③运用多层倾向值匹配法评估政策绩效时，随机斜率模型要优于随机截距模型，这说明地区特征除了直接影响地区的平均倾向值外，还与个体特征存在交互作用，地区特征会影响个体特征对倾向值的作用方式与程度，从而间接影响个体的项目选择。地区特征对项目选择的影响机制是双重的，进一步突出了绩效评估时宏观信息的不可忽视性。基于此，本书提出以下建议：

第一，建立完善的个体瞄准机制，因人而异地实施就业政策。个体异质性的存在导致不同个体对于就业政策的选择会有不同，为不同特征的群体设置不同的就业促进政策，才能充分配置资源，提高就业政策效果，实现政策目的。

第二，实施就业政策时，还需要综合考虑区域特征因素，因地制宜。在结合微宏观信息的评估中，职业培训项目的绩效要比小额担保贷款项目差，但相对于仅利用微观信息(仅考虑个体自选择)的结果，职业培训项目仍然有效。这反映了政策绩效不仅仅是个体和家庭的影响结果，也是一种社会制度与政府安排的结果，它在一定程度上能够体现出社会公平，而这种社会公平不是在每个地区都相同。在安排就业政策时，需考虑到小额担保贷款项目的高效性与地区综合条件密切相关，因而不能过分倚重它，各地应依托不同条件，合理分配就业资金。综合发展水平较高的省份，可继续加大对小额担保贷款项目的资金投入，而综合发展水平较低的省份，不能盲目扩大小额担保贷款项目，也应注重职业培训项目基础作用的发挥。

第三，建立微宏观信息相结合的绩效评估体系，有助于明确政策间的真实效果差异、客观评价不同就业政策绩效，为就业政策的选择提供依据。微宏观信息相结合的政策相对绩效评估，强调信息的充分利用，并且在微观评估时考虑地区异质性，从而可控制政府区域选择对个体决策和政策绩效的影响，得到绩效的无偏估计，这也是未来评估的发展趋势。另外，就业政策的多类项目是同时推行的，涉及多元项目选择。以单一项目的绝对效果为基础的传统政策评估方法，不仅过程复杂，评估时二元选择的假定也不合理。本节的相对绩效评估法，无需二次比较就能直接得到不同政策的效果差异，简化了评估方法与流程，也提高了准确度。

5.2 满意度评估、区域异质性和就业政策组合优化

5.2.1 研究背景

20 世纪 90 年代以来，就业问题一直是困扰民生的顽疾之一，也是宏

观经济政策的首要目标。为此国家于 2002 年启动了涵盖职业培训、职业介绍、小额担保贷款、公益性岗位等诸多项目的积极就业政策。无论是在 20 世纪末国有企业下岗制度下，还是在产业结构调整带来的制造业民企倒闭浪潮中，积极就业政策都帮助了数以千万计的下岗工人重返就业市场，有效减轻了社会保险和社会救济的压力。当前中国经济步入增速放缓、转型加快的新常态，移动互联网和大数据时代变革又将造成诸多传统行业的潜在失业。随着全面深化改革进入攻坚时期，处于社会最底层的失业群体无疑将沦为激烈的社会转型中脆弱程度最高的人群，甚至有引发社会断裂的危险。但通过积极就业政策，政府如何利用有限的社会资源实现对特定群体的精准帮扶仍是最大的难题，这就对就业政策绩效的科学评估和就业资源配置优化提出了更加迫切的要求。而对于失业者这一背负生活重担和心理压力的特殊群体，除了经济来源和物质保障外，反映其真实福利状况的主观满意度指标更关系到改革发展稳定的大局。

　　市场主导的资源配置过分倚重效率，带来经济增长的同时也导致收入差距扩大、就业机会不平等的弊病。政府主导的再分配旨在惠民生、促和谐，但单纯基于数量、收入等客观指标的政策绩效评估不能反映参与者获得的全面效用与价值。尤其在我国特殊国情决定了积极就业政策大多带有事后应急性质这一背景下，关注失业群体的满意度评价对于维持社会稳定意义重大。满意度反映了参与者实际感受与期望之间的差距，是反映社情民意的"晴雨表"，是衡量目标实现程度的"指示器"和改进公共政策的"风向标"。政策评估代表着一种导向，是政府行为的"指挥棒"。因此，积极就业政策的功能决定了评估标准要兼顾效率与公平，继而决定了评估指标体系应做到主观与客观相结合。一方面，积极就业政策具有经济调节和收入分配功能，就业专项资金的多寡直接影响财政收支结构的变化，影响市场机制决定性作用的发挥。这就决定了政策评估离不开效率标准，离不开客观指标体系的运用。另一方面，基于我国社会主义的国家性质和庞大的就业人口基数，积极就业政策更应具有促进公平的"社会稳定器"功能，以保障社会成员有尊严地生活，避免其因不幸陷入绝境而铤而走险。主观满意度指标对于深入了解政策实施效果，真实把握就业困难群体的政策诉求，保证政策初衷不偏离具有不容忽视的作用。政策评估同样离不开公平标准，离不开主观评价指标的运用。《财政部、人力资源和社会保障部关于开展就业专项资金绩效评价试点工作的指导意见》(财社[2012]17号)中,明确提出将满意度指标纳入就业政策绩效评估体系,这是提高资金使用效益、推进决策科学民主化的客观要求。同时,考虑到不同就业项目的目标侧重、适应人群、运行机制等各有特色,在不同地区具体实施情况也不同,项目效果的满意度评价受个体及地区异质性影响较大。忽视选择偏差而直接进行项目组合容易导致资源错配,带来巨大的社会福利损失。基于此,本节在个体及地区异质性条件下进行积极就业多项目效果的满意度评估,并根据满意度指标指导就业项目资源配置,力图实现公共资源与失业个体间的最佳匹配,更好地发挥政府在再分配中的主导作用。

以瑞典为首的西方发达国家从20世纪60年代就开始推行一揽子积极就业政策。同时,对政策绩效开展评估的历史也较早:美国于1993年以法律形式规定了财政支出绩效评估的目的、标准和操作程序,确立评估指标包括经济效益和社会效益两大类;Flynn(1997)提出项目绩效评估的"4E"原则——经济(Economy)、效率(Efficient)、公平(Equity)和效能(Effectiveness);世界银行从经济、社会、环境三个层面的指标开展项目绩效评估,等等。在此基础上的积极就业政策绩效评估文献成果颇为丰富,如McKernan(2002)、Rahman和Rafiq(2009)、Leonardo和Pierluigi(2010)、Mallick(2012)对小额担保贷款项目开展评估,Kluve(2007)、Benu(2009)、Bidani等(2009)对职业培训项目开展评估,Addison和Portugal(2002)、Blundell等(2004)、Pissarides等(2010)对职业介绍项目开展评估。归纳下来,评估的指标体系大致包括:

收入指标,如Lechner和Miquel(2005)以年度所得总额为指标,评估了职业培训项目绩效;Winter E.(2001)以再就业工资为指标,验证了培训项目对工资增长的正向作用;Greenberg等(2003)基于1964—1998年15项职业培训项目的面板数据,发现培训项目效果存在异质性,女性参与者从中获得的收入增加幅度最大,而青少年参与项目后收入提升最不明显;Rahman和Rafiq(2009)基于格莱珉银行和BRAC借款者资料、对小额担保贷款项目的考察发现,高收入群体从中受益最多,违背了项目扶贫扶弱的初衷。

就业率指标,如Blundell等(2004)针对英国的职业介绍项目研究发现,项目使长期失业青年就业的可能性提高了约5%;Michèle B.(2004)

基于OECD国家的研究发现，职业培训、职业介绍和公益性岗位三个项目在降低失业率方面的效果依次递减；Graversen和Jensen（2004）以参与项目12个月后的就业率为评估指标发现，丹麦的积极就业政策对提升就业率作用不大，但对不同人群存在效果异质性。

就业稳定性指标，如Zweimüller和Ebmer（1996）基于澳大利亚职业培训项目的实证研究得出，在劳动力市场上不具优势和缺乏动力的失业者更容易被选中参与项目，且项目显著提高了其再就业工作的稳定性。

成本收益指标，如Delander和Niklasson（1996）评估就业培训项目的指标体系包括产出的时间、数量和质量、生存能力改善状况、就业形势改善状况、对财政支出和收入分配的影响，等等；Greenberg等（2003）基于职业培训项目的面板数据研究发现，培训成本越高，并不一定培训效果越好；McKernan（2002）针对孟加拉人民共和国小额担保贷款项目进行评估时发现，创业辅导等非信贷服务能显著提高参与者的再就业收入。

主观评估指标，如Martin和Grubb（2001）从减贫角度指出，积极就业政策有助于低收入群体摆脱贫困；Carroll（2007）对澳大利亚的研究表明，失业对居民满意度的负效应超过了收入的正效应，且针对不同群体的影响也不同，相比年轻人对自身的乐观评价和老年人较低的期望，中年人的经济压力最大、受失业影响最显著。国外使用较多的是收入和就业率等指标，从主观评估角度考察的较少。

国内对就业支出绩效评估也进行了诸多有益探索，如：杨宜勇（2006）从宏观角度对小额担保贷款贴息、再就业培训、就业指导等10个项目进行了绩效评估，采用环境难度系数、支持强度和就业几率指标对不同地区就业资金综合效果进行评价；张立宾（2015）基于2008—2013年10省宏观经济指标数据，对职业培训、职业介绍、小额担保贷款、技能鉴定等八项就业扶持政策进行评估，考察指标主要是增加就业人数；涂家铭（2010）借鉴西方"3E"（Economy、Efficiency、Effectiveness）评估法构造了业务指标、财务指标、社会效益指标三个一级指标和相应二级指标体系，评估了湖北省十堰市的就业专项资金绩效；赵曼、李锐等（2010）以再就业几率、失业持续期、收入、满意度、就业改善信心五个指标，构建了中国特色的就业培训项目绩效评估体系，具有重要的借鉴意义；在此基础上，罗金莉（2012）新增求职时间和成本两个指标评估，用七个指标评估

5.2 满意度评估、区域异质性和就业政策组合优化

我国就业政策的效果,将项目总体绩效较低的原因归咎于政府重视程度不高、宣传力度不够和由此导致的政策实施差异;英明、魏淑艳(2016)将评估指标分为主观指标和客观指标,前者包括就业满意度、当期就业感受指数和就业改善信心指数,后者包括再就业几率、收入绩效、失业持续期、投入产出比、小时工资、就业竞争指数,等等。目前我国公认的就业政策评估核心指标是总就业率和失业率,有关政府部门在制定政策时主要考察的指标也是城镇登记失业率。但已有学者指出,这一指标其实在很大程度上对我国失业人口规模的判断存在低估(王延中,2000)。同时也有学者指出就业率指标由于没有细分统计对象,因此也无法从中获知不同年龄、性别、收入人群的差异化政策效果(沈熙,2009)。服务型政府的构建离不开政府绩效管理的加强,尤其注重公共项目的满意度调查。表现在积极就业政策上,就是要重视调查项目参与者对政府各个项目的态度和取向,并依据调查结果进行理性分析,提出有利于提高项目对象满意度、精准施策的建议。就业政策绩效评估固然离不开定量指标体系的运用,但主观满意度指标对深入了解政策实施效果、真实把握就业困难群体的政策诉求、保证政策不偏离初衷,意义不容小觑。尤其在当前对民生的关注加强的背景下,主观满意度评估指标与以人为本的政府公共服务宗旨更为契合。

满意度理论在国外积极就业政策评估领域中兴起较早,研究成果颇为丰富:如Stefan(2010)通过多重索引模型论证了政策带来的收入效应不能显著提高满意度但能大幅降低不满意度;Leonardo 和 Pierluigi(2010)分析指出小额担保贷款项目除了通过收入间接影响满意度外,还通过影响个体尊严、社会认可度而对满意度有直接正向影响。但由于个体是否参与以及参与哪个项目的选择是非随机的,是出于自身能力和家庭条件的考虑做出的决策,具有一定特征的个体可能更倾向于选择某一项目,同时其满意度也更高。忽视个体自选择而将项目选择视为外生变量,可能造成项目效果被高估或低估。Bjørnskov(2007)结合公共选择理论发现了政府支出对居民满意度的抑制性且对中低收入者和男性尤为显著,一定程度上考虑了个体异质性,但也忽略了宏观环境的影响。Allcott(2015)指出除了个体自选择外,地区差异也会同时影响项目绩效和参与决策,具备一定宏观特征的地区可能对实施项目更加积极,政府在项目试点选址时也不可避免地存在

"撒脂效应"。鉴于各地经济、政治、文化发展水平等均会渗透到个体行为决策中，同时影响个体的满意度感知，公共政策评估忽视宏观层面因素的影响并不可取。Benu(2005)发现职业培训项目在武汉效果显著而在沈阳影响微弱，捕捉到项目效果的地区异质性，Kluve(2007)发现11个欧盟成员国的劳动力市场政策效果国别差异显著，Butter(1998)利用瑞典74个地区的面板数据也得到了相似的结论，这些研究成果证实了宏观因素对项目效果的影响，但均未克服个体自选择问题。Bradley(2012)首创多层横截面匹配结合差中差分析对英国教育政策效果进行了评估，同时控制个体和地区选择偏差，对积极就业政策评估具有重要的借鉴意义。

国内相关领域的研究起步较晚，且对研究结果的争议多于共识，在领域和方法上不尽一致：如陆铭等(2008)在用 Ordered Probit 模型考察政府干预与企业家满意度之间关系时，发现收入水平和教育水平的提高都会增加企业家满意度；朱红根(2011)采用二元离散选择模型分析发现年龄、婚姻、文化等间接影响农民工对返乡创业政策的满意度。考察宏观层面因素影响的有：陈刚、李树(2012)采用 GGSS 数据构建有序 Probit 模型分析得出政府自身质量是公共政策满意度的重要促增来源；何立新、潘春阳(2011)从公平观角度考察得出城乡分割造成的就业机会不均对居民满意度的损害十分严重，黄怡宁(2014)基于宜昌市的问卷调查研究也得到了相似的结论；修新田等(2014)对福建省就业专项资金绩效进行问卷调查并构造评估指标，分析得出政策力度不够大是造成满意度较低的主要因素；赵海涛(2015)对六省就业培训项目满意度进行评估得出参与群体满意度均为负数，并将其归因于政府在制定项目时是以实施便利性而非主体需求为导向，等等。我国劳动力市场发育程度和就业制度改革深度的地区差异明显，因此在积极就业政策满意度绩效评估中区域异质性不容忽视，这一点引起了少数学者的关注：秦建国(2012)建议政府在就业政策绩效评价中将地区特征纳入指标体系以充分考虑不同省份的发展差异，但缺乏实证论证；高琳(2012)发现地区财政自主权的增强在概率上增加了居民对公共政策满意的可能性，而且是通过提高专项资金的使用效率而非支出水平实现的，这种现象在不发达地区更为明显；赵曼、李锐等(2010)通过对6省18市劳动力市场的实证分析证实培训项目效果的省级差异十分显著。

综观国内外学者对积极就业政策绩效评估的研究，可以总结出以下趋势和特点：一是研究角度多样化，既有从评估指标、绩效测评、存在的问题及建议等方面的考察，也有对政策效果的群体、国别及地区差异等方面的探讨，切入点逐渐细化；二是研究方法多样化，规范与实证分析相结合，定性与定量研究相结合，基于宏观统计数据的总量评估与基于调查数据的微观评估互为补充；三是由仅注重客观评估转向主客观评估并重，最早的国内外相关文献大多只着眼于积极就业政策的就业和收入效应，随着对民生问题关注的加强和服务型政府的构建，考察政策公平性、社会效应的研究逐渐兴起，推动了评估体系的日趋完善。

随着经济社会的快速发展，公共政策也处于不断的变化与完善中，因此对它的研究也必须不断深化，当前研究现状尚存在几点不足。一是内容上，从横向国别比较来看，国外公共政策满意度评估发端较早且体系相对较为成熟，而国内由于数据及方法原因长期以就业率、收入等经济效率指标为导向，对公共政策满意度的关注起步较晚，体系尚不成熟；从研究纵深来看，通过对比文献检索量可以发现，较之于客观绩效评估，国内外对公共政策的主观满意度评估尚不够深入，专门针对积极就业政策这一领域的研究则更为罕见。二是方法上，既有研究或是忽略积极就业项目选择中的个体自选择而将项目选择视为外生变量，或是忽略宏观层面因素的巨大差异，未考虑项目实施地区的经济、政治、文化发展水平等对个体行为决策和满意度感知的影响，没有很好地处理内生性问题，所得结论难免存在偏误。国内外同时控制个体自选择和区域异质性的就业政策评估仅涉及单一项目，未能形成多项目的评估体系，鉴于积极就业政策各项目的目标侧重、适应人群和作用机理各不相同，单一项目的绩效评估结果无助于个体在项目间的最优选择。多项目评估遵循两种思路：第一种是分别比较参与某一项目与不参与该项目的潜在绝对效果差别，第二种是比较任意两个项目间的相对效果差异。由于满意度是一个纯相对概念，不同于收入等客观指标绝对值即可以体现经济价值，单纯的"满意"与"较满意"的说服力较弱且项目间的可比性较差，只有当一个项目比另一个项目更令参与者满意时探析其机理才具有较强的指导意义。故本节在此遵循第二种思路，比较两个积极就业项目——职业培训和小额担保贷款的相对效果。

基于此，本节拟在以下方面对现有研究进行补充：内容上，为积极就业政策满意度评估补充来自微观视角的证据,并综合考虑个体及地区特征,探索具有全国普适性的结论;方法上,一是构建多层倾向值模型,在微观信息基础上链接宏观层面信息,同时控制个体及地区异质性造成的样本选择偏差,克服项目选择过程的内生性问题,增强评估结果的科学性,二是拓展单一项目估计得到不同项目的净相对效应,并探究多个项目影响政策满意度的不同机制,分析个体特征、地区特征与政策特征三者的影响路径,以构建满意度为导向的资源优化配置方案,将公共政策满意度评估体系领域的研究推向广深。

本节余下部分的内容如下:第二部分介绍本书的经济理论基础和模型设计;第三、四部分为实证研究;第五部分为稳健性检验和敏感性分析;最后一部分介绍政策含义。

5.2.2 满意度多层倾向值模型

5.2.2.1 满意度绩效评估理论基础

积极就业政策针对人群主要是长期失业者、贫困家庭劳动者和其他弱势群体。不同积极就业项目适应人群、目标侧重及运行机制等各有特色。自 2002 年启动以来,职业培训和小额担保贷款逐渐发展成为最成熟、最普及的两个项目,因此本书在此以这两个项目为例来说明多个项目满意度相对绩效评估的方法选择。职业培训项目旨在通过短期培训,提高失业者的工作技能、个体素质,以增强劳动者的市场竞争力。小额担保贷款项目由政府出资设立担保基金并提供优惠贷款,支持符合一定条件的失业者自雇佣,以创业带动就业。前者的理论基础是人力资本投资理论(Becker,1964;Mincer,1989;Heckman,2007;Haelermans 和 Borghans,2012),个体通过提高人力资本积累,在劳动力市场上获得更高的收入回报,从而间接带来满意度的提高。后者则以自雇佣理论为基础,通过赋予个体更大的自主灵活性、更高的技能使用效率和更好的工作保障,影响个体尊严、自信和社会认可度,进而直接作用于参与者的主观感受(Mckernan,2002)。

满意度模型以幸福经济学理论和"真实幸福探秘:一场经济学中的革命性突破"为基础(布鲁尼,2007;Bruno 等,2008)。现代经济学理论一

5.2 满意度评估、区域异质性和就业政策组合优化

般以效用表示福利水平,在简化形式下效用被假定为仅取决于消费,消费微观上取决于个体收入,宏观上依赖于经济增长,由此推出收入增长会增进效用进而提升幸福感。但出现在我国和众多发达国家的"幸福困境"对此提出了挑战,已有学者测度出收入对幸福感差异因素的贡献率仅为2%。因此,借鉴布鲁尼(2007)和 Bruno(2008)的分析并综合国内外学者的观点,影响满意度的微观层面因素主要有:收入(Graham, 2002)、就业(Julio, 1989)、年龄(骆为祥, 2011)、性别(Sibel, 2008)、教育(Xie, 2012)、健康(胡洪曙, 2012)、婚姻(Sibel, 2008)、消费惯性(Frank, 1997)等。宏观层面因素有:收入分配(Michael, 2004)、社会比较(Oswald, 1998)、机会公平(史耀疆, 2006)、政府干预(陆铭, 2008)、政府质量(刘祥祺, 2012)、制度变迁(刘孝云, 2002)等。本书在前人研究的基础上,综合分析微宏观多层信息相互作用下个体心理活动的规律性,捕捉利于主观满意度提高的个体及地区特征,以助力政府政策资源的优化配置。

非实验数据不可避免地存在样本选择偏差,控制选择偏差的方法主要有社会实验法、工具变量法和倾向值匹配法。考虑到社会实验法操作不便且容易导致社会伦理问题,而工具变量法的正交性条件苛刻,相比之下倾向值匹配法所需决策较少,更易实施,可在一定程度上缓解内生性偏误,故本书最终选择倾向值匹配法。核心思想是在 Rubin 因果模型理论框架下,根据倾向值匹配的前提,假定个体之间及项目之间相互独立,设第 j 个地区的第 i 个个体参与职业培训项目($D=1$)和小额担保贷款项目($D=0$)的满意度潜在结果分别为 S_{ij}^1 和 S_{ij}^0($i=1, 2, 3, \cdots, n_j, j=1, 2, 3, \cdots, k$),项目相对效果差异就是 $\theta = S_{ij}^1 - S_{ij}^0$。由于同一地区同一个体在相同时间内不可能同时参与两个项目,故关键在于为干预组(培训组)个体寻找一个合适的反事实对照(控制组,即小贷组)。具体操作通过 Bradley(2012)的多层倾向值模型和卡尺内最近邻匹配来实现。第一步,根据个体、家庭和地区特征等变量估计出每个个体参与培训项目的条件概率,即倾向值 $p(X) = \Pr(D=1|X)$;第二步,用卡尺内最近邻匹配寻找与干预组成员倾向值最接近的控制组成员作为其反事实;第三步,在消除组间个体差异后比较组间满意度差异,即可得到项目相对平均干预效应:

$$\begin{aligned} ATT &= E(S_{ij}^1 - S_{ij}^0 \mid D = 1, p(X)) \\ &= E(S_{ij}^1 \mid D = 1, p(X)) - E(S_{ij}^0 \mid D = 1, p(X)) \\ &= E(S_{ij}^1 \mid D = 1, p(X)) - E(S_{ij}^0 \mid D = 0, p(X)) \end{aligned} \quad (5.8)$$

5.2.2.2 满意度多层绩效评估模型构建

(1) 项目选择的单层和多层倾向值模型

个体参与项目的选择决策既受微观层面人口统计学特征的影响，又受宏观层面所在地区经济社会客观条件的限制，在利用倾向值匹配还原项目选择过程中，要做到微宏观影响因素相结合。考虑个体嵌套于地区这一数据分层特性，属于同一地区层级中的不同个体的地区层级变量相同，由一个人的地区变量值可直接获知其他人的这一变量值，这样就违背了观测独立性假定，会影响回归误差项的相关性。采用多层模型可以同时控制个体自选择及地区异质性造成的选择偏差，并系统区分不同层次因素对结果变量 $T_i^s * = f_s(x_i) + v_i^s$ 的影响大小（Bellio, 2003; Bradley, 2012; 余慧, 2008; 王海港, 2010）。

为作对比，首先假设项目效果只因人而异而在地区间同质，包含微观个体层面信息的单层倾向值模型为：

$$\ln\left(\frac{p_{ij}}{1 - p_{ij}}\right) = \alpha + \beta x_i + \varepsilon_i \quad (5.9)$$

假设在项目效果因人因地而异的情况下，构建包含微宏观信息的多层模型，对于第 j 个地区的第 i 个个体（$i = 1, 2, 3, \cdots, n_j$, $j = 1, 2, 3, \cdots, k$）来说，微观个体层面上的模型为：

$$\ln\left(\frac{p_{ij}}{1 - p_{ij}}\right) = \alpha_j + \beta_j x_{ij} + \varepsilon_{ij} \quad (5.10)$$

在地区层面上，宏观地区特征既通过就业支出规模、就业经济形势等直接作用于项目可得性，也通过不同个体自身对宏观环境的判断和人文底蕴熏陶等间接作用于项目选择，基于此可做以下假设：

$$\alpha_j = \alpha_0 + \lambda_0 z_j + \mu_{0j} \quad \beta_j = \lambda_1 + \lambda_2 z_j + \mu_{1j} \quad (5.11)$$

总模型为：

$$\ln\left(\frac{p_{ij}}{1 - p_{ij}}\right) = \alpha_0 + \lambda_0 z_j + \lambda_1 x_{ij} + \lambda_2 z_j x_{ij} + \mu_{0j} + \mu_{1j} x_{ij} + \varepsilon_{ij} \quad (5.12)$$

其中 p_{ij} 为参与培训项目的倾向值，如上文所述，x_{ij} 为影响项目选择的微观个体特征（人力资本特征和家庭条件），z_j 为宏观地区特征（如当地经济环境、就业形势、政府重视程度、基础设施建设、自然与社会条件等），λ_0、λ_1 分别为微宏观特征对项目选择的影响系数，μ_{0j} 和 μ_{1j}、ε_{ij} 为微宏观不可观测特征且服从正态分布，$\text{cov}(\mu_{0j}; \varepsilon_{ij}) = 0$，$\text{cov}(\mu_{1j}; \varepsilon_{ij}) = 0$，$\text{cov}(\mu_{0j}; \mu_{1j}) \neq 0$。

(2) 满意度模型

被解释变量满意度是一个五项有序选择变量（1 = 非常不满意，2 = 不满意，3 = 一般，4 = 满意，5 = 非常满意），对离散型结果直接采用 OLS 估计有欠妥当。学者对满意度的评估方法有 Ordered Probit 模型（刘祥琪、陈钊，2012）和因子分析法（朱玉春，2010）等。在此本书选取 Ordered Probit 模型，与已有研究不同的是综合微宏观多层因素对个体行为反应与心理活动规律进行新的解读。

假设第 j 个地区的第 i 个个体的满意度评价为离散型响应变量 s_{ij}。对 $s_{ij} = m$ 的个体，有 $\tau_{m-1} < S_{ij}^* \leq \tau_m$（$\tau$ 是阈值，$m = 1, 2, 3, 4, 5$），S_{ij}^* 是一个能够代表 S_{ij} 但在现实中不能直接测量的连续潜在变量。x_{ij} 和 z_j 为影响满意度的微观和宏观层面变量，D_{ij} 为项目参与状态的二分变量（= 1 为职业培训项目，= 0 为小额担保贷款项目），β、α、θ_{ij} 为待估系数矩阵，ξ_{ij} 服从 $N(0, 1)$。为使效用函数具有可识别性，对此作线性假设有：

$$S_{ij}^* = x_{ij}\beta + z_j\alpha + \theta_{ij}D_{ij} + \xi_{ij} \tag{5.13}$$

样本极大似然估计为：

$$L(\tau, \alpha, \beta) = \prod_{i=1}^n \left\{ \Phi[\tau_m - f(X_{ij})] - \Phi[\tau_{m-1} - f(X_{ij})] \right\} \tag{5.14}$$

其中 $f(X_{ij}) = x_{ij}\beta + z_j\alpha + \theta_{ij}D_{ij}$，$\Phi(\cdot)$ 为标准正态分布函数。β、α、θ_{ij} 受 x_{ij}、z_j 影响并随差异化的项目不同而不同。

第 j 个地区的第 i 个个体的满意度落在第 m 个满意度区间里的概率为：

$$\begin{aligned} \Pr(S_{ij} = m \mid X_{ij}) &= \Pr(\tau_{m-1} < S_{ij}^* \leq \tau_m \mid X_{ij}) \\ &= \Phi[\tau_m - f(X_{ij}) \mid X_{ij}] - \Phi[\tau_{m-1} - f(X_{ij}) \mid X_{ij}] \end{aligned} \tag{5.15}$$

由式 (5.15) 可分别得到 $\Pr(S_{ij}^1 = m)$ 和 $\Pr(S_{ij}^0 = m)$（$i = 1, 2, 3, \cdots, n_j$，$j = 1, 2, 3, \cdots, k$，$m = 1, 2, 3, 4, 5$）。

多项目评估的第一步是分析项目选择过程，利用只含微观信息的单层模型和包含微宏观信息的多层模型估计倾向值，根据倾向值匹配控制个体和地区异质性。第二步基于匹配后协变量均衡可比的新样本进行满意度评估，得出的就是项目本身的净效果差异：

$$\theta_{ATT} = E(S_{ij}^1 - S_{ij}^0 \mid D = 1, p(X))$$
$$= E(S_{ij}^1 \mid D = 1, p(X)) - E(S_{ij}^0 \mid D = 0, p(X)) \quad (5.16)$$

5.2.3 基于满意度多层倾向值模型的政策

5.2.3.1 变量选取及描述性统计分析

根据倾向值匹配理论需满足条件独立性假设，即控制了 $p(X)$ 后满意度独立于项目选择，这要求在估计时尽可能多地控制同时影响项目选择及满意度的因素。依据人力资本投资理论、自雇佣理论和幸福经济学理论并借鉴已有文献，本书选取的控制变量包括：微观层面有年龄、民族（汉族=1）、性别（女性=1）、户籍类型（城镇=1）、受教育水平、工作经验、健康水平、政治状况（党员=1）、工作单位所在地、家庭当年总支出和总收入、家庭负担（当年总支出大于总收入为1，否则为0）；宏观（地区）层面变量有地区人均 GDP 增长率、就业支出增长率、登记失业率、不公平程度。[①] 除考虑绝对水平变量外，本书同时考察了参加项目前后个体就业状况的相对比较，引入变量的动态变化情况，如相对生活水平变化、未来就业信心变化、收入变化等。

表 5.6   变量的描述性统计

变量	均值或%		变量	均值或%	
	培训组	小贷组		培训组	小贷组
年龄	36.34 (9.41)	41.11 (7.24)	工作经验	17.12 (9.52)	21.50 (7.86)

---

① 由于2008年国家统计局尚未引入地方基尼系数指标，本书在具体处理中采用当年城镇居民人均可支配收入与农村居民人均纯收入之比构造城乡人均收入比指标，以反映地区不公平程度。

5.2 满意度评估、区域异质性和就业政策组合优化

续表

变量		均值或%		变量		均值或%	
		培训组	小贷组			培训组	小贷组
健康状况		4.05 (0.90)	4.12 (0.89)	教育水平		11.06 (2.45)	11.21 (2.52)
家庭总收入		19057 (17397)	29668 (43570)	家庭总支出		15231 (11098)	17858 (13918)
民族	汉族	95.22%	95.49%	性别	女性	60.20%	47.06%
	非汉族	4.78%	4.51%		男性	39.80%	52.94%
户籍类型	城镇	80.87%	94.90%	政治状况	党员	10.67%	18.04%
	非城镇	19.13%	5.10%		非党员	89.33%	81.96%
工作单位所在地	农村	1.37%	1.27%	相对生活水平变化	降低	11.92%	9.16%
	乡镇	5.98%	4.51%		略降低	18.18%	13.96%
	县城	4.78%	12.16%		不变	16.96%	10.40%
	地级市	63.96%	60.39%		略提高	43.77%	54.84%
	省会	23.91%	21.67%		提高	9.17%	11.65%
未来就业信心变化	完全没有			满意度	非常不满	1.35%	1.82%
	比较弱				不满意	3.59%	1.37%
	一般	22.82%	15.83%		一般	19.39%	14.21%
	比较强				满意	51.42%	40.44%
	非常强				非常满意	24.25%	42.17%
收入变化	增加	44.97%	77.20%	均值		3.94 (0.84)	4.20 (0.86)
	未增加	55.03%	22.80%				

注：括号内为标准差；数据已经根据通胀情况进行了调整。

分项目的变量描述性统计分析如表 5.6 所示。进行倾向值打分前，从变量的描述性统计可以看出，全国范围内，较之培训，参加小额担保贷款项目的失业群体平均年龄更高，平均工作经验更丰富，城镇户籍、男性、党员的比例和家庭总收入均更高，在受教育程度和健康状况上也有优势；职业培训对象则以女性、非城镇居民为主。总体来说，职业培

203

5 微宏观信息结合的就业政策组合优化

训项目参与者较之小额担保贷款项目参与者在个体素质、经济实力、社会身份等自身条件上均更差一些,表明两个项目适应的群体特征具有明显差异,这与 Benu(2005)的研究相符。就项目实施效果来看,小额担保贷款项目参与者生活水平的相对提高更明显,收入增加人群占比也更大,小额担保贷款项目满意度均值为 4.20(5 分制),其中持"满意"和"非常满意"态度的群体分别占 40.44% 和 42.17%;持"一般"意见的比例为 14.21%;对项目表示"不满意"或"非常不满意"的占 1.37% 和 1.82%。职业培训项目满意度均值为 3.94,略低于小额担保贷款项目 0.26 分,但由于个体异质性造成的样本选择偏差,满意度均值之差不一定是项目效果差异的真实反映。

由于同一地区可能同时实施了两种项目,对于宏观层面变量就全国样本分项目求均值无意义,故给出样本数据统计(按地区分类),如表 5.7 所示。

表 5.7 样本数据统计(按地区分类)

省份	城市	满意度		GDP 增长率(%)	就业支出增长率(%)	登记失业率(%)	城乡人均收入比
		培训组	小贷组				
江苏	南京	4.07	4.70	15.04	10.51	3.33	2.42
	苏州	4.46	4.15	19.71	135.48	3.22	
	盐城	4.28	4.39	323.49	7.77	3.14	
山东	济南	4.14	\	16.44	10.47	3.87	2.79
	烟台	4.05	\	19.54	31.67	3.16	
	菏泽	3.86	\	19.69	45.44	3.51	
安徽	合肥	4.02	4.44	25.80	23.81	4.28	3.29
	芜湖	3.90	4.39	19.74	95.50	3.80	
	马鞍山	3.89	4.37	15.50	19.58	3.50	
湖北	宜昌	4.29	3.67	14.28	44.27	4.21	2.87
	荆州	3.76	3.56	11.46	60.03	4.00	
	咸宁	4.06	4.54	14.88	−18.43	4.00	

续表

省份	城市	满意度		GDP 增长率(%)	就业支出增长率(%)	登记失业率(%)	城乡人均收入比
		培训组	小贷组				
陕西	西安	4.09	4.45	16.03	110.77	4.30	4.10
	延安	2.74	3.81	-64.37	30.64	4.00	
	铜川	3.93	4.27	18.04	107.96	4.40	
新疆	乌鲁木齐	3.44	\	16.32	295.44	3.50	3.24
	博州	3.89	4.13	12.11	56.57	3.70	
	巴州	4.00	4.38	12.00	49.97	3.11	
黑龙江	哈尔滨	3.84	4.37	14.40	79.83	3.50	2.59
	齐齐哈尔	3.59	4.31	14.00	109.72	4.20	
	双鸭山	4.33	4.29	15.42	104.85	4.40	

注：满意度指标来自2008年世界银行积极就业计划抽样调查以及2014—2015年补充调研；GDP 增长率、就业支出增长率及登记失业率来自2008年城市统计年鉴。

从样本的地理位置分布统计可以看出，职业培训项目和小额担保贷款项目实施程度不同，在被调查的21个城市中，4个城市甚至还没有实施小额担保贷款项目。大体上说，职业培训项目在东部地区满意度较高。GDP 增长率与就业支出增长率存在明显的地区差异，且二者不成比例关系(如盐城、乌鲁木齐)，显示各地区经济实力及政府对就业问题重视程度不同。各地区城乡差距也会影响个体的公平感知进而影响个体行为决策和心理满意度。两个项目间参与者的个体特征及实施地区各项指标的差异，使得运用倾向值匹配法消除微宏观层面可观测特征造成的选择偏差成为必然。

5.2.3.2 项目选择过程分析

由描述性统计可知，培训组和小贷组间的样本非平衡性表明了选择偏差的存在，故可用倾向值匹配法还原项目选择过程。表5.8给出了以项目选择状态作为二分类因变量(职业培训项目=1，小额担保贷款项目=0)、根据式(5.9)和式(5.12)的单层和多层倾向值模型回归的结果，体现微宏

5 微宏观信息结合的就业政策组合优化

观信息对项目选择的影响。

表 5.8　　　　　　　　项目选择过程分析

变量	单层倾向值模型	多层倾向值模型
年龄	-0.03***(0.01)	-0.03***(0.01)
民族	0.22(0.22)	0.39(0.25)
性别	0.55***(0.09)	0.52***(0.10)
户籍	-1.17***(0.19)	-1.13***(0.20)
受教育水平	-0.20***(0.06)	-0.27***(0.07)
工作经验	-0.27***(0.07)	-0.35***(0.07)
健康状况	-0.20***(0.06)	-0.20***(0.06)
政治状况	-0.07(0.07)	-0.17**(0.08)
工作单位所在地	0.32***(0.06)	0.29***(0.08)
家庭负担	-0.49***(0.11)	-0.59***(0.11)
GDP 增长率	\	0.17(0.35)
就业支出增长率	\	-1.32**(0.59)
失业率	\	-0.52***(0.13)
不公平程度	\	0.31(0.04)
观测值	2191	2191
伪 R^2	0.11	

注：括号内为标准差，＊＊＊、＊＊、＊分别表示1%、5%、10%的显著水平。

就个体来看，微观层面各变量在单层和多层倾向值模型中作用方向相同、大小相近，除民族特征外均对项目选择影响显著：工作地在城市的女性失业者更倾向于参加职业培训项目；年长、城镇户籍、中高学历、工作经验丰富的失业群体更青睐小额担保贷款项目，这可能是因为这类人群人力资本及社会阅历丰富，有利于通过小额担保贷款项目成功创业；健康状况良好、拥有党员身份这类标签的失业者相对更容易获得小额担保贷款；

5.2 满意度评估、区域异质性和就业政策组合优化

家庭负担更重的人群也更倾向于选择小额担保贷款来补足创业资金缺口。这与样本描述性统计基本一致，证实现有政策发挥了导向作用。

就个体所处的宏观环境来看，GDP 增长率和不公平程度对项目参与选择影响不大，失业率和就业支出增长率则影响显著。失业率越高、就业支出增长率越高的地区，越青睐于实施小额担保贷款项目，究其原因，可能是职业培训项目生成人力资本的周期较长，难以在短期内见效，而贷款创业可以直接创造工作岗位，同时发挥对失业人口的吸纳效应，因而政府刻意使就业专项资金向小额担保贷款项目倾斜，造成个体参与小额担保贷款项目的几率增大。

综合来看，宏观环境决定了不同项目资金在地区间的分配，进而决定了失业个体参与不同项目的概率；在此基础上，失业者自身禀赋及家庭条件决定了其面临不同项目时的偏好以及最终享受到这一项目的可能性。

倾向值匹配要求在计算倾向得分后进行样本匹配，并检验匹配能否平衡相关控制变量分布，即匹配后样本在匹配变量上不存在系统差别。本节仿照 Smith 和 Todd(2005) 的研究范式，通过计算培训组 (干预组) 与小贷组 (控制组) 基于各匹配变量的标准偏差进行匹配平衡性检验。表 5.9 反映了匹配前干预组和控制组在各匹配变量上的不平衡性。除微观层面的民族和宏观层面的不公平程度差异较小外，其他变量组的组间差异显著。而匹配后标准偏差大幅度减小，一般采用变量标准偏差小于 20% 的标准来衡量匹配效果，如表 5.9 所示，本节所用匹配变量均可满足。

表 5.9　　　　　　　　匹配前后平衡性检验

变量	均值（匹配前）		匹配前均值之差	均值（匹配后）		标准偏差(%)	标准偏差减少幅度(%)	T检验相伴概率值
	干预组	控制组		干预组	控制组			
年龄	36.34	41.11	-4.77*** (0.36)	39.61	38.93	8.60	59.80	0.08
民族	0.95	0.96	-0.00 (0.01)	0.95	0.95	0.60	51.10	0.92

续表

变量	均值(匹配前)		匹配前均值之差	均值(匹配后)		标准偏差(%)	标准偏差减少幅度(%)	T检验相伴概率值
	干预组	控制组		干预组	控制组			
性别	0.60	0.47	0.13*** (0.02)	0.56	0.57	-2.40	47.10	0.65
户籍	0.81	0.95	-0.14*** (0.01)	0.93	0.93	-0.60	97.30	0.90
受教育水平	3.93	4.02	-0.09*** (0.03)	3.98	3.97	-1.00	87.10	0.86
工作经验	17.45	21.56	-4.11*** (0.35)	5.82	5.71	8.20	68.80	0.06
健康状况	4.05	4.12	-0.07* (0.04)	4.03	4.03	0.20	29.40	0.97
政治状况	0.21	0.36	-0.15*** (0.03)	0.27	0.27	-0.30	96.80	0.96
工作单位所在地	4.03	3.97	0.06* (0.03)	3.99	4.00	-1.80	39.60	0.75
家庭负担	0.67	0.75	-0.09*** (0.02)	0.69	0.70	-1.20	83.80	0.82
GDP增长率	0.22	0.16	0.07*** (0.02)	0.19	0.18	2.00	81.50	0.67
就业支出增长率	0.71	0.54	0.17*** (0.03)	0.60	0.60	-0.40	95.70	0.94
失业率	3.85	3.91	-0.06*** (0.02)	3.89	3.90	-0.30	95.60	0.96
不公平程度	3.05	3.06	-0.01 (0.02)	3.08	3.08	0.80	68.40	0.98

注：括号内为标准差，***、**、*分别表示1%、5%、10%的显著水平。

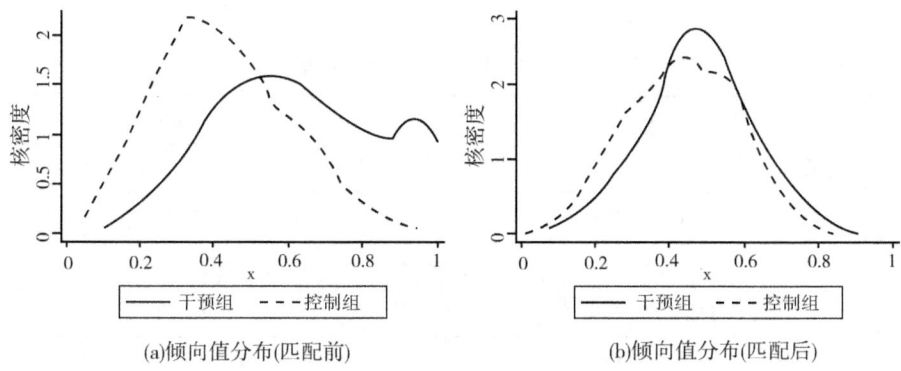

(a)倾向值分布(匹配前)　　(b)倾向值分布(匹配后)

图 5.3　最近邻匹配前后倾向值分布对比

为进一步验证匹配合理性,本节给出匹配前后倾向值密度分布图。由图 5.3(a)可看出,匹配前干预组和控制组的参与倾向存在明显的差异:由于本节中倾向值定义为个体选择参与培训的概率,干预组整体倾向值较大且多集中于 0.6 及以上,控制组整体倾向值较小且多集中于 0.3~0.4,表明利用多层模型求取的倾向值对真实的项目参与状态拟合较好。且可知,如果直接比较组间满意度差异所得估计结果必定是有偏差的。图 5.3(b)反映匹配后样本的倾向值分布趋于一致且近似均值为 0.5 的正态分布,表明匹配在一定程度上控制了个体及地区异质性,使满意度独立于项目选择,估计出的结果就是项目本身的净效应。

5.2.3.3　多项目满意度分析

(1)项目相对效应评估

由于配对样本的倾向值相似,配对个体在微宏观特征上极为相近,这样就控制了多重样本选择偏差,组间(培训组和小贷组)的满意度差异就可以归因于不同项目的净效应差异 ATT。表 5.10 首先给出了不考虑选择偏差直接对式(5.13)进行 OLS 回归得出的项目效果值 $T_i^s * = f_s(x_i) + v_i^s$,职业培训项目相比小额担保贷款项目满意度低了 0.37 分。经过倾向值匹配并重新估计后发现,在控制个体特征差异后小额担保贷款项目相对于职业培训项目的满意度优势降低至 0.28 分,进一步控制地区差异后这一相对优势最终降至 0.24 分,且最接近真实的相对效应大小。

表 5.10　　　　　倾向值匹配得到相对平均干预效应

变量	普通最小二乘		卡尺内最近邻匹配			
			单层模型		多层模型	
	θ	T 值	ATT	T 值	ATT	T 值
满意度	-0.37*** (0.05)	-7.03	-0.28*** (0.03)	-8.45	-0.24*** (0.03)	-6.99
N(干预组) N(控制组)	1 171 1 020		1 067 977		1 006 797	

注:倾向值匹配时卡尺范围取 0.25;匹配后,未匹配上的样本被删除,故样本量减少。***、**、* 分别表示 1%、5%、10%的显著水平。

以上对比表明,个体自选择使职业培训项目满意度平均被低估了 0.09 分,地区异质性使职业培训项目相对效果被低估了 0.04 分,综合两部分选择偏差,职业培训项目相对效果被低估了 0.13 分。忽视微宏观多层信息影响的项目评估结果有失客观公正性,会使政府决策偏离理性轨道。接下来将结合上文分析,从项目净效应差异(0.24 分)入手分析不同项目对满意度的影响机制。

(2)影响满意度的路径分析

采用匹配后样本对满意度进行 Ordered Probit 回归求边际效应。依前文所述,忽视微观和宏观因素的评估结果均不可取,故表 5.11 综合了微宏观多层信息。由于两个项目的运作各有特色,其作用于满意度的机理不尽相同。除微宏观特征外,个体参与政策前后状况的变化可以在一定程度上体现项目特征。为直观刻画个体前后状况相对变化,同时在最大程度上控制模型误设误差,模型一、二、三依次加入工作信心增强状况、生活水平提高状况和收入增加状况三个虚拟变量。①

---

① 被解释变量满意度是一个 5 分有序变量,但在此出于设定模型的简便,暂以满意度得分为 5(即"非常满意")为例,后文将再行展开。

表 5.11　　满意度的 Ordered Probit 模型回归结果

满意度	模型一		模型二		模型三	
	培训组	小贷组	培训组	小贷组	培训组	小贷组
年龄	0.000 (0.003)	0.006 (0.004)	-0.001 (0.003)	0.005 (0.004)	-0.001 (0.003)	0.005 (0.004)
民族	-0.122* (0.072)	0.103 (0089)	-0.115 (0.072)	0.133 (0.086)	-0.115 (0.072)	0.130 (0.086)
性别	0.026 (0.026)	0.063 (0.039)	0.023 (0.027)	0.059 (0.039)	0.024 (0.027)	0.062 (0.039)
户籍	0.042 (0.036)	0.234*** (0.062)	0.068* (0.036)	0.209*** (0.065)	0.065* (0.036)	0.212*** (0.065)
受教育水平	0.013 (0.018)	0.046 (0.026)	0.001 (0.018)	0.036 (0.027)	0.001 (0.018)	0.032 (0.027)
工作经验	0.018 (0.016)	-0.007 (0.029)	0.025 (0.017)	-0.012 (0.030)	0.024 (0.017)	-0.015 (0.030)
健康状况	0.004 (0.015)	0.035 (0.022)	0.002 (0.016)	0.028 (0.022)	0.002 (0.016)	0.028 (0.022)
政治状况	0.015 (0.021)	-0.048* (0.028)	0.008 (0.021)	-0.061** (0.028)	0.009 (0.021)	-0.067** (0.028)
工作单位所在地	-0.023 (0.017)	0.032 (0.027)	-0.023 (0.018)	0.026 (0.027)	-0.026 (0.018)	0.033 (0.027)
家庭负担	-0.012 (0.028)	0.071 (0.041)	-0.023 (0.029)	0.008 (0.043)	-0.023 (0.029)	0.012 (0.043)
GDP 增长率	0.068*** (0.022)	0.069 (0.046)	0.064*** (0.022)	0.069 (0.046)	0.064*** (0.023)	0.055 (0.046)
就业支出增长率	-0.026 (0.038)	0.044 (0.056)	-0.024 (0.039)	0.023 (0.056)	-0.028 (0.039)	0.022 (0.056)
失业率	0.050 (0.034)	-0.213*** (0.053)	0.062* (0.035)	-0.221*** (0.053)	0.061* (0.035)	-0.225*** (0.053)

续表

满意度	模型一		模型二		模型三	
	培训组	小贷组	培训组	小贷组	培训组	小贷组
不公平程度	-0.083*** (0.026)	0.067 (0.044)	-0.09*** (0.026)	0.089** (0.045)	-0.091*** (0.027)	0.098** (0.045)
工作信心增强状况	0.052*** (0.016)	0.102*** (0.013)	0.041*** (0.014)	0.107*** (0.017)	0.040*** (0.012)	0.109*** (0.017)
生活水平提高状况	/	/	0.042*** (0.012)	-0.025 (0.017)	0.093*** (0.014)	-0.020 (0.017)
收入增加状况	/	/	/	/	0.032 (0.026)	-0.103** (0.049)
观测值	954	694	792	607	792	607
伪 R^2	0.06	0.04	0.07	0.08	0.07	0.08

注：括号内为标准差，***、**、*分别表示1%、5%、10%的显著水平。

综合模型一、二、三对满意度的因素贡献进行分析，可以得出以下判断：微宏观变量对不同项目满意度的影响方向及程度均有差异。微观个体层面上，城镇户籍对小额担保贷款项目满意度提升作用更大，在控制其他变量的条件下，城镇居民相比于农村居民，参加小额担保贷款项目后感到非常满意的可能性高21%，参与职业培训项目后非常满意的可能性高7%，这在一定程度上体现了经济发展水平及劳动力市场发展程度的城乡鸿沟。政治状况并不显著影响职业培训项目满意度，但对小额担保贷款项目满意度有负向影响。结合前文分析，具备这两个特征的群体都更倾向于选择参加小额担保贷款项目，相比之下，政治状况在筛选个体时并不那么有效，容易造成"逆向分配"。宏观层面上，地方人均GDP增长率上升1%，可使职业培训项目获得"非常满意"评价的概率上升6%。但它对小额担保贷款项目影响微弱，一般经济发展越好的地区，小额担保贷款支持的创业项目成功率理应也越高，但较高的GDP增长率并未带来小额担保贷款项目满意度的提升，证实小额担保贷款资金在运作中存在效率低下、发力不准的情况。城镇登记失业率每上升1%，会使职业培训项目满意度上升概率增加6%，但会使小额担保贷款项目获得"非常满意"评价的概率急剧下降23%；地区收入分配不公平程度每增加1%，则会使职业培训满意度降低的概率增加9%，使小额担保贷款满意度提升概率增加10%。如前文所述，地区失业率较高对个体选择参与小额担保贷款项目起鼓励作用，但这不利于项目满意度的提高。

借助刻画个体前后状况相对变化的主观评价变量，考察不同项目的效果传导机制。模型一显示，工作信心增强状况的影响在1%的显著性水平上显著为正，对小额担保贷款项目满意度提升的概率可贡献约10%，但对职业培训项目仅贡献5%，表明工作信心增强更可能促使小额担保贷款项目参与者给出高的满意度评价。这可能来源于小额担保贷款本身带给个体的尊严、社会认可感，与已有研究结论相一致（Leonardo，2010；杨秀珍，2010）。模型二在模型一的基础上添加了生活水平提高状况这一变量。生活水平提高使职业培训满意度提升的概率增加9%，但对小额担保贷款项目影响不显著。这可能由于职业培训项目适应人群大多为人力资本素质较低的就业弱势群体，这部分人群通过参与职业培训积累人力资本对其生活水平的提升效果明显。模型三进一步添加了收入增加状况这一变量。结果显示，再就业收入的增加对职业培训满意度的影响微乎其微，对小额担保贷款项目的影响更显著为负，收入增加并未带来满意度的提高，与Easterlin幸福悖论相契合，学界对此的解释有攀比效应、棘轮效应、定值理论等，在此不做赘述。相比而言，小额担保贷款项目的较高满意度评价主要来源于个体工作信心的提升，职业培训项目则来源于生活水平的改善，且二者均不来源于收入的增加。

(3) 政策满意度的边际效应

由于被解释变量满意度是一个5分有序选择变量(1=非常不满意，2=不满意，3=一般，4=满意，5=非常满意)，仅仅关注对政策"非常满意"的群体的特征是不够的，还需进一步对持有不同满意程度的群体逐一进行政策影响路径分析，以探析政策满意度的边际效应。

表 5.12　　　　　　　　政策满意度的边际效应

满意程度	S = 5	S = 4	S = 3	S = 2	S = 1
职业培训项目					
年龄	-0.001 (0.003)	0.001 (0.002)	0.000 (0.001)	0.000 (0.000)	0.000 (0.000)
民族	-0.115 (0.072)	0.061 (0.037)	0.038 (0.035)	0.010** (0.005)	0.005** (0.003)
性别	0.024 (0.027)	-0.016 (0.018)	-0.003 (0.004)	-0.003 (0.004)	-0.002 (0.002)
户籍	0.065* (0.036)	-0.046 (0.029)	-0.003 (0.005)	-0.010 (0.007)	-0.006 (0.005)
受教育水平	0.001 (0.018)	-0.001 (0.012)	-0.000 (0.003)	-0.000 (0.002)	-0.000 (0.001)
工作经验	0.024 (0.017)	-0.016 (0.011)	-0.004 (0.003)	-0.003 (0.002)	-0.002 (0.001)
健康状况	0.002 (0.016)	-0.002 (0.010)	-0.000 (0.002)	-0.000 (0.002)	-0.000 (0.001)
政治状况	0.009 (0.021)	-0.006 (0.014)	-0.001 (0.003)	-0.001 (0.003)	0.001 (0.002)
工作单位所在地	-0.026 (0.018)	0.017 (0.012)	0.004 (0.003)	0.003 (0.002)	0.002 (0.001)
家庭负担	-0.023 (0.029)	0.015 (0.018)	0.004 (0.006)	0.003 (0.004)	0.002 (0.002)
GDP 增长率	0.064*** (0.023)	-0.041*** (0.015)	-0.010* (0.005)	-0.008** (0.003)	-0.005** (0.002)
就业支出增长率	-0.028 (0.039)	-0.018 (0.025)	0.004 (0.006)	0.004 (0.005)	0.002 (0.003)

续表

满意程度	$S=5$	$S=4$	$S=3$	$S=2$	$S=1$
失业率	0.061*	-0.039*	-0.010	-0.008	-0.004
	(0.035)	(0.023)	(0.007)	(0.005)	(0.003)
不公平程度	-0.091***	0.058***	0.014**	0.011***	0.006**
	(0.027)	(0.018)	(0.007)	(0.004)	(0.003)
工作信心增强状况	0.040***	-0.026***	-0.006**	-0.005***	-0.003**
	(0.012)	(0.008)	(0.003)	(0.002)	(0.001)
生活水平提高状况	0.093***	-0.060***	-0.015**	-0.012***	-0.007***
	(0.014)	(0.010)	(0.006)	(0.003)	(0.002)
收入增加状况	0.032	-0.021	-0.005	-0.004	-0.002
	(0.026)	(0.017)	(0.004)	(0.003)	(0.002)
小额担保贷款项目					
年龄	0.005	-0.003	-0.002	-0.000	-0.000
	(0.004)	(0.002)	(0.002)	(0.000)	(0.000)
民族	0.130	-0.053**	-0.069	-0.008	-0.002
	(0.086)	(0.024)	(0.055)	(0.009)	(0.006)
性别	0.062	-0.032	-0.027	-0.003	-0.003
	(0.039)	(0.020)	(0.018)	(0.002)	(0.002)
户籍	0.212***	-0.065	-0.128	-0.019	-0.008
	(0.065)	(0.012)	(0.054)	(0.013)	(0.003)
受教育水平	0.032	-0.017	-0.014	-0.001	-0.001
	(0.027)	(0.014)	(0.012)	(0.001)	(0.001)
工作经验	-0.015	0.008	0.007	0.001	-0.000
	(0.030)	(0.016)	(0.013)	(0.001)	(0.001)
健康状况	0.028	-0.015	-0.012	-0.001	-0.001
	(0.022)	(0.012)	(0.010)	(0.001)	(0.001)

续表

满意程度	$S=5$	$S=4$	$S=3$	$S=2$	$S=1$
政治状况	-0.067**	0.035**	0.029**	0.003*	0.002*
	(0.028)	(0.015)	(0.012)	(0.002)	(0.001)
工作单位所在地	0.033	-0.017	-0.014	-0.001	-0.003
	(0.027)	(0.014)	(0.012)	(0.001)	(0.002)
家庭负担	0.012	-0.006	-0.005	-0.001	0.000
	(0.043)	(0.022)	(0.019)	(0.002)	(0.002)
GDP 增长率	0.055	-0.029	-0.024	-0.002	-0.001
	(0.046)	(0.025)	(0.020)	(0.002)	(0.001)
就业支出增长率	0.022	-0.012	-0.010	-0.001	-0.001
	(0.056)	(0.030)	(0.024)	(0.002)	(0.003)
失业率	-0.225***	0.119***	0.097***	0.009**	0.006**
	(0.053)	(0.031)	(0.024)	(0.004)	(0.003)
不公平程度	0.098**	-0.051**	-0.042**	-0.004**	-0.003**
	(0.045)	(0.024)	(0.020)	(0.002)	(0.001)
工作信心增强状况	0.109***	0.059*	0.041**	0.004*	0.003*
	(0.017)	(0.031)	(0.018)	(0.002)	(0.002)
生活水平提高状况	-0.020	0.010	0.009	0.002	0.001
	(0.017)	(0.009)	(0.008)	(0.001)	(0.001)
收入增加状况	-0.103**	-0.057***	-0.047***	-0.004**	-0.003*
	(0.049)	(0.011)	(0.008)	(0.002)	(0.001)

表 5.12 的上半部分刻画了职业培训项目满意度的边际效应。综合来看，影响培训项目满意程度评价的主要是 GDP 增长率、不公平程度、工作信心增强状况、生活水平提高状况：地方 GDP 增长率每上升 1%，会促使职业培训项目得到"非常满意"评价的可能性上升 6.4%，得到"比较满意""一般""不满意""非常不满意"评级的可能性依次降低 4%、1%、

0.8%和0.5%；工作信心增强状况、生活水平提高状况对职业培训项目满意度落在5个满意度区间的作用方向与GDP增长率指标相类似；不公平程度指标则与此相反，地区城乡人均收入比每增加1%会导致参与职业培训项目的群体"非常满意"的可能性下降9.1%，满意度等级逐级降至"比较满意""一般""不满意""非常不满意"区间的可能性分别增加了5.8%、1.4%、1.1%和0.6%。纵向比较来看，上述影响因素的作用大小由高满意度评价向低满意度评价逐渐减弱。此外，城镇户籍、高失业率会导致职业培训项目参与者满意度评价较高，而汉族身份会令职业培训项目参与者满意度评价较低。

表5.12下半部分刻画了小额担保贷款项目满意度的边际效应。对小额担保贷款项目满意度评价产生综合影响的因素主要是政治状况、地方失业率、不公平程度、工作信心增强状况和收入增加状况：地区失业率每上升1%，会促使小额担保贷款项目获得"非常满意"评价的可能性降低22.5%，随即降至"比较满意""一般""不满意""非常不满意"得分区间的可能性依次上升11.9%、9.7%、0.9%和0.6%。由上一节对项目选择过程的分析可知，失业率越高的地区，政府为发挥创业对失业人口的吸纳效应，会主动使政策资金向小额担保贷款项目倾斜，进而导致个体参与小额担保贷款项目的几率增大，这种保证项目的广覆盖却有失精准的做法，有悖于政策初衷；政治状况和收入增加状况对5个满意度区间的作用方向与此相同，在其他条件相同的情况下，党员和通过小额担保贷款资金灵活就业、实现了收入增加的人员，更可能对项目满意度做出较低的评价，这说明收入绩效并不是衡量项目效果的全部因素，其他因素如政策经办人员的态度、资金分配的合理程度、相关程序的繁简、创业指导的专业性、投诉渠道的畅通等，也是参与者主观评估时重点考虑的指标；不公平程度、工作信心增强状况对5个满意度区间的作用方向则与之相反，会令小额担保贷款项目获得较高满意度评价的可能性上升，获得较低满意度评价的可能性下降。大体上，影响小额担保贷款项目满意度的因素的作用大小也呈现出由满意度高分区间向低分区间逐渐减弱的趋势。此外，户籍因素显著影响小额担保贷款项目获得"非常满意"评价的可能性，而对于低满意度评价区间来说则影响不明显。

通过项目间横向对比发现，在每个满意度区间内，影响两个项目绩效

5 微宏观信息结合的就业政策组合优化

评价的微宏观因素都不尽相同。对两个项目满意度均有显著影响的因素只有不公平程度和工作信心增强状况,但城乡人均收入不公平程度较高对小额担保贷款项目得到高满意度评价是正向作用,对培训项目得到较高满意度评价则是负向作用,工作信心增强状况对两个项目的作用方向也不尽一致。项目间的具体差异可为项目对象甄选机制的完善提供参考,如为使积极就业政策获得较高的满意度评价,可在 GDP 增速相对较快而收入分配相对公平的地区大力推行职业培训项目,提供能够显著提高就业困难群体生活水平的技能培训服务;在失业率相对较低而城乡收入差距较大的省市及地区,就业专项资金可向小额担保贷款项目倾斜,并优先识别城镇户籍、非党员群体的参与意愿,通过改善政策服务体验、增强创业指导专业性等非资金手段,有效增强参与者的工作信心。

对满意度影响不显著的年龄、性别、受教育水平、健康状况、工作经验、家庭负担和就业支出增长率等变量,均是显著影响项目选择的因素。这说明最倾向于参与项目的群体在参与之后并未给出很高的满意度评价,这在一定程度上反映了政府进行项目参与人群事前甄选时并非是以满意度为导向,而可能仍遵循的是经济效率标准,以就业率、收入等客观绩效为纲,使政策出现异化的倾向:如为提高再就业几率而筛选素质较高的人员接受职业培训,为维持小额担保贷款偿还率而提高贷款门槛从而脱离真正的弱势群体和贫困人群,等等。作为一项基本公共服务,政府主导的就业政策再分配必须弥补市场初次分配中片面倚重效率标准的不足,使政策资源瞄准真正最需要的人群而不是收益最大的人群,关注社会公平尤其是失业者这一弱势群体的主观感受。忽视满意度导向容易造成"扶强扶优"和"逆向分配",使得基于公平理念的政策结出不公平的果实,大大削弱积极就业项目为后进者打通上升通道、维持社会稳定的作用。《"十三五"促进就业规划》(国发〔2017〕10号)也指出,要打破城乡地区分割、消除身份性别歧视,同时要"分类施策、精准发力"。因此,优化政策瞄准机制,破除社会底层失业者向上流动的根本性障碍,才能铲除贫困代代相传的根源。同时,这也反映了当前公共政策满意度评估体系的不健全,这正是本书的意义所在。

5.2.3.4 稳健性检验

首先，为说明使用倾向值匹配方法在实证上的合理性，本节还通过一对一匹配、分层匹配、核匹配、半径匹配等方法估计项目相对效果，如表5.13所示，结果非常类似，不再赘述。

表 5.13　　　　　　　各种匹配方法结果

PSM 方法	N（干预组）	N（控制组）	ATT（标准误）	T 值
最近邻匹配法	896	350	-0.27***（0.09）	-2.95
核匹配法	1159	1013	-0.22***（0.05）	-4.35
分层匹配法	1159	1013	-0.28***（0.04）	-7.51
半径匹配法	558	628	-0.26***（0.05）	-5.40

注：括号内为标准差，***、**、* 分别表示1%、5%、10%的显著水平。核匹配法标准误采用 bootstrap 重复抽样200次得到。

其次，由于本节研究对象满意度和项目选择均来自于个体主观价值判断，容易受如性格、个性等人格特征和认知、情感等心理因素的影响。由于实际调查中无法获取参与者心理特质的信息，因此本节将考察项目动态效应的三个主观评价变量按被调查省份和城市取平均，消除心理特质等不可观测变量对评估结果的影响。将样本处理后进行匹配并回归的结果如表5.14所示。对比表5.14和表5.11模型三发现，微宏观因素和三个考察项目动态效应的变量对满意度的影响大体不变，可以认为本节结论具有较强的稳健性。

表 5.14 稳健性分析

满意度	按省平均		按市平均	
	培训组	小贷组	培训组	小贷组
户籍	0.05 (0.04)	0.19*** (0.07)	0.06 (0.04)	0.19** (0.07)
健康	0.03* (0.02)	0.01 (0.02)	0.03* (0.02)	0.03 (0.02)
政治状况	0.01 (0.02)	−0.06** (0.03)	−0.01 (0.02)	−0.05* (0.03)
GDP 增长率	0.08*** (0.03)	0.03 (0.05)	0.08*** (0.02)	−0.03 (0.05)
失业率	0.14*** (0.04)	−0.27*** (0.08)	0.13*** (0.03)	−0.24*** (0.06)
不公平程度	−0.10*** (0.04)	0.28*** (0.07)	−0.15*** (0.03)	0.23*** (0.06)
工作信心增强 状况(平均)	0.06 (0.04)	0.07 (0.05)	0.09*** (0.03)	0.33*** (0.09)
生活水平提高 状况(平均)	1.54*** (0.35)	0.05 (0.14)	0.49*** (0.07)	0.07* (0.04)
收入增加 状况(平均)	−0.17 (0.20)	0.99 (0.98)	0.19** (0.10)	−0.77*** (0.26)
观测值	807	551	807	551
伪 R^2	0.04	0.10	0.06	0.11

注：括号内为标准差，***、**、*分别表示1%、5%、10%的显著水平。表中略去了对满意度影响均不显著的变量的回归结果。

最后，考虑到倾向值匹配法无法很好地解决隐藏偏差问题，容易受遗漏变量影响，为使前文分析结果更具说服力，需进一步进行敏感性检验以考察估计结果对隐藏偏差的敏感程度。运用 Hodges-Hehmann 点估计和区间估计进行敏感性分析发现，在伽玛系数 γ 为 1~5 的水平上，sig+值始终为 0.00，可以认为估计数据中的隐藏偏差可忽略，基于本节匹配方法的估计结果是可信的。

表 5.15　　　　　　Hodges-Lehmann 敏感性检验

γ	sig+	sig-	t-hat+	t-hat-	CI+	CI-
1	0.00	0.00	−0.17	−0.17	−0.17	−0.17
2	0.00	0.00	−0.18	−0.17	−0.18	−0.17
3	0.00	0.00	−0.18	−0.17	−0.18	−0.17
4	0.00	0.00	−0.18	−0.17	−0.18	−0.17
5	0.00	0.00	−0.18	−0.16	−0.18	−0.16

注：t-hat+、t-hat-为 Hodges-Lehmann 点估计的最大最小值，CI+、CI-为区间估计结果，sig+、sig-为相应 P 值；Hodges-Lehmann 敏感性检验规则是当 sig+大于 0.05 时，不能拒绝存在隐藏偏差的结论。

5.2.4　满意度导向下的多项目政策评估结论与政策优化建议

基于 2008 年世界银行积极就业项目调查数据以及 2014—2015 年补充调研资料，本节采用多层模型和倾向值匹配法克服微宏观异质性造成的内生性问题，并综合微宏观信息进行积极就业多项目政策的满意度评估。本节借鉴组织行为学视角对经济现象下人们的心理活动进行一个新的解读，认为失业者参与项目的选择决策行为和参与项目后的心理感受既受自身特征影响，也受政府通过对宏观经济环境的把握来提供项目的限制。由此，微宏观信息综合作用于个体的行为决策和心理活动，得到个体对项目效果的满意度量值。通过对行为反应和心理活动规律性的探究，提高政府对个体行为预测和引导的能力，最大限度地使个体特征、地区特征与项目资源相匹配。

本节主要研究结论如下：①忽视个体自选择和区域异质性会造成评估结果偏误。积极就业项目实施并不是随机分配的，因此项目相对效应受个体自选择和地区异质性影响显著，体现在选择参与不同项目的参与者自身条件和地区社会经济环境的固有差异。根据单层和多层倾向值回归结果发现：个体层面因素中，工作单位在城市的、女性失业者更倾向于参加职业培训，拥有城镇户口、中高学历、工作经验丰富、党员身份的、年长的、健康的人群更倾向于选择小额担保贷款；地区层面上，经济发展水平和收入不公平程度对项目参与选择影响不大，失业率越高、就业支出增长率越高的地区则越青睐小额担保贷款项目，使个体参与小额担保贷款项目的几率增大。通过两个项目的相对绩效评估，选择偏差的影响大小得以量化：个体自选择使职业培训项目满意度平均被相对低估 0.09 分（5 分制下），地区异质性使培训相对效果被低估 0.04 分，综合两部分，选择偏差使职业培训项目相对小额担保贷款项目的满意度绩效被低估 0.13 分，也即不考虑选择偏差的 OLS 回归使两个项目的相对效果差异被错误高估了 54%，真实的项目满意度差异接近于 0.24 分。②不同项目中微宏观因素作用于满意度的机制略有差别。项目满意度效果差异还来自于微宏观因素造成的反应差异，参与者对不同项目的主观反应因微宏观因素而异。首先，从项目平均相对绩效来看，微宏观变量作用于不同项目满意度的传导机制、方向及程度均有差别，具体体现在：城镇户籍、非党员身份等微观特征对小额担保贷款项目满意度有正向作用，对职业培训项目则是负向作用；高 GDP 增长率、高失业率和收入分配公平等宏观层面因素对职业培训项目满意度有促进作用，但对小额担保贷款项目满意度的影响系数为负；小额担保贷款项目的较高满意度评价主要来源于个体工作信心的提升，培训项目则来自于生活水平的改善，且均不来源于收入的增加。其次，从项目满意度边际效应来看，在任一满意度区间内影响两个项目绩效评价的微宏观因素均不尽相同；同时影响两个项目的两个因素，其作用于它们的方向相反；各因素影响力度大小也呈现出由高满意度区间向低满意度区间逐渐减弱的趋势。③满意度导向缺失导致"逆向分配"，削弱了项目的社会维稳作用。年龄、性别、学历、工作经验和就业支出增长率等在进行项目选择时重点考虑的因素对满意度的影响并不显著，而影响满意度的经济增长率和不公平程度等对项目选择又影响甚微，说明事前最倾向于参与项目的群体，在参与后并未给出较高的满意度评价；而项目最能满足其需求的那部分群体，在项目对象筛选时被阻隔在外。这反映政府进行项目参与人群事

5.2 满意度评估、区域异质性和就业政策组合优化

前甄选时没有遵循满意度导向，而可能是以就业率、收入等客观绩效为纲，容易导致"逆向分配""扶强扶优"，使政策资源"瞄而不准"，大大削弱了积极就业项目对社会稳定的作用。

至此，根据本节研究结果，笔者提出未来的三点政策建议，一是构筑微宏观信息结合的第三方评估体系。2015年政府工作报告强调"引入第三方评估和社会评价"，第三方评估作为独立主体对公共政策绩效进行客观专业的评估，是对项目实施情况进行诊断，促进项目资金管理规范化、项目内容民主化的重要手段。结合本书研究结论，又可以细化为两条具体措施：第一，加快建立专业化的积极就业政策第三方评估机构，对项目满意度信息进行收集，并确立统一的评估标准、指标和方法；第二，完善微宏观相结合的多项目满意度评估体系，既要克服项目选择过程中的个体自选择和地区异质性，也要在满意度评估中综合考虑微宏观多层信息影响，还要完善多元的多项目评估方法，客观评估项目间的效果差异。二是优化多项目的个体瞄准机制及区域间组合分配。在进行积极就业政策区域分配、个体筛选和项目组合时，对经济发达和欠发达地区，收入分配不公平与较公平地区，以及不同性别、年龄层、收入群体等应有所侧重，引导失业者做出有利于提升满意度的行为决策，使政策资源得到优化配置。具体来说就是：第一，建立项目对象信息大数据库，注重对参与者自身信息和反馈评价信息的收集，基于大数据进行计算，分析得出所推行的项目结果可以兼顾经济效率和群众满意的个体及地区具备哪些具体特征；第二，完善项目对象甄选识别机制，优化项目在区域间的组合分配，精准施策，避免"一刀切"。比如为使积极就业政策获得较高的满意度评价，可在GDP增速相对较快而收入分配相对公平的省市及地区大力推行职业培训项目；在失业率低而收入差距较大的地区，就业专项资金可向小额担保贷款项目倾斜并优先识别城镇户籍、非党员群体的参与意愿，等等。三是坚持政策评估的满意度导向，打造"回应型"政府。就业政策绩效评估固然离不开客观定量指标体系的运用，但主观满意度指标对于深入了解政策实施效果、把握就业劣势群体的真实诉求，作用不容小觑。尤其在我国特殊国情下，积极就业政策作为一项基本公共服务，作为政府主导再分配的一种手段，必须优先保证社会公平，避免"逆向分配"加剧社会矛盾和不平等。而在实际调查中发现，广大就业劣势群体只扮演了项目参与者的角色，而对项

目的实施、管理和评估缺少发言权。前文分析也证实，收入绩效并不是衡量项目效果的全部，其他因素如政策经办人员的态度、资金分配的合理程度、相关程序的繁简、创业指导的专业性、投诉渠道的畅通与否等，也是影响参与者满意度评价的重要因素。如果在政策绩效评价时只注重自上而下的统计结果，忽视参与者自下而上的信息反馈，这样既不能使政策弊端得以及时暴露并纠错，也无法满足就业弱势群体的真实需求，势必会降低其对政府政策的满意度和支持度，挫伤其参与的积极性。对此，应在"以人为本"的价值取向前提下，加强"回应型"政府建设，具体来说就是：第一，畅通民意诉求渠道，引入项目对象监督方法，提高其在绩效评估环节的参与程度，使积极就业政策由颁行到评估各个环节都能接受有效监督；第二，建立有效回应机制，对失业群体需求和参与者反馈的问题作出快速、灵敏的反应，在积极解决后予以妥善答复；第三，加强项目绩效主观评估成果的转化，对令群众满意的项目加以完善后发扬推广，对参与者提出的批评建议虚心采纳、调查追责，并作为绩效考核和政策完善的重要依据，最终实现提升群众对政府公共服务满意度的终极目标，以更好发挥政府再分配促进就业公平、维护社会稳定的作用。

6 市场与政府的角逐

本章我们将从市场和政府、效率与公平的角度来研究政策的组合优化问题。公共项目的选择及实施过程涉及市场与政府双重主体,市场关注效率,而政府注重公平,主体目标相异给政策的优化组合带来困难。作为资源配置的有效手段,市场经济本身并不能保证结果公平,因而带来经济高速增长的同时无法自动实现发展成果的全体共享和发展过程的社会和解。初次分配领域这一"效率优先"导向是导致国民经济陷入"不幸福增长"困境的重要根源,效率标准也忽视了政府在提升社会整体福利上扮演的角色。作为一项促进就业的基本公共服务,在积极劳动力市场项目的组合和优化过程中更应坚持公平导向,发挥政策保障基本民生、促进就业、维护社会稳定的作用。

基于此,本章从市场与政府关系角度入手,从效率和公平两个维度刻画积极劳动力市场项目组合和优化过程中市场与政府之间的角逐,从而提升政策组合优化效率,发挥政策效果。第一节通过构造市场与政府双选择模型刻画公共项目的选择过程,并构建一个第三方评估框架,分析项目客观收入及主观满意度的本质异质性效果,旨在促成市场效率与政府公平的协同。第二节通过构建政府选择力度因子,并将该因子引入公共项目效果的满意度评估模型中,以满意度标准证实政府在资源再分配中的显著正向效应,为正确认识政府的作用提供有益参考。第三节我们从个体选择、政府行为的角度出发,研究在政府影响较大的政策项目中,在现有绩效考核体系下项目的实施是否存在"择优效应",从而使公平指标大打折扣。不同于上一章综合项目效果的微宏观评估,本章提供了一种项目效果主客观评估的综合的新视角,完善了对就业促进政策组合优化的研究。

6.1 市场"效率"和政府"公平"的协同

6.1.1 研究背景

党的十八届三中全会明确指出，经济体制改革是全面深化改革的重点，核心问题是处理好政府和市场关系，使市场在资源配置中起决定性作用和更好发挥政府作用。郑秉文(1998)也指出，强大的国家与发达的市场在社会经济发展过程中存在"共生现象"。但市场与政府目标也有相异性，市场以价格、成本收益及优胜劣汰原则配置资源，主要关注经济效率；而政府在资源再分配时，为履行公共职能及维持社会稳定，更加关注社会公平。本节以积极劳动力市场项目为例，构建第三方评估框架，讨论公共项目中政府与市场的关系处理问题。积极劳动力市场项目以培训、劳动力供需信息匹配、提供替代岗位等手段缓解失业及贫困，是国家运用财政资金进行资源再分配的重要途径；项目的选择决策涉及市场与政府双重主体，不同主体对项目选择的作用力度并不相同，进而影响项目"效率"绩效与"公平"绩效的实现程度，在项目实施中，政府与市场能否发挥协同作用、如何科学评估项目绩效都是尚待解决的问题。

已有的公共项目绩效评估，大多以经济效应为导向，单一的经济效率标准会带来巨大的社会成本，"幸福-收入之谜"目前开始适用于中国，经济呈现"不幸福增长"的格局(何立新等，2011)；这种效果评估也未考虑公共项目双重主体的特殊性，由于主体目标相异，采用单一标准衡量项目绩效存在偏误之处。本节引入双重基准，以经济效率绩效衡量市场作用，以公平增进方面的绩效衡量政府作用，弥补了绩效评估中的不足。本节的"效率"指财政资金配置的效率，即分配于积极就业项目的单位财政资金，使项目参与者工作收入得到最大水平的提升，从收入绩效上，资源与个体建立了有效匹配。"公平"指项目是否能覆盖贫困弱势群体，使其参与项目后的福利状况、相对生活水平、精神状态等有较大改善，从而增进社会公平、缓解不平等。公平感知是主观的，基于研究需要，以"满意度评价"指标作为公平的代理指标。但是本书需要强调的是，公平和主观满意度评价是不同的概念，因此会在一定程度上影响该实证研究的有效性。

2013年国务院常务会议上强调，要加强扶贫资金管理，创造条件采取第三方评估等方式来加强监督。公共项目绩效评估中，引入第三方评估机制也很必要，第三方评估的实质是保证评估的独立性、无偏倚性、客观公正性。通过建立收入绩效及满意度绩效评估模型，分别衡量市场与政府的作用，针对不同主体设置不同的绩效评估标准，避免单一标准下对任一方主体作用的忽视，从而得到客观公正的评估结果。而如果由市场或政府的任一方进行项目效果评估，评估者常会采取一种有利于自身的标准，不能客观衡量不同主体的效力。本节的双重指标绩效评价方法体现了一种第三方评估机制的思路，尤其适用于公共项目的绩效评估。

积极劳动力市场项目绩效评估在国外开展得较早。从增加就业几率方面来看，英国的一项针对青年的职业介绍项目效果显著，使长期失业青年由失业转为就业的可能性增加了5%(Richard Blundell等，2004)；葡萄牙开展的公共职业介绍项目对增加就业的效果却并不明显，提供的工作不具持久性，收入也较低(John T. Addison、Pedro Portugal，2002)，但这一研究未考虑选择偏差。从项目的收入绩效方面：对孟加拉国PKSF ME(1997—2001)调查数据的研究表明，小额担保贷款项目对参与者收入及资产均有正向影响(Iftekhar Mallick，2012)；小额担保贷款项目有异质效果，利用格莱珉银行和BRAC借款者资料，通过经修正的Pitt和Khandker模型证实，高收入者相对于中低收入者获得了更大的状况改善(Sayma、Mohammad，2009)；职业培训的效果有性别差异，女性的工作收入提高得更明显，对男性尤其是青少年男性的影响微弱(David等，2003)。除了参与者群体的异质效果，也有学者关注项目的地区效果差异：有学者利用沈阳与武汉的微观数据，采用"干预组-控制组方法"对就业几率进行评估，结果发现，职业培训在武汉有助于失业者找到工作，但在沈阳几乎没有效果(Benu等，2009)；赵曼(2010)、李锐(2010)等利用9省27市微观数据发现，各省份、个体间在就业机会和收入上的项目实施效果差别巨大，一定程度上规避了选择偏差。从成本效益角度来看，孟加拉人民共和国小额担保贷款项目提供的非信贷服务对提高自雇佣者的利润有显著作用(Signe-Mary McKernan，2002)；而职业培训有"锁定效应"，对韩国女性的培训增加了其失业时间,表现为负效应,不能实现成本收益(Sang-Jun Lee 等,2005)。综上,学者大多关注于对项目最终绩效的评估,由于针对人群及地域差异,积极劳动力市场项目效果并不一致,既有正向作用,也有负向作用;对项目选择过程的研究还比较欠缺,尤其是未考虑市场与政府的角力问题。

从成本收益、收入等客观效率标准评估项目绩效的研究较多,但较少涉及主观满意度标准;国内还没有学者针对公共项目进行满意度评估。政策的社会性和公平性也同样重要:积极劳动力市场政策有助于缓解低收入者的贫困问题,提高社会福利水平(Martin、Grubb,2001);微型金融为贫穷者提供资本及培训,提高了生产效率,具有显著的均衡效应,能降低社会不平等程度(Hisako、Kai 等,2009)。以单一效率标准进行绩效评估,尤其是针对公共项目的绩效评估,存在一定偏误。另外,学者在绩效评估时普遍采用项目的平均效果,未考虑参加项目个体的异质性,平均效果并不能代表个体的真实效果分布状况。因此,本节试图对公共项目绩效评估方法进行若干完善:公共项目涉及市场与政府双重主体,引入第三方双重基准评估机制,衡量不同主体的不同作用;构建市场与政府双选择模型控制选择偏差,得到客观收入及主观满意度绩效的无偏差估计;在绩效评估时考虑个体异质性,运用本质异质性方法,评估不同群体的异质效果。

本节余下的内容安排为:第二部分介绍市场与政府双选择模型和客观收入及主观满意度的项目绩效评估模型;第三部分介绍数据与变量选择,同时考虑本质异质性,给出同质及异质效果假定下的结果,对主客观绩效进行对比分析;最后一部分为结论与优化政策建议。

6.1.2 市场与政府双选择模型的主客观绩效评估模型

6.1.2.1 选择模型

公共项目的选择决策不同于私人项目,市场选择及政府选择共同决定了个体是否能够参与某一项目:一方面,个体会比较参与项目的成本收益,做出参与或不参与的选择决策,此时个体依据的是私人收益最大化原则,表现为一种市场选择行为;另一方面,公共项目由政府提供,因而政府选择既体现为对项目的供给决策,又体现为对个体参与项目的筛选。由于存在项目参与的双重选择,项目的干预分配不再是随机的,可忽略的干预分配假定不成立,即导致绩效评估中的内生性虚拟选择变量问题,为解决这一问题,本节先对项目选择过程进行分析。

(1) 市场选择模型

市场经济的主要特征是竞争性,亚当·斯密的"看不见的手"指出:给定一些理想条件(完全信息、理性经济人等),单个家户和厂商的最优化行为会导致帕累托最优状态。完全竞争经济条件下,市场如果能尊重个体的选择,就能实现资源配置最优化,且市场经济资源配置的原则是私人收益最大化。这说明市场选择的本质是个体选择,个体选择决策构成了市场选择,因此,本节的市场选择模型以个体选择为基础。不同个体由于自身特征及能力的差异,参与项目的效果并不相同,以收益函数对项目效果进行刻画,私人收益函数如式(6.1)所示:

$$T_i^s * = f_s(x_i) + v_i^s \tag{6.1}$$

如果 $T_i^l * \geq T_i^s *$,$\forall s \in (1, \cdots, M)$,则 $T_i^l = 1$;否则,$T_i^l = 0$
$$\tag{6.2}$$

$T_i^s *$ 表示个体 i 参与 s 项目的私人收益,$f_s(x_i)$ 为私人收益函数,x_i 是可观测的个体特征,如年龄、性别等,v_i^s 为随机误差项,包括不可观测变量的影响。假定个体可以理性预期不同项目的效果,并根据私人收益最大化确定项目选择(Heckman,2006),式(6.2)刻画了项目的市场选择过程:如果参与 l 项目的私人收益为所有项目中最大的,则个体选择参与 l 项目,此时 $T_i^l = 1$;如果其他项目有相对更好的收益,那么 $T_i^l = 0$;因而 T_i^l 是市场选择示性变量。

(2) 政府选择模型

市场选择决策通常由个体单独做出,私人收益函数也仅由个体特征决定。相比较而言,政府选择决策就要复杂一些,政府不是考虑自身收益的最大化,而是社会收益的最大化,这种收益更多地体现为社会稳定与公平,不仅指经济效益。政府选择既包括项目供给决策,又包括对个体的筛选决策。不同项目在促进就业、降低贫困上的效果并不相同,效果时效性也不一样，理性的政府在项目供给决策中，会依据宏观经济环境（就业压力、经济发展状况等）选择有针对性的项目；政府对于个体的筛选，主要基于增进社会公平的考虑，公共项目对申请主体有限制性条件，只有符合条件的申请者才有项目参与机会。因此，宏观经济特征会影响供给决策，而个体特征会影响筛选决策，但这两种决策的依据均是社会收益最大化，可构建社会收益函数为：

$$G_i^s * = g_s(x_i, w_j) + \varepsilon_i^s \qquad (6.3)$$

如果 $G_i^l * \geq G_i^s *$，$\forall s \in (1, \cdots, M)$，则 $G_i^l = 1$；否则，$G_i^l = 0$

$$(6.4)$$

如式 6.3 所示，个体 i 参与 s 项目的社会收益以 $G_i^s *$ 表示，$g_s(x_i, w_j)$ 是社会收益函数，由个体特征 x_i 与宏观经济特征 w_j 共同决定，因此该社会收益函数也使得供给决策与筛选决策形成统一，ε_i^s 为随机误差项，包括不可观测变量的影响。式(6.4)刻画了政府选择过程：如果 l 项目的社会收益是所有项目中最大的，则政府选择 l 项目，此时 $G_i^l = 1$；否则，$G_i^l = 0$；G_i^l 是政府选择示性变量。

（3）市场与政府双选择模型

市场选择与政府选择均表现为一个二元选择过程，选择结果分别由私人收益函数和社会收益函数决定，而项目最终的参与结果是由 T_i^l 与 G_i^l 共同决定的。现实中，我们仅能观测到个体最终有没有参与某一项目，即只能观测到市场选择与政府选择的乘积（赵忠，2003），而不能分别观测到 T_i^l 和 G_i^l。

因此，现实中仅能观测到三种状态：个体没有选择参与政策项目；个体选择参与某个项目，但政府没同意；个体最终参与某个具体项目。总样本分为三个子样本，分别为 S_1、S_2、S_3。

		G_i^l	
		0	1
T_i^l	0	S_1	—
	1	S_2	S_3

将市场选择与政府选择结合,得到最终的双选择模型:

$$D_i^l = T_i^l * G_i^l \tag{6.5}$$

$$D_i^l = \begin{cases} 1, & T_i^l = 1, \ G_i^l = 1 \\ 0, & \text{其他} \end{cases}$$

D_i^l 是表示项目参与的示性变量,只有在市场与政府同时选择 l 项目时,个体才能参与 l 项目,此时,$D_i^l = 1$;在其他情况下,个体均不能参与到项目中,$D_i^l = 0$。决定项目参与状况的因素包括个体与政府选择两部分,将抽象的双选择模型以个体及宏观特征具体化为结构方程模型,其中个体特征是个体选择行为的主要影响变量,宏观特征是政府选择行为的主要影响变量,可以明确不同主体在项目选择中的作用力度。由于样本缺失这一普遍原因,我们采用近似方法分析个体与政府选择会对实证结果的有效性产生一定影响。

6.1.2.2 绩效评估模型

第二部分的分析表明,公共项目的参与并不是随机的,存在双重选择,普通多元分析会导致效果估计的偏误。在绩效评估过程中,需要考虑选择性偏差问题(李雪松、赫克曼,2004),借鉴 Heckman(1978、1979)样本选择分析方法,将上文的双选择模型与绩效评估方程相结合,为绩效方程中的内生性项目参与示性变量 D_i^l 构建选择方程,从而以转换回归方式,控制由项目参与的非随机引起的选择偏差,得到项目绩效的无偏估计。

本节的目的是引入第三方评估机制,以项目的客观收入绩效及主观满意度绩效分别衡量市场与政府的作用,因此项目绩效评估也分为客观效果及主观效果两部分。

(1) 客观收入绩效

前文提到,市场在公共项目中的"效率"即分配于项目的单位财政资金,使参与者工作收入得到最大水平的提升;在收入绩效上,资源与个体建立有效匹配。建立客观收入绩效模型衡量市场"效率":分为两阶段,第一阶段以明瑟模型为基础,衡量个体特征等控制变量对收入的影响;第二阶段加入项目参与示性变量,衡量项目实施对个体收入的贡献。

①基本的收入方程。

劳动经济学认为，收入(工资)通常反映工人的特征，依据该理论，明瑟(1976)和谢宇(1996)对收入决定的分析主要关注于个体特征。本节对传统收入方程进行拓展，将收入决定因素分为个体、政府两个层次。令 M 表示项目数，建立基本收入方程：

$$Y_i^l = \mu_i(X_i, \varepsilon_i^l) \quad l = 1, 2, \cdots, M \quad (6.6)$$

如式(6.6)所示，Y_i^l 是参加 l 项目后获得的第一份工作的最高月收入，收入取对数；X_i 为影响收入的各种可测量因素，包括个体特征 x_i 及宏观经济特征 w_j；ε_i^l 为影响收入的其他不可观测因素。

②客观收入绩效评估模型。

为了衡量项目的客观收入绩效，需将项目参与示性变量 D_i^l 加入基本收入方程中；同时引入上文的双选择模型，并将抽象的双选择模型结构化，为内生性的选择变量 D_i^l 构建结构方程模型，从而控制绩效评估中的选择偏差；进一步对收入决定方程作线性假设，使模型具有可识别性。将双选择模型与收入方程相结合，得到最终的收入绩效评估模型。

收入回归方程为：

$$Y_i^l = X_i\beta + \alpha_i D_i^l + \varepsilon_i^l \quad (6.7)$$

选择方程为：

$$D_i^l * = Z_i\delta + u_i^l，如果 D_i^l * > 0，则 D_i^l = 1，否则 D_i^l = 0 \quad (6.8)$$

$$prob(D_i^l = 1|Z_i) = \Phi(Z_i\delta)$$

$$prob(D_i^l = 0|Z_i) = 1 - \Phi(Z_i\delta)$$

ε_i^l 和 u_i^l 服从二元正态分布，且均值为0；Z_i 是影响项目最终参与决策的市场及政府层面因素，式(6.8)为以结构方程形式表述的双选择模型；式(6.7)与式(6.8)共同构成收入绩效评估模型，通过转换回归，控制选择偏差。不难看出，项目效果 α_i 受市场及政府层面因素影响，且随着 l 取值的变化，α_i 可表示不同项目的效果差异。

(2)主观满意度绩效

公共项目涉及双重主体，政府依据社会收益最大化进行选择决策，其主要目标是社会的公平与稳定，客观收入绩效不能恰当衡量政府的作用。

为保证第三方评估的无偏倚性,需要用不同的绩效标准来衡量政府在促进社会公平上的效果,Martin 和 Grubb(2001)、Hisako KAI 等(2009)的研究也证实了这一点。前文将政府"公平"定义为项目是否能覆盖贫困弱势群体,使其参与项目后的福利状况、相对生活水平、精神状态等有较大改善,从而促进社会公平。公平感知是对整体生活环境的综合性心理感受,不可直接观测,但可以用"满意度评价"作为公平性的代理指标,越是不公平的生活环境,人们越倾向于给出低的满意度评分值,因此本节以项目的主观满意度绩效来评价政府在促进公平上的作用。

满意度评分值由个体效用状况决定,因此,主观满意度绩效评估模型的构建,需以效用的结构方程为基础;满意度绩效评估也分为两阶段,第一阶段建立基本的效用结构方程;第二阶段建立满意度评估方程,并加入项目参与示性变量 D_i^l,分析项目主观满意度绩效。

①基本效用结构方程。

布鲁尼(2008)指出,决定满意度的效用,不仅限于标准经济学中关注的客观效用(源于有形的商品、劳务及闲暇),也包括主观效用(源于自主权利、公平状况、社会关系、能力发挥程度等)。影响效用的因素有很多,包括负向的因素,如年龄、失业(Sibel,2008)、小孩个数(Bernard M. S.,2007);正向的因素,如收入(Bernard M. S.,2007)、健康状况、婚姻(Sibel,2008);此外,还有机会公平获取、相对生活水平(史耀疆、崔瑜,2006)、社会福利、社会地位及社会关系等(李丹、李玉凤,2012)。借鉴学者的研究成果,并结合本节可得的数据,建立基本的效用结构方程:

$$U_i^* = U_l(X_i, \varepsilon_i^l) \quad l = 1, 2, \cdots, M \quad (6.9)$$

X_i 包括个体及政府两个层次因素;效用水平 U_i^* 不能直接观测,通过一组阈值 τ_m,建立效用水平与可观测的满意度评分值间的联系,假定 $\tau_0 = -\infty$,$\tau_J = \infty$,此时:

$$\text{若 } \tau_{m-1} < U_i^* \leq \tau_m, \text{则 } \text{LS}_i = m(m = 1, 2, \cdots, J) \quad (6.10)$$

LS_i 指个体 i 的满意度评价,共分为 J 个等级,m 的值越大,代表满意度越高。

②主观满意度绩效评估模型。

对满意度进行评估，主要采取离散选择模型，具体分为有序逻辑模型（Sibel，2008；李丹、李玉凤，2012）、有序概率模型（Leonardo，2010）、二元概率模型（刘祥琪、陈钊等，2012）。假定效用方程中的误差项服从正态分布更具普遍性，所以本节以有序概率模型评估满意度。为衡量项目的主观满意度绩效，需将项目参与示性变量 D_i^l 加入到满意度评估方程中；与收入绩效评估模型一致，将结构化后的市场与政府双选择模型和满意度评估方程结合，从而控制选择偏差。假定效用误差项 ε_i^l 服从标准正态分布，并对效用结构方程作线性假设，则主观满意度绩效评估方程为：

$$prob(\text{LS}_i = m) = \Phi(\tau_m - X_i\beta - \alpha_i D_i^l) - \Phi(\tau_{m-1} - X_i\beta - \alpha_i D_i^l)$$

(6.11)

选择方程与式（6.8）一致，不再列出。

需强调的是，客观收入绩效及主观满意度绩效模型中，对 α_i 的假定不同，有不同的估计方法及结果。后文中笔者将区分 α_i 固定不变及随机变化两种情况，对客观收入绩效和满意度绩效进行对比分析。

6.1.3 基于市场与政府双选择模型的主客观绩效评估分析

本节选择积极劳动力市场项目中的职业培训、职业介绍、小额担保贷款项目进行绩效评估。其中，职业培训项目样本数为1606个，占整个抽样总体的23.95%；职业介绍项目样本数为1197个，占整个抽样总体的17.85%；小额担保贷款项目样本数为1136个，占抽样总体的16.94%。

6.1.3.1 变量选择与定义

（1）因变量

市场及政府选择模型均为二值因变量：选择=1，未选择=0；现实中仅能观察到两者的乘积，即项目参与虚拟变量：$D_i = T_i * G_i$，D_i 也为二值变量：参与=1，未参与=0。

收入决定模型的因变量 Y_i，为参加项目后第一份工作的最高月收入，选择2000年作为基期，对不同年份的收入指数化，并取对数。主观满意度模型因变量分为1~5个有序层次：1为非常差、2为比较差、3为不明显、4 为比较好、5 为非常好。

(2) 自变量

本节将自变量确定为个体及政府两个层面指标。个体层面指标包括民族、性别、户籍类型、教育、工作经验、健康状况、政治状况等；政府层面指标包括失业率、GDP 增长率、就业支出资金增长率。

6.1.3.2 模型估计结果

模型估计结果分为两部分：首先给出同质效果假定下的项目主客观绩效，即同一项目下不同群体的效果均相等，此时给出的是项目的平均绩效；然后考虑个体的本质异质性，借鉴 Xie(2012、2014) 的 SM-THE 方法评估不同群体的本质异质性效果。

(1) 同质效果模型

为了突出市场和政府的项目选择行为的差异，我们首先假定项目效果的同质性，即同一项目下所有个体的 α_i 都相等，并假定市场和政府在同一项目中的选择机制稳定。

对最终的收入回归方程采用 Heckman 法矫正最小二乘估计，选择家庭其他成员收入及家庭总负担作为工具变量，得到无偏、一致有效的参数估计值。

收入回归方程为：

$$Y_i^l = X_i\beta + \alpha D_i^l + \varepsilon_i^l \tag{6.12}$$

选择方程为：

$$D_i^l * = Z_i\delta + u_i^l，如果 D_i^l * > 0，则 D_i^l = 1，否则 D_i^l = 0 \tag{6.13}$$

$$prob(D_i^l = 1|Z_i) = \Phi(Z_i\delta) \quad prob(D_i^l = 0|Z_i) = 1 - \Phi(Z_i\delta)$$

同质效果下的满意度绩效评估方程为：

$$prob(LS_i = m) = \Phi(\tau_m - X_i\beta - \alpha D_i^l) - \Phi(\tau_{m-1} - X_i\beta - \alpha D_i^l) \tag{6.14}$$

该部分的主要目的是分析市场与政府在项目选择过程中的角力。估计结果显示，主观效果下影响选择的个体及政府层面因素系数的方向与客观效果下的方向是一致的，系数大小也比较接近，这说明了选择机制的稳定性。因此，笔者省略了主观效果下的具体结果，只报告出主观相对效果值，如表6.1所示。

表6.1 各项目选择过程及主客观相对效果

变量		职业培训		职业介绍		小额担保贷款	
		选择方程	收入方程	选择方程	收入方程	选择方程	收入方程
市场决策主要变量	民族	-0.065 (0.125)	0.010 (0.074)	-0.009 (0.126)	0.023 (0.069)	0.144 (0.130)	0.0002 (0.061)
	性别	-0.166*** (0.053)	0.238*** (0.031)	-0.250*** (0.052)	0.200*** (0.029)	0.412*** (0.053)	0.146*** (0.028)
	户籍类型	0.990*** (0.082)	0.415*** (0.055)	-0.352*** (0.088)	-0.088* (0.048)	-0.822*** (0.100)	0.214*** (0.045)
	受教育水平	-0.035 (0.033)	0.069*** (0.020)	-0.061* (0.033)	0.066*** (0.019)	0.112*** (0.034)	0.043** (0.017)
	健康状况		0.061*** (0.015)		0.059*** (0.015)		0.043*** (0.014)
	政治状况		0.008 (0.032)		-0.022 (0.031)		-0.034 (0.029)
	工作单位所在地		0.056*** (0.019)		0.056*** (0.018)		0.057*** (0.017)
	工作经验		0.028*** (0.005)		0.024*** (0.005)		0.010** (0.005)
	工作经验平方项		-0.0008*** (0.00013)		-0.0007*** (0.00013)		-0.0004*** (0.00012)
	家庭其他成员总收入	-0.056 (0.046)		0.063 (0.048)		-0.064 (0.052)	
	家庭总负担	0.000014*** (1.51e-06)		0.000017*** (1.65e-06)		-0.000017*** (1.65e-06)	

续表

变量		职业培训		职业介绍		小额担保贷款	
		选择方程	收入方程	选择方程	收入方程	选择方程	收入方程
政府决策主要变量	GDP增长率	0.035 (0.025)	0.163*** (0.015)	-0.004 (0.024)	0.133*** (0.014)	-0.026 (0.025)	0.154*** (0.013)
	就业支出资金增长率	0.596*** (0.088)	-0.178*** (0.051)	-0.290*** (0.086)	-0.506*** (0.047)	-0.389*** (0.090)	-0.265*** (0.042)
	失业率	-0.406*** (0.068)	-0.182*** (0.040)	-0.024 (0.068)	-0.060 (0.038)	0.370*** (0.071)	-0.164*** (.034)
项目效果	客观收入相对效果		-1.040*** (0.057)		-1.062*** (0.061)		0.982*** (0.068)
	主观满意度相对效果		-0.014 (0.027)		-0.039 (0.027)		0.046** (0.023)

注：括号内为标准差，***、**、*分别表示1%、5%、10%的显著水平。

职业培训项目选择过程中个体特征影响相对较小，政府可支配就业支出资金增长率和失业率对项目选择的影响系数较大，分别为0.596、-0.406。就业支出资金增加，培训项目的优势比上升；失业率上升，将降低该项目的优势比。职业介绍的结果表明：政府决策主要变量中，只有就业支出资金增长率有负影响，其余变量对项目选择没有显著影响，项目参与决策主要依据个人特征决定。小额担保贷款项目中，政府及个体层面因素均对项目选择有显著影响。其中，就业支出资金增长率提高10%，参与小额担保贷款项目的比数降低约3.82%，而失业率上升会增加该项目的优势比。性别及户籍类型对项目选择的影响系数比较大，分别为0.412及-0.822。

综上，小额担保贷款是市场和政府均有较大影响的项目；职业培训项目中政府单方面影响较大；职业介绍项目中个体层面影响较大，政府决策基本不产生影响。小额担保贷款需要政府财政贴息，资金量较大，个人创业破产风险高，若经营不善，易陷入财务危机，个人和政府对项目选择均比较谨慎；职业培训项目时间跨度长，政府需投入大量人力、物力、财力保证项目的开展,职业培训内容设置通常有针对性,个人参与培训后技能得以更新或提升,除时间成本外,无其他额外成本,是政府单方面影响较大的项目。职业介绍项目补贴资金较少,政府对项目的限制条件少,个体主导了项目选择过程。

在同质效果下,相对效果反映的是项目的平均效果。小额担保贷款提高收入的效果最明显,效果估计值为0.982,职业培训和职业介绍相对效果为负值,分别为-1.04、-1.062。满意度平均效果值与收入效果值有类似的结果,小额担保贷款、职业培训、职业介绍的相对效果值分别为0.046、-0.014、-0.039,但只有小额担保贷款的效果值显著。从平均效果来看,小额担保贷款项目效果最好,职业培训项目次之,职业介绍项目效果最差。参与小额担保贷款项目能提高个体的收入及满意度,但其他项目的主客观效果均为负向,同一项目下的主客观平均效果方向是一致的。

(2)异质效果模型

现实中不同个体的项目效果是存在差异的,效果差异来自两部分(Xie,2005、2012、2014;Heckman,2006、2010):选择差异和反应差异。选择差异源于项目选择过程,不同个体对项目的选择存在差异,选择参与项目与选择不参与项目的人之间的差异即选择差异。反应差异指不同的项目参与者有不同的效果,如女性参与者获得了比男性参与者更好的效果。选择差异及反应差异即本质异质性。为分析市场和政府选择行为造成的个体效果差异,放松模型假设条件,允许项目效果 α_i 随个体 i 的不同而变化,评估项目的本质异质性效果,即:

$$\alpha_i = \gamma_0 + \gamma i + \mu_i \tag{6.15}$$

运用倾向得分方法估计不同项目的主客观随机系数效果,加入市场与政府的双选择,对Xie(2012、2014)的SM-HTE方法进行修正,修正后的步骤如下:

①对于每一抽样个体,采用双选择模型测算其倾向得分,倾向得分值反映个体参与某一项目的概率,倾向得分的取值伴随层级1~10逐渐升高。

②利用倾向得分对群体进行分层,同一分层内结果变量为1或0的个体所具有的特征没有明显的差别。

③实证分析过程中,假设同一层级内个体效果同质,在同一倾向得分

层内估计项目相对效果。

④利用 Xie(2012、2014)、Tsai 和 Xie(2011)、Xie 和 Wu(2005)提供的方法,对不同倾向得分层级间的效果趋势进行分析。

表6.2 主客观本质异质性效果

倾向得分层级	职业培训		职业介绍		小额担保贷款	
	收入	满意度	收入	满意度	收入	满意度
1	-0.022 (0.034)	-0.456 (0.513)	-0.069 (0.111)	-0.492 (0.457)	0.752*** (0.043)	0.131 (0.176)
2	-0.058 (0.051)	0.041 (0.126)	-0.166*** (0.050)	-0.201 (0.290)	0.760*** (0.038)	0.283*** (0.098)
3	0.053 (0.064)	-0.021 (0.071)	-0.179*** (0.032)	-0.145 (0.098)	0.708*** (0.039)	0.210*** (0.081)
4	0.029 (0.051)	-0.103* (0.053)	-0.104*** (0.038)	-0.176*** (0.043)	0.697*** (0.038)	0.104 (0.106)
5	0.018 (0.060)	-0.223*** (0.048)	-0.030 (0.062)	-0.090* (0.050)	0.651*** (0.066)	0.031 (0.121)
6	0.007 (0.081)	0.063 (0.289)	-0.283 (0.194)		0.598*** (0.094)	-0.198 (0.140)
7	-0.144 (0.231)	0.056 (0.161)			0.085*** (0.496)	0.213*** (0.056)
8		0.098 (0.127)			0.224*** (0.081)	
9		0.429 (0.309)			-0.093 (0.104)	
10					2 (2.000)	

注:括号内为标准差,***、**、*分别表示1%、5%、10%的显著水平。

表6.2给出了项目的异质性效果估计值,图6.1直观展示了同一项目

下不同群体的效果差异，图(a)为收入的异质性效果，图(b)为满意度的异质性效果。与同质效果模型不同，利用倾向得分划分的不同群体间的效果差异巨大。

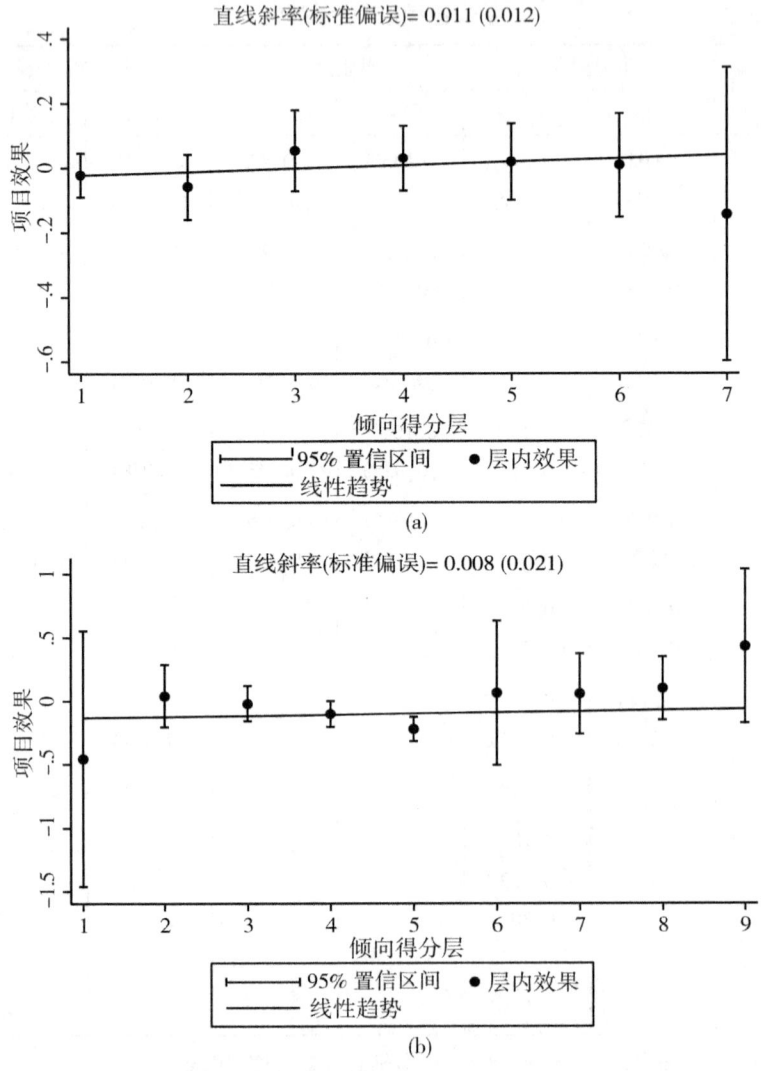

图 6.1 职业培训项目本质异质性效果

政府主导培训项目的选择过程，倾向得分主要表示个体被政府选择参加项目的可能性。不同群体的效果值并不是固定不变的，最有可能和最不可能参加项目的群体的客观效果(收入)为负值，最可能参加项目的群体的效果居然最差，为-0.144；可能参加项目的群体相对于不太可能参加项目的群体的主观效果(满意度)更好，最可能参加项目的群体满意度最高，为0.429。政府在项目选择中起主导作用，主要关注改善贫困或就业困难群体的状况，对个体特征与项目的有效匹配关注不足，因而损失了资金配置的效率，但能显著提高他们的满意度，增加其主观效用。对于倾向得分中间层次人群，职业培训项目对其收入有明显的正效应，但对主观满意度有负效应，项目的主客观效果并不一致。

如图6.2所示，与其他项目相比，职业介绍项目成本较低、持续时间短，项目选择由市场主导，分析其异质性效果如下：整体上，该项目无论从主观还是客观效果上均具有负效应，每一层级内部的相对平均效果均较差；分析项目的效果趋势，除倾向得分最高点外，客观收入效果存在比较显著的增加趋势，这表明个体选择即市场在资金配置中的效率。倾向得分最高点代表该项目中最积极的群体，这些群体具有特殊性，参加项目后的客观效果比较差，为-0.283，但其主观满意度的效果最高，为-0.09。具体考虑项目中不同群体的异质效果，主客观效果并不一致。

政府对小额担保贷款贴息，贷款有一系列获批条件，审批涉及多个部门；个体利用贷款创业时会面临较大的财务风险，因而项目选择过程中政府和个体决策都很重要。如图6.3所示，分析其异质性效果：项目的客观效果有下降的趋势，资源配置效率存在一定损失，特别是那些最有可能参加项目的个体效果最差，为0.085，显著低于该项目内其他群体的效果；但整体上，小额担保贷款项目下每一群体的客观效果均为正值，与同质效果下的结果有一致性。从主观效果来看，效果变化趋势不明显，对小额担保贷款项目的满意度，不同群体间差异不大。参加小额担保贷款项目后，个体在创业企业经营中，自主过程性都普遍较强，不同参与者从中得到的主观效用差距不大。

6.1.4 第三方评估结论与优化政策建议

通过在公共项目中引入新的第三方评估机制，本节认为项目效果评估

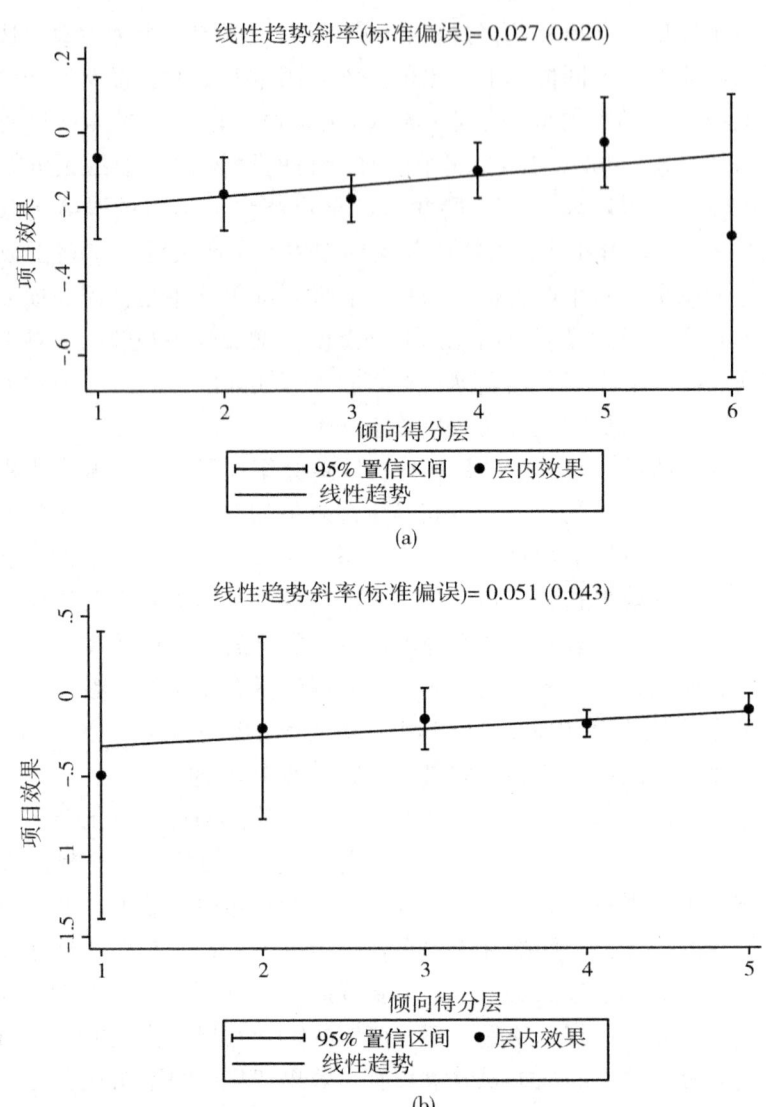

图 6.2 职业介绍本质异质性效果

中需注意：①根据评估对象选择评估标准。公共项目关注社会效益，单一的效率标准存在不足，要与衡量主体效用状况的标准相结合进行双重评估。②注重过程评估，不能仅以结果为导向。检验项目的有效性不是评估

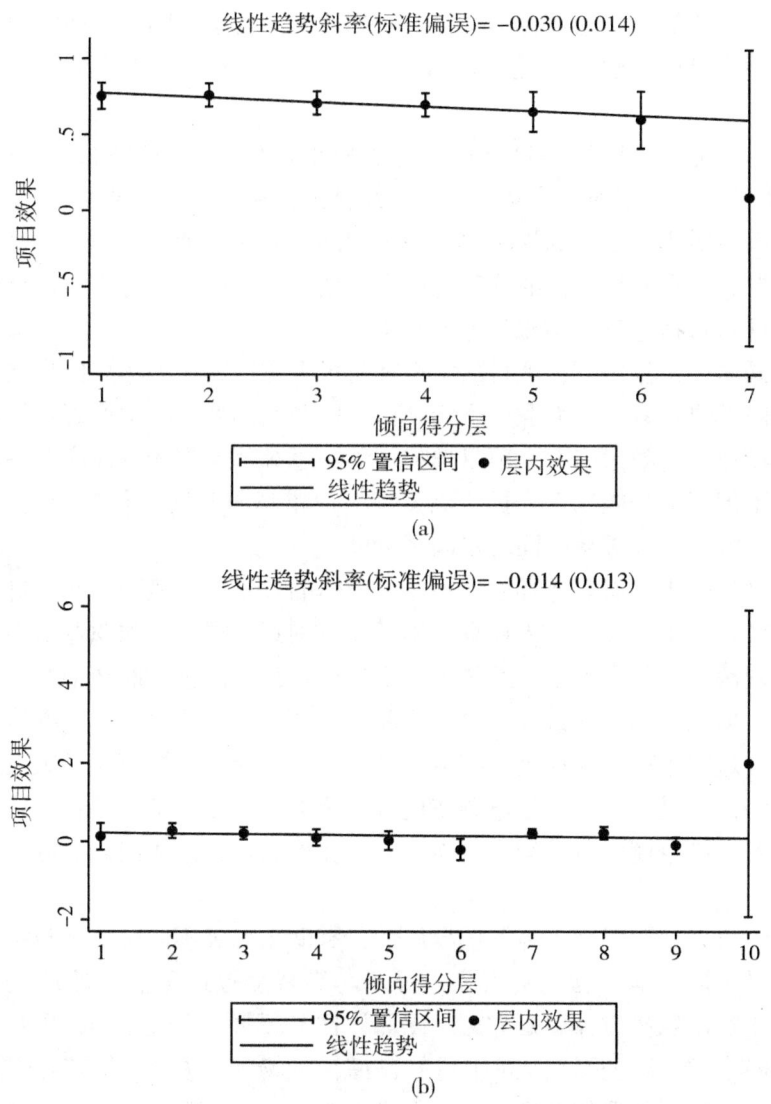

图 6.3 小额担保贷款本质异质性效果

的唯一目的,更重要的是通过评估对项目实施过程形成清晰的把握,识别影响效果的过程性因素,进而针对性地优化公共项目及政策。③关注异质性效果。由于忽略了个体异质性,仅依据平均效果指标评判项目有效性存在偏误，平均效果好的项目不一定最有效，它掩盖了不同群体间的效果差异。公共项目更关注的应是弱势群体的状况，因此异质性效果评估尤其重要。

对积极劳动力市场项目进行主客观效果评估，从而以"公平"及"效率"标准分别评价政府与市场在项目中发挥的作用，得到下述结论：

①政府对不同项目的影响力度并不相同：职业培训项目的选择过程由政府主导，职业介绍项目的选择过程由市场主导，而政府与市场在小额担保贷款项目选择过程中均起到重要作用。

②同质效果假定下，项目的主客观效果大体一致：小额担保贷款项目的主客观效果均较高；而职业介绍项目及职业培训项目的主客观效果均较差。从项目平均效果来看，项目选择过程中过分偏重市场或政府任一方的力量，不但损失了效率且未提高满意度；而市场与政府力量的恰当结合，平均而言能在保证效率的同时提高满意度。

③项目效果具有本质异质性，不同群体的效果差异显著，同一群体的主客观效果也不一致，收入提高并不意味着满意度提高。如职业培训项目中，主观满意度与客观收入效果呈相反趋势；最可能被政府选中的个体效率最差，但主观满意度最高，由于这部分群体往往是低收入贫困群体，政府在这一过程中有效地促进了社会公平。职业介绍项目层级间客观效果呈上升趋势，尊重个体选择的市场在进行资源配置时保证了效率；但该项目下所有群体满意度的效果均为负向，市场在提高社会整体满意度方面作用有限。

在项目评估时考虑个体本质异质性，有助于明确不同阶层参与主体的效果差异，同时本节也证实了收入提升与满意度增进不能自然地达到两全，对于贫困弱势群体更是如此。因此，在资源再分配过程中，要注重市场"效率"与政府"公平"协同作用的发挥，市场配置资源更具经济效率，但政府在增加弱势群体主观效用、促进社会公平上有重要作用。本节的缺陷是没有更细致地分析最可能参加项目的群体的特征，从而无法指出该群体主客观效果存在巨大差异的深层原因。如何优化公共项目设计？如何在项目选择及实施中恰当处理政府与市场关系？如何在保证效率的同时提高参与者特别是弱势群体的满意度？我们会在后续研究中进一步关注这些问题。

6.2 政府在资源再分配中的正向效应研究

6.2.1 研究背景

2012年,中国内地在联合国首份《全球幸福指数报告》中排名第112[①],呈现出"不幸福增长"困境,存在于发达国家的"幸福-收入之谜"目前也开始适用于我国(何立新等,2011)。事实上,市场主导资源配置有一定的局限性:效率优先能有效促进经济增长、收入提高,但由于市场摩擦的存在,如中小企业融资受限(钟田丽等,2003)、市场垄断(周振海,2007)、公共品无效供给(张菀洺,2008)等,也出现了收入差距扩大、弱势群体机会不均等问题,进而导致人们的负向评价,形成满意度提升滞后于经济增长的困境。十八届三中全会指出,要使市场在资源配置中起决定性作用,同时要更好发挥政府作用。可见市场在资源分配中并不能决定一切,尤其是在以公平为主要目标的资源再分配过程中,过去的经济发展及政策评价过分倚重市场效率标准是形成"不幸福增长"困境的重要原因之一。在构建和谐社会,对民生的关注加强的背景下,将主观满意度标准纳入政策评价尤其是公共政策评价是现实的需要,也有助于政府摒弃过分追求政绩的观念,避免与公共政策的初衷相违背。基于此,本节运用主观满意度标准评估公共项目的效果,从新的视角证实政府在资源再分配中的作用。

本节选取积极劳动力市场项目进行分析,基于以下理由:首先,该项目是政府进行资源再分配的一项重要公共政策,包括"再就业培训补贴""职业介绍补贴""小额担保贷款""社会保险补贴""公共岗位"。项目从2003年开始设立,覆盖人群较广,具有典型性。另外,虽然同属于积极就业项目,但不同项目涉及的资金量、参与者及政府的显性及隐性成本并不相同,因而在不同项目选择过程中,政府力量的发挥程度存在差别。通过分析五个项目的选择过程,可以此为基础生成政府对项目选择的影响力度因子,进而实证分析政府对项目选择的影响力度与满意度间的量化

---

① http://baike.so.com/doc/6572474.html,2018-08-11。

关系。

已有的政府对公民满意度的影响的研究结果并不一致,部分学者得出的是负向效应:Helen Johns 等(2007)指出财政支出不管从绝对量还是增长率上看与满意度均不相关;Axel Dreher、Justina A. V. Fisher(2007)对74个国家的截面数据研究得出,生活满意度随政府消费支出的增加而降低,但政府社会支出对满意度没有显著影响;陆铭等(2008)运用广西柳州的数据得到政府干预与企业家满意度的微妙关系,干预造成的负担加重使得企业家更不满意,但负担变轻对满意度的影响却不显著。从政府对满意度的正向效应来看:胡洪曙、鲁元平(2012)利用 CGSS 数据发现增加公共支出有利于促进农民的主观幸福感,且主要通过增加农民的消费来实现。同样运用该数据,陈刚、李树(2012)也得出政府质量对居民幸福感的促增效应远远高于经济增长。已有的大部分研究只考虑了作用方向,没有考虑效果在不同人群中是否存在差异。陈刚、李树(2012)运用分类有序 Probit 方法估计异质效果,得出政府质量显著影响低收入居民的幸福感,但对高收入居民影响微弱。本节考虑了不同人群满意度的异质效果,并且是通过引入政府影响力度因子交互项来实现的。

部分学者认为满意度评价的数据过于主观,但多数学者认为其是人的真实价值判断的全面反映,对于福利目标的评估有很强的有效性,不应认为对幸福的经济学研究只是一种主观的、规范的研究(陆铭、王亦琳等,2008)。如英国的政策制定者就给予满意度越来越多的关注,其可持续发展委员会曾推进"在显式幸福关注下政策将如何改变"的研究(Helen Johns、Paul Ormerod,2007);鉴于此,本节运用的也是满意度直接测度法得到的数据。

本节第二部分介绍数据来源、变量选择及政府选择力度因子的构建;第三部分是包含政府选择力度因子的满意度评估基本模型,同时对其进行拓展,通过交互作用项分析不同群体满意度的效果异质性;第四部分是结论。

6.2.2 数据、变量及政府选择力度因子的构建

6.2.2.1 变量选择

对影响满意度的因素的研究,国内外集中于静态的绝对水平变量。国

外的研究表明,年龄、失业对满意度有负向影响(Sibel Selim,2008);收入(Bernard M. S. van Praag)、健康状况、微型金融参与状况、信用循环次数(Leonardo Becchetti,2010)对满意度有显著正效应①;教育水平影响不显著,男性的满意度比女性低(Sibel Selim,2008)。国内学者史耀疆、崔瑜(2006)得出机会公平、相对生活水平、民族、健康状况、受教育年限、收入对满意度有显著影响;骆为祥、李建新(2011)认为老人的年龄越大,满意度评价越积极;李丹、李玉凤(2012)指出新生代农民工满意度受到经济收入、社会福利、社会地位及社会关系的影响。本节除了考虑绝对水平变量,还考虑了变量的动态变化情况:如参加项目后的就业状况、收入变化、就业单位属性变化等。具体使用的变量如表6.3所示。

表6.3 变量说明

被解释变量		含 义
参与项目结果变量		二值选择模型中的项目参与结果:参加=1,未参加=0
个体对项目的满意度(satisfaction)		满意度评估模型中的有序响应变量:非常差=1,比较差=2,不明显=3,比较好=4,非常好=5
解释变量		含 义
个人特征	年龄	实际年龄
	工作经验	实际工作年数(取整数)
	民族	汉族取值为1,非汉族取值为2
	性别	男性取值为1,女性取值为2
	户籍类型	城市取值为1,农村取值为2
	受教育水平	分为1~6个等级,等级越高,受教育程度越高
	健康状况	非常差=1,差=2,正常=3,好=4,非常好=5
	政治状况	群众=1,共产党=2,民主党派=3
	就业单位所在地	农村=1,镇=2,县=3,城市=4,首都=5

---

① Leonardo Becchetti, Microfinance and Happiness, *Facolta di Economia-Pierluigi Conzo Working Paper*, 2010.

续表

	解释变量	含义
工具变量	家庭其他成员总收入	家庭其他成员总收入(元/年)
	负担	家庭总支出(元/年)
参加项目情况及效果	参加项目情况	职业培训:pr=(1,0);职业介绍:pr1=(1,0);小额担保贷款:pr2=(1,0);社会保险补贴:pr3=(1,0);公共岗位:pr4=(1,0);参加=1,否则为0
	参加项目后工作收入	参加项目后的第一份工作的最高月收入(元/月)
	收入变化	参加项目前后工作收入对比:增加=1,反之为0
	就业状况	参加项目后实现就业=1,未就业=0
	相对生活水平	失业时与参加项目后相对生活水平对比(1,2,3,4,5)
	就业单位属性变化	失业前工作单位属性与再就业工作单位属性对比
宏观经济环境	失业率	2006年的登记失业率(%)
	实际GDP增长率	ln(实际GDP增长率)(%)
	就业支出资金增长率	ln(地方政府可支配就业资金增长率)(%)

6.2.2.2 政府选择力度因子构建

政府选择力度因子指政府对个体参与某一积极就业项目的影响力度。个人参与项目取决于两方面:一是个人根据自身特征,如年龄、性别等选择使其效用最大化的项目;二是宏观经济环境,如失业状况、财政资金充裕情况、经济增长情况等形成政府对经济形势的整体判断,进而根据项目的不同特点匹配财政资金,从而影响项目的可选择性。本节依据宏观经济环境变量对项目选择的影响系数构建政府选择力度因子,该因子不但反映了政府对于个体的影响力,也反映了政府根据社会效益最大化做出的项目选择行为。

个体与政府双重选择的结果为一个二值因变量:参与、不参与,不能用普通的线性回归模型估计,二值选择模型通过构建解释变量对"发生比"对数的线性函数可以解决这一问题。若 $pr_j = 1$ 表示个体参加 j 项目,$j = 0、1、2、3、4$ 分别为职业培训、职业介绍、小额担保贷款、社会保险补贴、公共岗位，则：

（1）二值选择模型

$$\log\left[\frac{p_{ij}(\Pr_j = 1)}{1 - p_{ij}}\right] = \sum_{k=0}^{K} \beta_k x_{ik} + \sum_{q=1}^{Q} \beta_q G_{iq} \quad (6.16)$$

如式（6.16）所示，个体 i 参加 j 项目的概率为 p_{ij}，未参加 j 项目的概率是 $1 - p_{ij}$。$p_{ij}/1 - p_{ij}$ 代表发生比，即参加 j 项目与不参加 j 项目的概率之比。x_k 是影响选择的个体及家庭层面因素，G_q 为影响选择的宏观经济层面因素。

（2）对宏观经济变量赋权

采用互补式两两比较构成法对影响政府决策的因素构建权数。

（3）政府选择力度因子的构建

政府选择力度因子＝权数 $1×C_1$（失业率）＋权数 $2×C_2$（实际 GDP 增长率）＋权数 $3×C_3$（就业支出资金增长率）

其中，C_1、C_2、C_3 为各宏观经济变量对项目选择过程的影响系数。

6.2.2.3 满意度评估基本模型

评估满意度目前普遍运用 Ordered Logit 模型（Sibel Selim，2008；李丹、李玉凤，2012）、Ordered Probit 模型、二元概率模型（刘祥琪、陈钊等，2012）。也有学者采用其他方法，如朱玉春、唐娟莉等（2010）根据西北五省 40 个县的调研数据，采用因子分析法和二元离散选择模型，对农村公共服务满意度及影响因素进行研究；张自强、高岚（2013）在对指标进行熵值法确权基础上，与模糊评价法相结合考察改革政策的满意度。本节运用有序 Logit 模型评估满意度，不同点是在解释变量的选择上考虑了参加项目前后的状况对比变量。

个体的满意度评价基于参加项目后对效用状况的感知，效用既取决于个体特征、宏观经济环境，更直接来源于参加项目情况、项目实施给个体带来的收入、就业状况变化等，为分析政府对满意度的作用方向及大小，将政府选择力度因子作为效用的解释变量。

$$U_i^* = x_i'\beta + G_i'\mu + \alpha\Pr_j + \text{var}_i'\delta + \theta\text{gov}_j + \varepsilon_i \quad (6.17)$$

式（6.17）中，x_i' 为个体特征变量，G_i' 为宏观经济环境变量，$\Pr_j$ 代表项目参加情况，var'_i 为参加项目前后状况对比变量，gov_j 为政府选择力度因子，ε_i 为影响效用的其他因素。现实中效用不可直接观测，将其转化为可观测离散选择变量：

设有一组未知门槛值 $-\infty = \tau_0 < \tau_1 < \cdots < \tau_{m-1} < \tau_m = \infty$，若 $\tau_{m-1} < U_i^* \leqslant \tau_m$（$m=1,\cdots,J$），则 $satisfaction_i = m$（m 共 5 个等级，m 的值越大，代表的满意度越高）。个体 i 满意度取值为 m 及以下的累积概率：

$$c_{im} = \Pr(satisfaction_i \leqslant m | X'_i) = \Pr(U_i^* \leqslant \tau_m) = F(\tau_m - X'_i\gamma) \quad (6.18)$$

$X'_i\gamma = x'_i\beta + G'_i\mu + \alpha\Pr_j + var'_i\delta + \theta gov_j$，假定 ε_i 服从逻辑斯蒂分布，进一步得到 $satisfaction_i \leqslant m$ 相对于 $satisfaction_i > m$ 的累积 Logit：

$$l_m(X'_i) = \log\left[\frac{\Pr(satisfaction_i \leqslant m | X'_i)}{\Pr(satisfaction_i > m | X'_i)}\right] = \tau_m - X'_i\gamma \quad (6.19)$$

6.2.2.4 包含交互作用的拓展模型

基本模型初步证实了政府对满意度的正向效应，对其进行拓展，进一步研究这一效应在不同人群间是否存在差异。考虑政府选择力度与收入、生活水平等的交互作用，分析政府在项目选择中的影响力度对不同群体满意度的异质效果。为降低加入交互项的回归方程变量间的多重共线性，需对连续型变量——政府选择力度因子及参加项目后工作收入变量进行中心化处理，将交互作用变量加入效用的结构方程：

$$U_i^* = x'_i\beta + G'_i\mu + \alpha\Pr_j + var'_i\delta + \theta gov_j + Q'_i * \overline{gov_j}\varphi + \varepsilon_i \quad (6.20)$$

式 6.20 中，gov_j 表示经中心化处理后的政府选择力度因子变量，$Q'_i * \overline{gov_j}$ 为交互作用变量，包括收入交互项（政府选择力度因子与参加项目后工作收入乘法项）、生活水平交互项（政府选择力度因子与相对生活水平乘法项）、单位所在地交互项（政府选择力度因子与就业单位所在地乘法项）、单位属性交互项（政府选择力度因子与就业单位属性乘法项）。

6.2.3 政府选择力度因子分析

用二值选择模型分析项目选择过程，结果如表 6.4 所示。

6.2 政府在资源再分配中的正向效应研究

表 6.4　　　　　　　　项目选择过程结果分析

	职业培训	职业介绍	小额担保贷款	社会保险补贴	公共岗位
年龄	-0.063***	-0.042***	0.030***	0.032***	0.070***
	(0.0088)	(0.0087)	(0.0093)	(0.0100)	(0.0081)
民族	-0.268*	-0.211	-0.024	0.169	0.374**
	(0.1624)	(0.1670)	(0.1796)	(0.1637)	(0.1517)
性别	0.273***	-0.006	0.963***	-0.992***	-0.334***
	(0.0744)	(0.0759)	(0.0789)	(0.0886)	(0.0779)
户籍类型	0.996***	-0.664***	-0.696***	-0.588***	-0.069
	(0.1141)	(0.1478)	(0.1804)	(0.1863)	(0.1440)
受教育水平	-0.078*	-0.007	0.271***	-0.071	-0.064
	(0.0470)	(0.0474)	(0.0514)	(0.0494)	(0.0469)
健康状况	0.027	0.063	0.377***	-0.252***	-0.115***
	(0.0393)	(0.0393)	(0.0444)	(0.0389)	(0.0374)
政治状况	-0.066	-0.177*	0.218***	-0.025	0.009
	(0.0906)	(0.0927)	(0.0849)	(0.0877)	(0.0836)
就业单位所在地	0.094*	-0.035	-0.191***	0.130**	-0.069
	(0.0505)	(0.0521)	(0.0559)	(0.0563)	(0.0508)
工作经验	-0.019	-0.035**	0.143***	0.135***	-0.048***
	(0.0163)	(0.0160)	(0.0204)	(0.0230)	(0.0164)
工作经验平方项	0.00015	0.0012***	-0.0038***	-0.0018***	0.00043
	(0.00037)	(0.00035)	(0.00045)	(0.00047)	(0.00036)
家庭其他成员总收入	-0.376***	0.041	-0.105	0.605***	-0.175**
	(0.0734)	(0.0724)	(0.0788)	(0.0723)	(0.0693)
负担	3.80e-06*	7.37e-06***	-3.08e-05***	1.18e-05***	1.84e-05***
	(2.26e-06)	(2.62e-06)	(2.90e-06)	(3.12e-06)	(3.31e-06)
失业率	-0.125	0.133	0.407***	-0.443***	0.051
	(0.0947)	(0.0975)	(0.1077)	(0.0962)	(0.0941)
实际 GDP 增长率	0.099***	0.0003	-0.116***	-0.009	0.011
	(0.0359)	(0.0357)	(0.0380)	(0.0382)	(0.0360)

251

续表

	职业培训	职业介绍	小额担保贷款	社会保险补贴	公共岗位
就业支出资金增长率	0.358*** (0.1101)	-0.570*** (0.1121)	-0.561*** (0.1273)	0.768*** (0.1089)	-0.078 (0.1058)
伪 R^2	0.0954	0.0234	0.1255	0.1212	0.0422

注：括号内为标准差，***、**、* 分别表示1%、5%、10%的显著水平。

小额担保贷款项目选择模型的拟合优度最高，相对来讲，职业介绍项目模型的拟合度较低。

由表6.4可看出，就业支出资金增长率对四个项目的参与数均有显著影响，且影响系数也最大；实际GDP增长率及失业率均只对两个项目的选择过程有显著影响，失业率的影响系数相对更大一些；另外，就业支出资金增长率是政府更可控的因素，且积极就业项目更关注的是失业问题。本节假定就业支出资金增长率对政府决策有最重要的影响，登记失业率次之，而实际GDP增长率的影响力最小，运用构权法得到以下赋权结果表，如表6.5所示。

表6.5　　　　影响政府选择力度的宏观变量赋权表

重要性比较值＼加权对象	失业率	实际GDP增长率	就业支出资金增长率	绝对权数（合计）	比重权数（%）
失业率	1	2	0	3	33.33
实际GDP增长率	0	1	0	1	11.11
就业支出资金增长率	2	2	1	5	55.56

重要性比较值赋值原则：i 代表行，j 代表列，若 i 比 j 重要，则 $a_{ij} > M$（中等分＝1）；若 i 不比 j 重要，则 $a_{ij} < M$。

政府选择力度因子 = 33.33%×C_1（失业率）+11.11%×C_2（实际GDP增长率）+55.56%×C_3（就业支出资金增长率）。

C_1、C_2、C_3为各宏观经济变量对项目选择过程的影响系数。从表6.5中分离出这三个因素对项目选择的影响系数,最终结果如表6.6所示。

表6.6　　　　　　　　　政府选择力度因子结果表

	职业培训	职业介绍	小额担保贷款	社会保险补贴	公共岗位
失业率	-0.1251	0.1334	0.4070	-0.4428	0.0507
实际GDP增长率	0.0993	0.0003	-0.1159	-0.0092	0.0107
就业支出资金增长率	0.3576	-0.5695	-0.5613	0.7681	-0.0778
政府选择力度	0.168019	-0.2719187	-0.1890817	0.278149	-0.0251386

注：为提高精度,影响系数保留小数点后4位。

政府对于公共岗位项目选择的影响力度最小,对于职业培训及小额担保贷款的影响力相当,但对职业培训的影响为正向,对小额担保贷款的影响为负向；政府对职业介绍及社会保险补贴的影响力也相当,但方向相反。宏观经济环境越好,财政资金越充足,政府越倾向于激励个人选择参加社会保险补贴项目及职业培训项目,越不倾向于选择职业介绍项目。

对不同项目分别进行有序Logit回归的结果如表6.7所示：

表6.7　　　　　　　　　分项目的满意度评估基本模型

满意度	OLOGIT				
	职业培训	职业介绍	小额担保贷款	社会保险补贴	公共岗位
年龄	0.016*** (0.0043)	0.018*** (0.0042)	0.018*** (0.0042)	0.018*** (0.0042)	0.020*** (0.0042)
民族	0.209 (0.1385)	0.219 (0.1382)	0.227 (0.1383)	0.219 (0.1386)	0.226 (0.1385)
性别	-0.113* (0.0659)	-0.156** (0.0660)	-0.174*** (0.0662)	-0.118* (0.0658)	-0.140** (0.0656)
户籍类型	-0.270** (0.1186)	-0.302** (0.1181)	-0.291** (0.1183)	-0.275** (0.1186)	-0.302** (0.1182)

续表

满意度	OLOGIT				
	职业培训	职业介绍	小额担保贷款	社会保险补贴	公共岗位
健康状况	0.071** (0.0345)	0.062* (0.0344)	0.054 (0.0345)	0.066* (0.0344)	0.061* (0.0345)
政治状况	-0.117 (0.0734)	-0.131* (0.0735)	-0.139* (0.0735)	-0.116 (0.0734)	-0.121* (0.0734)
就业单位所在地	-0.107** (0.0433)	-0.105** (0.0432)	-0.110** (0.0433)	-0.108** (0.0433)	-0.106** (0.0432)
参加项目情况	-0.294*** (0.0875)	-0.254** (0.1023)	0.377*** (0.0915)	0.318*** (0.1045)	-0.066 (0.0748)
参加项目后收入变化	0.229*** (0.0656)	0.201*** (0.0660)	0.182*** (0.0662)	0.228*** (0.0656)	0.218*** (0.0656)
参加项目后就业状况	0.259** (0.1186)	0.308*** (0.1165)	0.300*** (0.1156)	0.311*** (0.1161)	0.369*** (0.1164)
相对生活水平	0.277*** (0.0275)	0.268*** (0.0276)	0.269*** (0.0275)	0.279*** (0.0275)	0.274*** (0.0275)
就业单位属性变化	0.018 (0.0136)	0.019 (0.0136)	0.018 (0.0136)	0.019 (0.0136)	0.020 (0.0136)
失业率	0.341*** (0.0830)	0.334*** (0.0830)	0.335*** (0.0830)	0.339*** (0.0830)	0.333*** (0.0830)
GDP增长率	0.210*** (0.0317)	0.211*** (0.0317)	0.213*** (0.0317)	0.211*** (0.0317)	0.210*** (0.0317)
就业支出资金增长率	-0.080 (0.1003)	-0.081 (0.1005)	-0.074 (0.1003)	-0.076 (0.1003)	-0.076 (0.1005)
政府选择力度因子	0.882*** (0.1707)	0.252 (0.2035)	0.841*** (0.1595)	0.208 (0.1959)	0.587*** (0.1488)

续表

满意度		OLOGIT				
		职业培训	职业介绍	小额担保贷款	社会保险补贴	公共岗位
阈值	Cut1	−0.3577871	−0.3989609	−0.3570823	−0.1438468	−0.1847496
	Cut2	0.5386216	0.4975942	0.5406222	0.7537154	0.7129429
	Cut3	1.970759	1.927567	1.972789	2.187321	2.144988
	Cut4	4.446769	4.400129	4.449227	4.661235	4.614224
卡方统计量		254.46	249.34	260.23	252.43	243.92
P 值		0.0000	0.0000	0.0000	0.0000	0.0000
伪 R^2		0.0266	0.0261	0.0272	0.0264	0.0255

注：括号内为标准差，***、**、* 分别表示1%、5%、10%的显著水平。

实证结果显示，政府选择力度因子在五个项目下的影响系数均为正，其他因素不变时，随着政府选择力度的增强，个人倾向于对满意度有更高的评价。这一正向效应在职业培训及小额担保贷款中表现得更明显：培训项目政府选择力度因子系数为0.882，累积Logit随政府选择力度的增强而减小，满意度倾向于更高；但职业培训项目对满意度的整体效果（即参加项目情况）为−0.294，这说明有一些其他因素导致了对满意度的负向评价。小额担保贷款项目政府选择力度因子影响系数显著为正，为0.841，且小额担保贷款项目对满意度的整体效果为0.377，是主观效果最好的项目。职业介绍及社会保险补贴的政府选择力度因子系数均不显著，这可能是由于遗漏重要解释变量导致估计存在偏误；另外，职业介绍对满意度的效果为负，但社会保险补贴对满意度的效果为正。公共岗位政府选择力度因子系数为0.587，同样证实了政府对满意度的正向效应。政府在项目选择、项目参与者筛选及项目实施过程中，更关注弱势群体的利益，因而在资源再分配过程中，政府作用的有效发挥提升了个体的满意度，提高了居民整体福利水平，这为解决我国"不幸福增长"困境提供了新的参考。分析表6.7的结果，还得到其他一些有益的结论：

①参加项目后收入变化,即相对收入水平对满意度有正向影响。五个项目的参与者在参加项目后的收入变化对满意度的影响系数均约为0.2,且在1%的置信水平显著。参加项目后收入增加群体的满意度评价累积概率的比数是收入不变或降低群体的0.8187倍,即收入增加群体倾向于对满意度有更高的评价。由收入差距产生的"相对剥夺感"导致个体对绝对收入的提高并不敏感,但相对收入的提高能有效增加个体满意度。

②参加项目后就业状况的改善能提高满意度。就业状况的改善分为两方面:一是由失业转为就业,失业者尤其是长期失业者通过就业能更好地融入社会,降低社会排斥,自尊心增强,责任感提升,进而有更高的满意度。就业状况对满意度的影响系数为0.3左右,就业群体的满意度评价累积概率的比数是未就业群体的0.7408倍,获得工作对满意度有显著正影响;二是就业质量提高,包括就业单位所在地的改善,如从农村、乡镇等发展水平较低的地区转到城市就业;也包括就业单位属性变化,如从较不稳定的工作转为较稳定的工作等。表6.7的结果与预期相反,在城市就业的人群比在乡镇就业的人群的满意度要低一些,参加项目前后的就业单位属性变化对满意度的影响也不显著。

③相对生活水平对满意度有显著正向影响。个人参与项目的收益最终会通过生活水平的变化体现出来。就业状况改善带来的物质收入提高,会反映在生活水平的提升上,而生活水平对人的心理形成最直接的印象,是更直接地影响满意度评价的因素。表6.7中五个项目的相对生活水平对满意度的影响系数均显著为正,且达到0.27左右,相对生活水平提升幅度越大,越有利于个人做出更高的满意度评价。

基于包含交互作用的扩展模型,运用有序Logit模型对满意度进行评估,结果如表6.8所示。包含交互作用的拓展模型相较于基本模型,解释力度大幅提高,这说明交互作用项对个体的满意度有重要影响。每一项目下,政府选择力度因子对满意度的影响系数均变大,职业培训项目达到4.162,其余变量的系数没有发生显著改变,鉴于分析目的,表6.8只报告了交互作用项的影响系数。

表 6.8　包含交互作用的满意度评估模型

满意度	满意度评估模型				
	职业培训	职业介绍	小额担保贷款	社会保险补贴	公共岗位
就业单位所在地	-0.135*** (0.0459)	-0.129*** (0.0458)	-0.130*** (0.0458)	-0.135*** (0.0459)	-0.130*** (0.0458)
参加项目情况	-0.307*** (0.0945)	-0.178 (0.1124)	0.309*** (0.1106)	0.306*** (0.1129)	-0.005 (0.0775)
参加项目后工作收入	0.056 (0.0727)	0.003 (0.0730)	-0.045 (0.0753)	0.038 (0.0721)	0.018 (0.0727)
参加项目后收入变化	0.256*** (0.0718)	0.245*** (0.0719)	0.242*** (0.0719)	0.259*** (0.0718)	0.252*** (0.0718)
相对生活水平	0.291*** (0.0291)	0.288*** (0.0291)	0.291*** (0.0291)	0.294*** (0.0291)	0.291*** (0.0292)
就业单位属性变化	0.015 (0.0142)	0.015 (0.0142)	0.014 (0.0142)	0.016 (0.0142)	0.017 (0.0142)
政府选择力度因子	4.162*** (1.099)	3.374*** (1.096)	3.832*** (1.088)	3.416*** (1.089)	3.620*** (1.085)
收入交互项	-0.675** (0.3194)	-0.815** (0.3159)	-0.652** (0.3235)	-0.725** (0.3183)	-0.885*** (0.3132)
生活水平交互项	-0.385*** (0.1366)	-0.413*** (0.1366)	-0.402*** (0.1365)	-0.374*** (0.1369)	-0.400*** (0.1366)
单位所在地交互项	-0.361* (0.2123)	-0.298 (0.2116)	-0.307 (0.2116)	-0.359* (0.2126)	-0.311 (0.2116)
单位属性交互项	-0.105 (0.0808)	-0.085 (0.0805)	-0.091 (0.0805)	-0.100 (0.0807)	-0.084 (0.0804)
阈值　Cut1	-0.3286769	-0.835098	-1.181216	-0.3174728	-0.5513399
Cut2	0.6661349	0.1601209	-0.1849462	0.678606	0.4443309
Cut3	2.137732	1.630337	1.287002	2.151728	1.915469
Cut4	4.660721	4.148053	3.806498	4.67192	4.431695

续表

满意度	满意度评估模型				
	职业培训	职业介绍	小额担保贷款	社会保险补贴	公共岗位
卡方统计量	275.68	267.67	272.96	272.50	265.16
P 值	0.0000	0.0000	0.0000	0.0000	0.0000
伪 R^2	0.0319	0.0309	0.0316	0.0315	0.0307

注:括号内为标准差,***、**、*分别表示1%、5%、10%的显著水平。

分析表6.8的交互作用项,发现其影响系数均为负,基本模型中未控制交互项对满意度的负向影响,导致政府选择力度对满意度的正向效应被低估。职业介绍、社会保险补贴项目政府选择力度因子的影响系数由不显著变为显著,说明交互项是满意度的重要解释变量,忽略该变量导致了估计偏误。拓展模型进一步证实了政府对满意度的显著正向效应,并且正向效应对不同群体的效果是异质的。

①政府选择力度因子与参加项目后工作收入交互项的系数显著为负,公共岗位项目的交互作用最明显,收入交互项的系数为-0.885,但工作收入本身对满意度的影响不显著。工作收入绝对水平的高低并不直接影响个体的满意度,但随着工作收入的提高,政府选择力度因子对满意度的正向效应减弱。在项目实施过程中,政府对低收入群体满意度的促增效应更明显,这与陈刚、李树得出的结论一致。

②政府选择力度因子与相对生活水平交互项的系数也显著为负,约为-0.4。相对生活水平及政府选择力度因子本身对满意度有正向影响,但交互项却表现为负向影响,说明相对生活水平对于政府选择力度对满意度的正向效应有显著调节作用。生活水平改善较多的群体,会产生对更高生活质量的需求,更易产生不满足感,而抵消一部分政府的正向作用。

③政府选择力度因子与工作单位所在地交互项的系数不显著,但不能忽视工作单位所在地对满意度的负向影响,在城市等经济发展水平较高地区就业群体的满意度相对于乡镇就业群体要低一些。这可能与城市就业环境不稳定、竞争压力大、个体间工作待遇差异大有关。政府选择力度因子与再就业工作单位属性交互项的系数也不显著,并且就业单位属性变化并

不影响满意度评价。

6.2.4 结论与政策优化建议

市场主导资源分配更具经济效率是学者的共识,但过分倚重效率标准也是导致我国"不幸福增长"困境的重要原因。本节以满意度标准证实了政府在资源再分配中的显著正向效应:随着政府选择力度的增强,个体倾向于更高的满意度评价,对五个积极就业项目分别进行评估的结果都如此,这为约瑟夫·E. 斯蒂格利茨"政府在再分配过程中的角色"提供了来自劳动力市场的证据。因此,在资源再分配过程中,要注重政府作用的有效发挥。

参加项目前后的状况对比变量对满意度有很重要的影响。参加项目后的绝对收入水平对满意度的影响不显著,但参加项目后收入的增加显著提高了满意度;相对生活水平提高、就业状况改善均能显著提高个体的满意度。政府设计及实施公共项目时,要关注目标群体相对状况变量的改善,这样才能提升个体以及整体的满意度,更有效地发挥政府作用。

资源再分配中,政府对满意度的正向效应在不同群体间是异质的。正向效应会随个体收入提高、相对生活水平提升而减弱,政府对低收入群体及生活水平较低群体的满意度的促增效应更大。政府力度的增强能有效提高社会整体福利水平,尤其能显著提高贫困弱势群体的福利水平,而这些群体的福利在市场主导资源分配时往往易被忽视。为了缓解"不幸福增长"困境,政府在进行财政资金再分配时,可以适当向弱势群体倾斜。

6.3 个体选择、政府行为与撇脂效应

6.3.1. 研究背景

近年来,我国经济下行压力大,经济新常态下就业形势更加严峻,就业问题备受关注。而积极劳动力市场政策自 2002 年实施以来,一方面优化了劳动力市场资源配置,另一方面还扩大了就业。为提高政策质量,每年财政部都会对各省的就业绩效开展考核工作,以再就业人数和城镇登记失业率等作为就业促进效果指标,进行项目评分,对在促进就业工作中做

出显著成绩的单位和个体给予表彰和奖励(财社[2012]17号)。然而,这种以结果为导向的绩效考核体系是把"双刃剑"。一方面,可以正向激励各级政府,调动积极性,提高政策成效;另一方面,可能会过度激励,产生撇脂效应(Cream Skimming Effect),也叫作择优效应。即,在政策实施过程中,由于绩效考核标准的激励,为实现低失业率目标,就可能会挑选获益最大或能快速实现再就业的群体,从而偏离政策目标群体(即最需要群体),违背政策的根本目的。简单地说,就是政府的选择行为也存在偏差,是政府行为与政策文件的偏差(Heckman、Smith,2011)。这尽管体现了效率要求,但却忽视了那些真正需要得到政府帮助的群体的要求,没有兼顾公平性。那么,我国积极劳动力市场政策中是否也存在撇脂效应呢?如果存在,哪类项目中撇脂效应更加严重?这就是本节需要回答的问题。

目前国内针对积极劳动力市场政策的研究,还主要集中在政策完善、绩效评估和影响因素探究等方面(杨宜勇,2007、2009、2010;褚保金等,2008;吴耀武、蔡昉,2009;赵曼等,2010;赖德胜,2011、2013;李锐等,2010、2014、2015)。这些文献都关注到了政策实施过程中的效率问题,研究如何尽可能提升就业率,但却忽视了政策实施前个体参与的公平性问题,那些本来最需要的个体反而往往不能参与项目。尽管一些学者肯定了政府在积极劳动力政策实行过程中的作用,但对于政府的选择行为所产生的撇脂效应的研究却相对较少。

而国外从20世纪90年代就开始关注"撇脂效应"问题。一些学者认为撇脂效应的影响较大,激励政策将弱势群体排除在候选者之外,违背了社会项目的初衷。Barnow(1992)、Anderson等(1992、1993)发现培训项目存在巨大的撇脂效应,官员为获得政策奖励,会服务于最有能力的申请者。Skedinger和Widerstedt(2007)研究发现针对残疾人的庇护性就业项目更容易产生撇脂效应,存在智力或精神缺陷的群体在求职时更难以被选中,公司在招聘时往往会优先选择其他群体。Blache(2011)的研究也表明撇脂效应会减少私有部门的就业机会,弱化政策效果,且这种不利影响在职业培训项目和职业介绍项目中更为明显。Allcott(2015)通过对Opower节能项目的研究也发现,实施的公共项目由于处在环保主义人群更多的地区,这部分群体更容易参加项目,从而使得项目处理效应更高;另外项目选择的初始人群往往具有较高的使用率,这也导致了项目随后的参与者表现变差。"选址偏误"(Site Selection Bias)的存在,使得样本群体和非样本群体之间平均处理效应存在显著差异,影响了项目大范围的推广。公共节能项目的实施往往是政府部门或相关机构推动的,他们的选择行为导致的偏误,即撇脂效应使得公共项目的评估变得不可信。

然而,以 Heckman 为代表的学者认为撇脂效应的负面影响被夸大了。Anderson 和 Burkhauser 等(1993)通过对田纳西州 JTPA 机构的数据和人口调查数据的研究发现,基于 JTPA 绩效标准下地方政府行为确实存在撇脂效应,但是相对于随机选择而言撇脂效应的存在只使得就业率小幅下降,若更加侧重公平,服务那些更加困难的群体,比如高中退学人员,就业率就会下降约四分之一。Heckman 等(2002)提出 JTPA 绩效系统的绩效分析框架,证明政府为实现绩效目标,在筛选目标群体时,会优先考虑能够实现短期目标而非长期目标的群体。但他们同时也发现,这种影响有限,只会产生适度的效率收益或损失。Heckman 和 Smith(2004、2011)将公众参与社会项目的过程分解为符合资格、意识到、主动申请、被接受和成功注册五个阶段,构建了全新的项目选择过程分析框架。研究表明,通过分解参与过程可以清晰看到,在不同阶段不同的因素对于参与项目的影响有的相互冲突,有的相互加强。例如,在参与过程的第一阶段,政府虽然可以制定规则,但是资格规则的改变对于群体参与的影响却很小。而在政府起主导作用的注册阶段,黑人、低学历者、来自贫困家庭或者工作经验较少的群体相对于其他种族、具有较高学历、来自更为富有的家庭并且具有就业经验的群体而言更难被选中,此时存在撇脂效应,但他们的分析并没有揭示其中个体自选择和政府选择的各自影响。Barnow 和 Smith(2004)、Heinrich(2004)、Marschke(2008)、Koning 和 Heinrich(2010)、Barnow 和 Heinrich(2010)、Courty 等(2013)的实证结果也表明撇脂效应对就业率的影响较小。

尽管针对撇脂效应的影响大小还存在争议,但结果导向型的绩效考核体系会影响政府行为,进而导致撇脂效应,这一点已达成共识。随着绩效系统的成熟运行和政府角色的转变,国外最新的研究已转向如何改善现有绩效系统,以减少政府行为所带来的撇脂效应,提高政府服务质量。Brooks(2002)、Rubenstei 等(2003)重新设计调整了绩效标准,并对比了不同的调整策略。Heinrich(2007)指出美国 WIA 项目的绩效奖金制度有缺陷，会降低绩效水平。同时，他们从理论上证明了，虽然低差别绩效制度对政府的奖惩力度相对较小，但由此产生的名誉效应较大，所以采取低差别绩效奖惩制度可以有效抑制撇脂效应。Courty 等(2009)的研究表明，在美国 JTPA 培训项目中，官员在注册阶段会挑选影子价格增加但边际收益低的群体，也就是说，通过对不同群体设置不同的影子价格能够有效抑制撇脂效应。Courty 和 Marschke(2011、2014)回顾现行绩效系统的弊端后，指出由于系统设计者不是政策执行者，信息不对称导致绩效系统具有功能性缺陷。设计者应该充分考虑政策执行者对绩效考核标准和方式的反应，并针对不同的功能性失调行为提供差异化的解决措施，从而降低政府行为的撇脂效应。Heckman 等(2014)指出培训项目的绩效系统的局限在于不能细化强制性条例，简明的指标会使决策者偏好短期利益而忽视长期利益。另外，更易被选中的群体往往对政策有广泛的了解，自身也更倾向于参与政策。群体的自选择效应和决策者选择的撇脂效应一起导致了政策目标的偏离，因此，扩大政策宣传面可以缓解这种偏离所引起的机会不平等。

与本书研究角度相近的是陈耀波(2009)和王海港等(2009)的研究。陈耀波(2009)采用了工具变量回归方法，发现职业培训前的工资下降(Ashenfelter's Dip)会引起能力较高的劳动力参加培训，产生撇脂效应，且对收入产生正向作用。然而，他认为这种撇脂效应是劳动者的自我筛选，没有考虑政府在职业培训计划中的作用。王海港等(2009)应用异质性处理效应模型方法，发现在由政府主导的珠江三角洲农村的职业培训项目中，真正参与培训的群体可能并不是最需要培训的群体。然而，他们研究的职业培训具有特殊性，外部有效性较低，很难将研究结论推广开来。同时，两篇文献的研究方法都无法很好地识别政府行为导致的撇脂效应。与他们的研究不同，我们基于世界银行的调研数据，以职业培训、职业介绍、小额担保贷款、社会保险补贴和公益性岗位为例，首先根据明瑟方程来探讨影响参与者收入的各种因素，其次利用双选择模型来考察政府和个人在不同劳动力市场政策项目地选择中的作用，再次利用倾向得分对同一群体进行分层，估计不同层次的群体在同一项目中的异质性效果，研究积极劳动力市场政策中撇脂效应的存在，并进一步探讨劳动力市场中不同性别的参与者的撇脂效应。最后针对目前我国公共项目实施过程中出现的撇脂效应问题提出相关建议。

与前文不同,前文从"满意度"的角度来考察政府行为,而本节通过引入"择优效应"这一概念来重新审视政府行为。本节内容安排如下:第二部分是模型和分析方法,分别说明双选择模型和本质异质性模型的基本原理;第三部分是数据和变量选择;第四部分是实证结果和分析;第五部分是结论和启示。

6.3.2 本质异质性双选择绩效评估模型及其构建

6.3.2.1 双选择模型

收入方程是度量项目效果差异的基础,为了分析具体就业促进项目的效果,通常采用明瑟(Mincer)收入模型:

$$\ln Y_{i,k} = X_{i,k}\beta_{i,k} + \varepsilon_{i,k} \tag{6.21}$$

其中,$\ln Y_{i,k}$ 表示个体 i 参加项目 k 的收入对数,X 表示影响收入的因素,包括年龄、性别、受教育水平、工作经验等,β 表示回归系数,$\varepsilon \sim N(0,\sigma^2)$ 表示服从正态分布的随机扰动项。为了衡量项目的客观收入绩效,需将项目选择指示变量 $D_{i,k}$ 引入基本明瑟模型:

$$\ln Y_{i,k} = X_{i,k}\beta_{i,k} + \alpha D_{i,k} + \varepsilon_{i,k} \tag{6.22}$$

其中,$D_{i,k}$ 表示个体 i 是否参加项目 k,α 是政策效果估计值。

与传统研究认为项目的参与状态由个体单方面决定不同,我们认为个体参与社会项目不同于参与私人项目。一方面,根据微观经济学理论,我们认为个体对于参与项目的收益具有理性认识,会结合自身情况对参与项目做出成本收益分析,最后根据效用最大化做出项目选择,这种选择在完全竞争的市场里是高效率的,这既是本书也是众多选择模型实证研究的基础。然而另一方面,社会项目作为一种公共项目,它的提供一般需要政府的支持,政府需要对个体参与社会项目的资格进行审查,只有资格审查通过的个体才能参与社会项目。反之,如果社会项目由私人提供,就会出现供给不足的现象。政府在解决社会项目问题上首先解决了供给问题,弥补了市场的不足,然后通过政府筛选来进行资源配置。而政府在考虑资源配置效率时,会基于参与项目的个体自身特征和当前宏观经济条件的限制,按照自身效用最大化和社会效益最大化的原则针对不同群体来实施不同的社会项目，本书主要考虑小额担保贷款、社会保险补贴、职业培训、职业介绍、公共岗位五类社会项目。

根据劳动经济学经典理论可知，政府部门所实施的积极劳动力政策是以社会效益最大化为目标，通过对传统新古典劳动力供给理论的扩展，建立以个体行为为核心的工作搜寻模型，在此基础上来考虑社会效益最优，即净总产出贴现值的极大值。但是传统理论是从工作搜寻者的角度出发，忽视了政府实施劳动力政策的成本，即忽视了政府自身效用最大化的问题。而本书正是研究政府在绩效考核体系下的选择行为，再结合我国实际情况进行分析，我们在考虑失业率以及产出的基础上引入了政府可使用的政策资金这个变量。

所以，遵照上述经济学原理并考虑社会项目的实施过程，我们最终认为社会项目的参与状态由个体和政府共同决定（李锐等，2015），而个体和政府的选择又是基于各种因素决定的。为便于分析个体和政府的选择过程，我们作出了以下几点简化的假设：

①根据具体项目对申请主体的限制性条件，政府进一步筛选符合条件的申请者。因此个体选择先于政府选择，且相互独立。

②个体参与不同积极劳动力市场项目的决策相互独立。

③个体和政府均只作出一次选择。

④个体和政府的效用函数是风险中立的。

将个体选择和政府选择分别设定为：

$$P_{i,k}^* = f_{i,k}(Z_{i,k}) + \mu_{i,k} = Z_{i,k}\gamma + \mu_{i,k} \tag{6.23}$$

$$G_{j,k}^* = g_{j,k}(W_{j,k}) + v_{j,k} = W_{j,k}\varphi + v_{j,k} \tag{6.24}$$

其中，$P_{i,k}^*$ 和 $G_{j,k}^*$ 是潜变量，分别表示个体 i 和政府 j 选择项目 k 的收益。Z 和 W 表示影响其收益的因素，包括个体自身特征和宏观经济特征。γ 和 φ 表示回归系数，μ 和 v 表示随机扰动项。由于潜变量不可观测，定义两个指示变量如下：

$$P_{i,k} = \begin{cases} 1 & \text{当 } P_{i,k}^* \geq P_{i,m}^* \text{ 时} \\ 0 & \text{当 } P_{i,k}^* < P_{i,m}^* \text{ 时} \end{cases} \tag{6.25}$$

$$G_{j,k} = \begin{cases} 1 & \text{当 } G_{j,k}^* \geq G_{j,m}^* \text{ 时} \\ 0 & \text{当 } G_{j,k}^* < G_{j,m}^* \text{ 时} \end{cases} \tag{6.26}$$

其中，$P_{i,k}$ 和 $G_{j,k}$ 分别表示个体 i 和政府 j 是否选择项目 k，$P_{i,k}=1$ 或 $G_{j,k}=1$ 说明选择该项目的收益为所有项目中最大的，而未选择该项目则说明其他项目有相对更好的收益。正如前文所说，具体项目的参与状态是由 $P_{i,k}$ 和 $G_{j,k}$ 共同决定的，但现实中，我们仅能观测到个体最终是否参与某个具体项目，即只能观测到个体选择和政府选择的乘积，无法观测到 $P_{i,k}$ 和 $G_{j,k}$ 分开的单独的值（赵忠，2003；李锐等，2015）：

$$D_{i,k} = P_{i,k} \cdot G_{j,k}$$

$$D_{i,k} = \begin{cases} 1 & \text{当 } P_{i,k}=1, G_{j,k}=1 \text{ 时} \\ 0 & \text{其他情况} \end{cases} \quad (6.27)$$

其中，$D_{i,k}=1$ 表示个体 i 最终成功选择参与项目 k。由于个体决策和政府决策是相互独立的，可以借鉴 Xie（2005、2012、2014）、Chetty（2009）、Heckman（2010）的研究思路，以 Rubin 因果模型为基础，采用结构模型和简约模型相结合的方式评估政策效果。借鉴 Heckman 两步法，首先对式（6.23）和式（6.24）进行 probit 回归，并构造样本选择偏差矫正项，同时选择家庭其他成员总收入和家庭总负担作为工具变量，然后将修正项加入到式（6.22），得到无偏差、一致有效的客观收入绩效参数估计值。通过双选择模型我们可以考察在不同的积极劳动力市场政策下，政府和个体在具体项目中的影响力度。但我们并未考虑到异质性的问题，这将在后文进行介绍。

6.3.2.2 本异质性模型

本质异质性分为选择异质性和反应异质性两类（Heckman，2006、2010；Xie，2008、2012、2014；李锐等，2015）。选择异质性主要体现在参与项目的选择上，不同个体对于项目的选择存在差异，例如，对积极就业政策进行评估时，选择参与项目的人和不参与项目的人存在差异。反应异质性主要是指不同项目的参加者会存在不同的效果，还是以积极就业政策为例，年龄 27 岁的参与者 A 相对于年龄 45 岁的参与者 B 取得了更好的效果。对反应异质性的研究，能够得出同一项目对不同群体具有不同效果的原因。

在式(6.22)中假设经济人是同质的,即参与同一项目的所有个体 i 的效果 α 都相等。本部分为清楚展示个体和政府选择结果所造成的效果差异,进一步放松式(6.22)的假设条件,承认不同个体在同一项目的效果存在差异,允许效果 α 随个体的不同而变化,并同时考虑选择异质性和反应异质性,估计不同群体在同一项目中的不同效果。

$$\ln Y_{i,k} = X_{i,k}\beta_{i,k} + \alpha_i D_{i,k} + \varepsilon_{i,k} \qquad (6.28)$$

按照 Xie(2012,2014)的思路继续对整体收入模型进行识别和估计,不同的是,本书考虑到了政府和市场的选择过程在收入决定模型中的影响,利用 Heckman(2009)、Chetty(2009)分析范式,在 Xie(2012、2014)的分析框架下引入结构计量经济学分析。具体而言,本书参照 Jann(2008)、Xie(2012、2014)提出的 Stratification-Multilevel(SM)估计方法对式(6.28)进行估计①,探讨不同倾向得分层(即不同能力群体)的项目相对效果,考察撇脂效应是否存在和存在的原因。该方法与倾向得分法(简称 PSM)类似,但要优于 PSM 法,因为 HTE 方法允许项目效果因人而异,即允许每一个倾向得分匹配层有不同的处理效应(Brand 和 Xie,2010)。

具体步骤是,第一,对每一项目参与者采用双选择模型测算其倾向得分,倾向得分取值从 1 到 8 依次逐渐升高。比如在讨论培训项目时,选择培训项目时指示变量 $D_{i,k}$ 为 1,选择其他项目时指示变量 $D_{i,k}$ 为 0。第二,利用倾向得分对群体进行分层,构建平衡倾向得分层。同一分层内 $D_{i,k}$ 为 1 或 0 的个体具有的指标没有明显的差别。第三,假设同一层级内个体效果相同,测算同一倾向得分层项目相对效果。第四,利用 Xie(2012、2014)、Brand 和 Xie(2010、2011)提供的方差加权最小二乘法,估计不同倾向得分层级间的效果趋势。

6.3.3 数据、变量选择与本质异质性双选择绩效评估

6.3.3.1 数据和变量选择

(1)数据

---

① 在 stata 程序中,该方法可以通过 hte 命令实现。

6.3 个体选择、政府行为与撇脂效应

本书的微观数据源自 2008 年世界银行抽样调查以及 2014—2015 年补充调研。抽样框为全体参加积极就业项目人员。项目包括培训、就业介绍、小额担保贷款、社会保险补贴、公共岗位。采用多阶段分层抽样以及系统抽样。第一阶段，按照东中西、发达、中等、落后的原则抽取 9 个省份(河南、新疆、安徽、云南、山东、湖北、陕西、江苏、黑龙江);第二阶段从每个省按照发达、中等、落后的原则各抽取 3 个城市，共计 27 个城市;第三阶段在每个城市中从 2003 年至 2008 年间享受积极就业政策名单抽取样本，共计 7800 个有效样本。问卷内容包括：基本情况、参与项目情况、参与项目结果的主客观指标。由于研究涉及收入等数据，因此存在逻辑矛盾以及缺失情况，对这类样本采取了删除的处理方式，该类样本量很小，大约不到总样本量的 4%。本书的宏观数据源自 2008 年各省统计年鉴。

(2)变量

在模型 6.28，即式(6.28)中，主要使用的变量如下：

首先，采用参加项目后第一份工作的收入作为被解释变量之一，并衡量项目效果。收入包括基本收入和奖金，选择 2000 年物价指数作为基期，对不同年份的收入进行指数化。双选择模型的被解释变量均为：选择=1，未选择=0。

其次，核心解释变量包括两个层次指标：个体层面指标以及政府层面指标。其中，个体层面包括个体自身层面与家庭层面两部分。个体自身层面指标包括性别、年龄、受教育水平、政治状况、户籍类型、工作单位所在地、健康状况等。根据前文分析，政府在考虑其自身效用最大化和社会效益最大化的前提下选择过程主要受自身的资金、上级政府的行政考核和当前的就业压力三个方面影响，因此政府层面指标我们选择了失业率、实际 GDP 增长率和就业政策资金增长率。具体如表 6.9 所示。

表 6.9　　　　　　　　　　变量说明

被解释变量	含　　义
项目指示变量	选择=1,未选择=0
收入对数	参加项目后的第一份工作的最高月收入

续表

解释变量		含 义
个体自身层面	年龄	单位:年
	民族	汉族=1,非汉族=0
	性别	男性=1,女性=0
	户籍类型	城市=1,农村=0
	受教育水平	单位:年
	健康状况	非常差=1,差=2,正常=3,好=4,非常好=5
	政治状况	群众=1,共产党=2,民主党派=3
	工作单位所在地	农村=1,镇=2,县=3,城市=4,首都=5
	工作经验	单位:年
家庭层面	家庭其他成员总收入	年收入
	负担	家庭总支出
政府层面	失业率	2006年的登记失业率
	实际GDP增长率	ln[(2006年GDP—2005年GDP)/2005年GDP]
	就业支出资金增长率	ln(地方政府可支配就业资金增长率)
参加项目情况	参加项目情况	职业培训:pr=(1,0);职业介绍:pr1=(1,0);小额担保贷款:pr2=(1,0);社会保险补贴:pr3=(1,0);公共岗位:pr4=(1,0);
	参加时间	实际参加月数
	参加项目前工作情况	参加项目前已工作的单位数量(0-12)

6.3.3.2 结果分析

(1)收入决定因素

采用基本的明瑟模型 $\ln Y_i = X_i \beta_i + \varepsilon_i$ 构建评估模型的基础。其中 Y_i 表示月收入,解释变量包括:受教育水平(确切受教育时间),教育水平为连续值;工作经验,参照明瑟(1974)和Xie(1996)的方法获得工作经验值以及工作经验值的平方项。Xie(1996)在明瑟的基础上进行修正,使之更符合中国的国情,修正后的模型解释变量在原有的基础上增加了:政治状况、性别、性别与受教育水平的交叉项。本书将根据蔡昉等(2001)、赵忠等(2004)、陈钊等(2008、2009、2012)相关研究成果,增加户籍类型、健康状况等因素。拓展后的明瑟模型具有更好的解释力度。谢宇(1996)、王小鲁(2004)、万广华(2005)、郝大海(2006)、范剑勇(2006、2009)、陆铭(2012)等的研究均发现地域差异解释了相当部分的收入差距,因此本书构建的基本模型将包括区域因素,同时模型还包括政策因素。

为突出地区差异与政策差异对收入的解释力度,笔者对明瑟(1974)、Xie(1996)收入模型进行了修正,最终确定收入模型为 $\ln Y_i = X_i\beta_i + \alpha D_i + \varepsilon_i$,其中 α 为固定值,并假设 $\text{cov}(D_i, \varepsilon_i) = 0$,从而忽略了自选择问题。

表 6.10 各类收入决定模型估计结果

自变量	明瑟模型(1974)	谢宇模型(1996)	含有区域差异的模型	含有政策差异的模型
民族		-0.067* (0.037)	-0.007 (0.036)	0.018 (0.031)
性别		0.122* (0.067)	0.124*** (0.062)	0.138*** (0.054)
户籍类型		0.172*** (0.029)	0.111*** (0.028)	0.136*** (0.025)
受教育水平	0.0287*** (0.003)	0.009 (0.009)	0.012* (0.008)	0.024*** (0.007)
健康状况		0.109 (0.009)	0.092*** (0.008)	0.051*** (0.007)
政治状况		0.002 (0.019)	0.009 (0.017)	-0.012 (0.015)
工作单位所在地		0.021** (0.011)	0.044*** (0.011)	0.061*** (0.009)
性别与受教育水平交叉项		0.012** (0.006)	0.008* (0.006)	-0.004 (0.005)
工作经验	0.001 (0.003)	0.019*** (0.003)	0.025*** (0.003)	0.012*** (0.003)

续表

自变量	明瑟模型(1974)	谢宇模型(1996)	含有区域差异的模型	含有政策差异的模型
工作经验平方项	-0.0002** (0.000)	-0.0006*** (0.000)	-0.0007*** (0.000)	-0.0003*** (0.000)
省份虚拟变量1			0	0
省份虚拟变量2			0.22* (0.13)	0.194*** (0.115)
省份虚拟变量3			0.403*** (0.08)	0.418*** (0.07)
省份虚拟变量4			-0.162*** (0.08)	-0.144*** (0.07)
省份虚拟变量5			-0.128* (0.08)	-0.16*** (0.07)
省份虚拟变量6			-0.39*** (0.08)	-0.42*** (0.07)
省份虚拟变量7			0.14** (0.079)	0.129** (0.069)
省份虚拟变量8			-0.116* (0.079)	-0.138*** (0.069)
政策虚拟变量1				-0.116*** (0.022)
政策虚拟变量2				0.602*** (0.022)
政策虚拟变量3				-0.13*** (0.021)
政策虚拟变量4				-0.218*** (0.132)
固定项	7.8*** (0.133)	7.8 (0.133)	7.8*** (0.15)	8.01*** (0.13)
R^2	0.028	0.1	0.23	0.422

注：括号内为标准差，＊＊＊、＊＊、＊分别表示1%、5%、10%的显著水平。

表 6.10 充分反映了四类收入决定模型解释力度逐步提高的过程，以及模型当中不同解释变量影响的大小。基本明瑟模型只解释了收入变化的 2.8%，绝大部分的收入变化不能用受教育水平和工作经验来进行解释，远低于众多学者，如李实(2003)、罗楚亮(2007)、郝大海(2007)等的研究结果。其中教育投资收益率仅为 3%，表明该群体再就业后大多从事回报比较低的行业，例如公益性岗位，同时也说明再就业群体的特殊性。

谢宇拓展模型解释了收入变化的 10%，相对基本明瑟模型有了很大的提高。该结果与 Xie(1996)、边燕杰(2008)相同的是受教育水平与工作经验的影响依然很低，不同的是政治地位对于收入没有显著影响，而户籍类型、性别与受教育水平的交叉项、工作单位所在地、经验的影响相对较大。

含有区域差异的模型的解释力度提高了近一倍，达到 22.9%，在加入政策性因素后解释力度又增加了一倍左右，达到 42.25%。这表明区域和政策差异对个体收入的影响要远远超过了个体本身特征。政府若根据区域经济或者项目特征，分配不同项目给特定参与对象，则参与对象的项目收益会有所不同。另外，该模型估计结果表明：除政治状况和性别与受教育水平交叉项外，其余解释变量均有较大影响。性别变量影响较大，但性别与受教育水平交叉项影响很小，这说明性别差异并不是通过受教育水平差异影响收入的。综上，模型初步表明个体收入不仅由自身特征和家庭因素决定，还受宏观环境和政府决策影响。

(2) 个体和政府在不同项目中的作用

根据前文分析，我们知道项目的效果差异来自于选择差异和反应差异两部分。为剖析政府决策对项目效果的影响，首先必须清晰地理解政府对在选择项目对象时发挥的作用。采用前面介绍的双选择模型，运用 Heckman 两步法估计得到表 6.11。本部分假设同一分层内的所有个体反应效果相同。

职业培训模型给出的是职业培训项目的相关结果：在项目选择过程中，相比个体自身影响，政府的影响力度更大：地方政府可支配的就业支出资金增长率和失业率，影响系数分别是 0.334 和 -0.214，这两个因素都是地方政府决策的主要依据。另外，地方经济环境和地方政府财政支持力度以及项目的参与对收入起决定性作用。除健康状况、户籍类型、工作经验有较小影响，其他个体特征在收入决定中基本不起作用。

表6.11 各项目选择模型及相对效果估计结果

自变量	职业培训		职业介绍		小额担保贷款		社会保险补贴		公共岗位	
	选择	收入	选择	收入	选择	收入	选择	收入	选择	收入
民族		0.007 (0.034)		0.003 (0.033)		0.011 (0.032)		0.012 (0.036)		0.02 (0.035)
性别	−0.0008 (0.04)	0.103 (0.065)	−0.205*** (0.039)	0.025 (0.062)	0.529*** (0.043)	0.063*** (0.035)	−0.445*** (0.0425)	−0.055 (0.067)	−0.076*** (0.040)	0.085 (0.066)
户籍类型	0.886*** (0.062)	−0.191*** (0.034)	0.047 (0.067)	0.065*** (0.034)	−0.502*** (0.091)	0.151*** (0.026)	−0.632*** (0.084)	0.007 (0.031)	−0.212*** (0.074)	0.052** (0.031)
受教育水平	0.003 (0.023)	0.005 (0.008)	0.042*** (0.022)	−0.006 (0.008)	0.209*** (0.027)	0.031*** (0.014)	−0.181*** (0.024)	−0.011 (0.009)	−0.106*** (0.023)	0.002 (0.008)
健康状况		0.081*** (0.008)		0.078*** (0.008)		0.054*** (0.007)		0.082*** (0.008)		0.079 (0.008)
政治状况		0.016 (0.017)		0.001 (0.017)		−0.007 (0.0166)		0.018 (0.018)		0.021 (0.018)
工作单位所在地		0.013 (0.010)		−0.002 (0.0104)		0.025*** (0.01)		0.023*** (0.011)		0.02** (0.011)
性别与受教育水平交叉项		0.011*** (0.005)		0.0205*** (0.005)		0.006 (0.003)		0.021*** (0.006)		0.012*** (0.005)
工作经验		0.018*** (0.003)		0.012*** (0.003)		0.003 (0.003)		0.021*** (0.003)		0.021*** (0.003)
工作经验平方项		−0.0006*** (0.00007)		−0.0005*** (0.00007)		−0.0007*** (0.00007)		−0.0006*** (0.00007)		−0.0006*** (0.00007)
家庭其他成员总收入	0.013 (0.032)		0.116*** (0.029)		−0.141*** (0.043)		0.188*** (0.037)		−0.123*** (0.035)	
家庭负担	0.243*** (0.032)		0.163*** (0.028)		0.549*** (0.044)		−0.397*** (0.036)		−0.410*** (0.036)	
实际GDP增长率	−0.020 (0.019)	0.135*** (0.009)	−0.089*** (0.018)	0.153*** (0.009)	−0.041** (0.02)	0.137*** (0.007)	0.094*** (0.018)	0.144*** (0.008)	0.011 (0.018)	0.134*** (0.008)

6.3 个体选择、政府行为与撒脂效应

续表

自变量	职业培训		职业介绍		小额担保贷款		社会保险补贴		公共岗位	
	选择	收入	选择	收入	选择	收入	选择	收入	选择	收入
就业支出资金增长率	0.334*** (0.057)	-0.368*** (0.026)	-0.067 (0.057)	-0.242*** (0.028)	-0.424*** (0.069)	-0.256*** (0.021)	0.365*** (0.057)	-0.258*** (0.024)	-0.016 (0.056)	-0.329*** (0.024)
登记失业率	-0.214*** (0.051)	-0.071*** (0.024)	0.003 (0.051)	-0.129*** (0.024)	0.306*** (0.058)	-0.172*** (0.019)	-0.134*** (0.050)	-0.146*** (0.022)	0.011 (0.051)	-0.105*** (0.021)
效果		0.859*** (0.026)		0.848*** (0.020)		0.792*** (0.033)		-0.618*** (0.04)		-0.725*** (0.039)

注：括号内为标准差，***、**、*分别表示1%、5%、10%的显著水平。

职业介绍模型给出的是职业介绍项目的相关结果：与职业培训项目不同，除地方经济环境有较小影响外，地方政府决策的主要考虑因素对选择结果基本没有影响，而项目最终参与决策主要由个体自我决定。分析收入决定过程发现，与选择过程不同，地方经济环境和地方政府财政支持力度以及项目的参与起决定性作用。

小额担保贷款模型给出的是小额担保贷款项目的相关结果：地方经济环境、地方政府可支配的就业资金增长率和失业率均对项目选择结果有较大影响，同时也受个体特征的较大影响。分析收入决定过程发现，与选择过程相同，宏观经济环境和个体特征均起到了决定性作用。

社会保险补贴模型给出的是社会保险补贴项目的相关结果：与小额担保贷款相似，宏观层面指标以及个体特征均对项目选择结果有较大影响。在收入决定过程中，宏观层面指标以及项目的参与起到了决定性作用，个体特征除少数有较小影响外，其他特征基本不起作用。

公共岗位模型给出的是公共岗位项目的相关结果：宏观层面因素对决策基本没有影响，项目最终参与决策主要依据个体特征决定。分析收入决定过程，发现宏观层面指标、项目的参与、个体特征均起到决定性作用。

从项目相对效果来看，职业培训项目对参与者收入提高效果最大，相对效果估计值为0.859，其次是职业介绍和小额担保贷款项目，分别为0.848和0.792。而社会保险补贴项目和公益性岗位对参与者收入提高作用较小，相对效果估计值分别为-0.618和-0.725。这些结果在效果同质性假设下，只反映了不同项目间的相对效果差异，并未反映同一项目不同个体间的效果差异，以及造成这些差异的原因。

据此，可将积极就业项目归为三类：第一类是受政府和个体两者影响较大的项目（小额担保贷款、社会保险补贴）；第二类是受政府单方面影响较大的项目（职业培训）；第三类是受个体单方面影响较大的项目（职业介绍、公共岗位）。第一类项目涉及资金分配，政府在决策过程中较为慎重。对项目参加者贴息和社会保险补贴都涉及资金直接补助，具有较大吸引力，但仔细分析决策模型中的系数发现，这两种项目的目标群体不一样。小额担保贷款的主要申请者是那些家庭成员少、获得外来资金援助少而且学历高的人，而社会保险补贴的主要申请者是那些家庭成员多而且学历低的人。同时，项目的操作流程往往是申请—核实—审核—发放。因此，对于这类项目，个体有较大的选择自主权，政府也有较大的决定权。第二类项目涉及资金额度较大，且有隐形成本，并且时间跨度较大，职业培训内容设置通常具有针对性，申请者来源广泛，估计结果显示该项目相对效果最大，预期收益较高，故竞争更激烈，因此政府在决策过程中起决定性作用。第三类项目涉及的资金通常较少，同时这类项目的目标群体多是弱势群体（如妇女）和特殊群体（如残疾人）。职业介绍机构根据单位需求，向符合条件的劳动者提供岗位信息，然后由待就业人员自主抉择。当用人单位需要开发新的公共岗位项目，或在原有的公共岗位增加人员和补充公共岗位空缺时，需要向劳动保障部门提交申请报告，然后由劳动保障部门统一调配人员，但最终的选择权仍把握在劳动者手中。

（3）对撇脂效应存在的确认

在前文的基础上，我们更想知道这些项目是否存在撇脂效应？如果存在，哪个项目更加严重？可能的情况主要有以下三种：第一种情况，所有项目均不存在撇脂效应，参与项目的群体是"正向选择"出来的，项目没有出现效率损失；第二种情况，受政府影响较大的项目（小额担保贷款、社会保险补贴和职业培训）存在撇脂效应，且政府单方面影响较大的职业培训项目，其撇脂效应更严重；受政府影响较小的项目（职业介绍、公共岗位）几乎不存在撇脂效应；第三种情况，仅有职业培训项目出现撇脂效应，其他项目均不存在。借助本质异质性模型，我们针对每一具体项目，首先将参与群体按照倾向得分分层（倾向得分越低，表示被选中的可能性越小或难度越大),然后测算每一倾向得分层的平均效应,最后预测线性趋势。估计结果报告如表6.12所示。

表6.12 本质异质性效果估计结果

倾向得分层		职业培训	职业介绍	小额担保贷款	社会保险补贴	公共岗位
1		0.182*** (0.070)	-0.148 (0.117)	0.590*** (0.114)	0.043 (0.190)	-0.382*** (0.118)
2		0.103 (0.075)	-0.155*** (0.044)	0.689*** (0.054)	-0.300*** (0.109)	-0.388*** (0.128)
3		-0.261*** (0.096)	-0.179*** (0.044)	0.667*** (0.043)	-0.249*** (0.048)	-0.479*** (0.094)
4		-0.334*** (0.081)	-0.141*** (0.053)	0.703*** (0.045)	-0.237*** (0.055)	-0.347*** (0.044)
5		-0.245*** (0.062)	-0.131 (0.084)	0.677*** (0.047)	-0.148*** (0.047)	-0.184*** (0.021)
6		-0.229*** (0.055)	-0.240 (0.158)	0.726*** (0.073)	-0.155*** (0.037)	-0.237** (0.122)
7		-0.116 (0.099)		0.716*** (0.061)	-0.059 (0.054)	-1.863 (1.629)
8		0.342 (0.424)		0.788*** (0.100)	0.170 (0.173)	
总体趋势	斜率	-0.065*** (0.014)	0.001 (0.022)	0.013 (0.011)	0.039*** (0.013)	0.078*** (0.020)
	截距	0.140** (0.063)	-0.161** (0.071)	0.634*** (0.052)	-0.360*** (0.069)	-0.595*** (0.096)

注:括号内为标准差,***、**、*分别表示1%、5%、10%的显著水平。

表6.12给出了五个项目不同群体的相对效果估计值,图6.4至图6.8直观地展示了同一项目的效果差异。与同质反应效果模型不同,利用倾向得分所划分的不同群体之间的效果差异巨大。

以下根据前文对积极就业项目的分类，对撇脂效应进行分析。

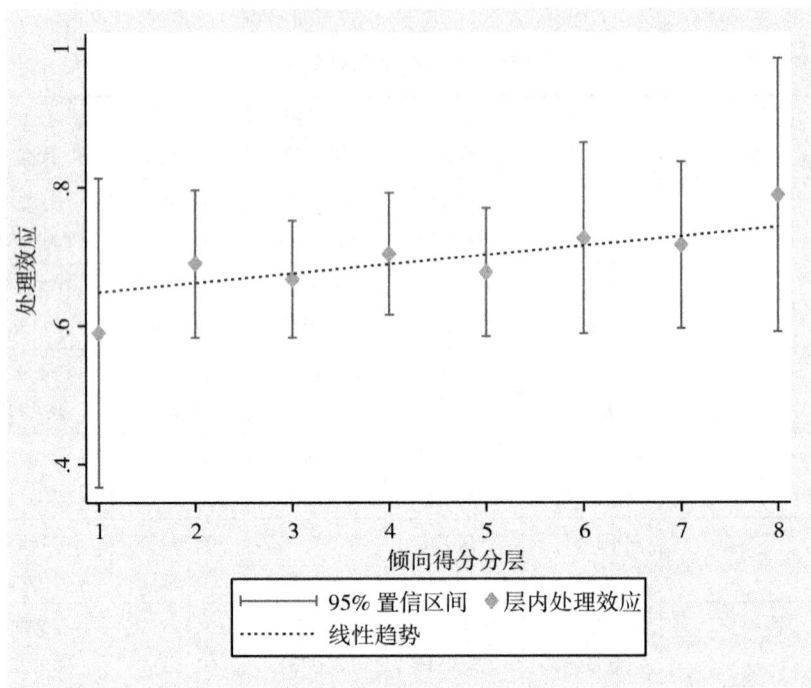

图 6.4 小额担保贷款项目的撇脂效应情况

图 6.4 和图 6.5 给出的是政府和个体影响较大的项目(小额担保贷款、社会保险补贴)的撇脂效应情况：这类项目中，倾向得分最大的群体(即最容易被选中的群体)的平均效应最大，且效应大小由倾向得分值决定，二者之间呈正相关关系；小额担保贷款和社会保险补贴项目的斜率分别为 0.013、0.039。被选中的容易程度每提高一个层次，比如从第 6 层提高到第 7 层，其影响效应就相应上升 1.3%、3.9%。也就是说，第一类项目效果总体上呈现一种边际效应增加的趋势。受政府和个体的双重影响，这类项目参与者是极度正向选择出来的，不仅是获益最大的群体，同时也是最需要该类项目的群体，因此不存在撇脂效应。

图 6.6 给出的是政府单方面影响较大的项目(职业培训)的相关结果：

6.3 个体选择、政府行为与撇脂效应

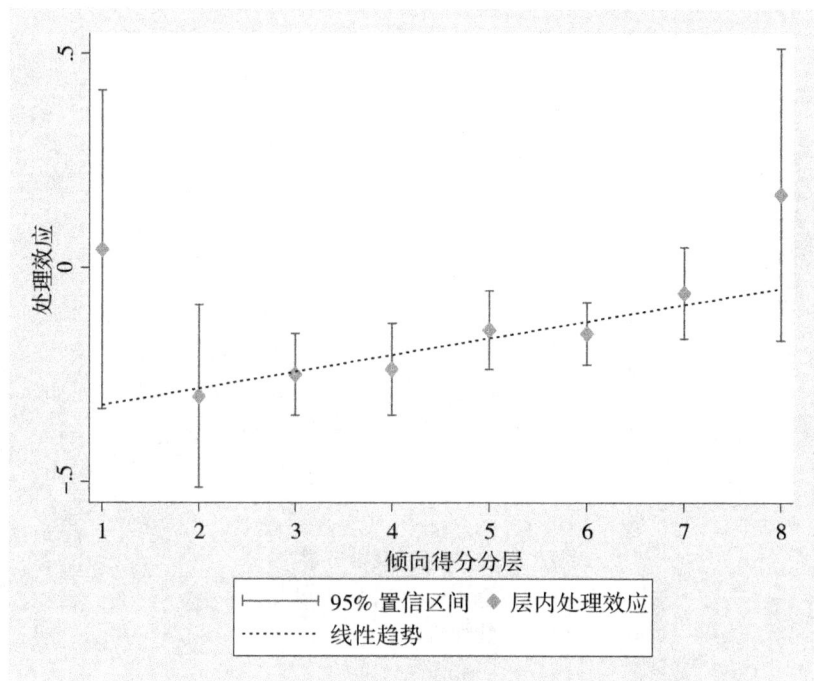

图 6.5 社会保险补贴项目的撇脂效应情况

与第一类项目相同的是，倾向得分最大的群体（即最容易被选中的群体）的平均效应最大，为 0.342，这表明该类项目参与者也是正向选择出来的。但不同的是，倾向得分值和平均效应之间呈负相关关系：斜率为 -0.065，并在 1%水平上显著。也就是说，被选中的容易程度每提高一个层次，比如从第 6 层提高到第 7 层，其影响效应就相应下降 6.5%。因此第二类项目效果总体上呈现一种边际效应递减的趋势。最难被选中的群体，其边际效应最大，表明该类群体如果参加项目，收入预期的相对提高值将会最大。受政府影响较大，职业培训项目参与者是正向选择出来的，虽然是获益最大的群体，但并不是最需要该类项目的群体，因此职业培训项目存在严重的撇脂效应。

图 6.7 和图 6.8 给出的是个体单方面影响较大的项目（职业介绍、公

6 市场与政府的角逐

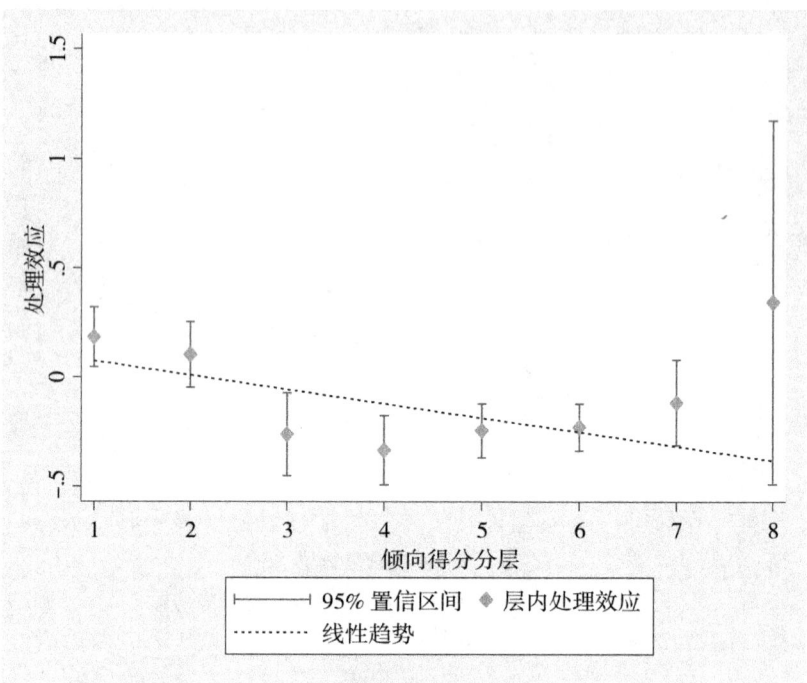

图6.6 职业培训项目的撇脂效应情况

共岗位)的相关结果:倾向得分最大的群体平均效应最小,这与第一、二类项目显著不同。这类项目的目标群体往往非常明确,多是经济条件较差或有困难就业人员的家庭。又因为该类项目受个体单方面影响较大,如果政府提供的岗位和参与者的需求不匹配或匹配度较低,则项目效果可能出现效率损失。效应大小由倾向得分值决定,二者之间呈正相关关系:职业介绍和公共岗位项目的斜率分别为0.001、0.078。被选中的容易程度每提高一个层次,比如从第6层提高到第7层,其影响效应就相应上升0.1%、7.8%。也就是说,第三类项目效果总体上呈现一种边际效应增加的趋势。对于第三类项目,参与者是负向选择筛选出来的,他们虽然不是获益最大的群体,但却是最需要该类项目的群体。因此职业介绍项目存在撇脂效应,但撇脂效应非常小,而公共岗位不存在撇脂效应。

6.3 个体选择、政府行为与撇脂效应

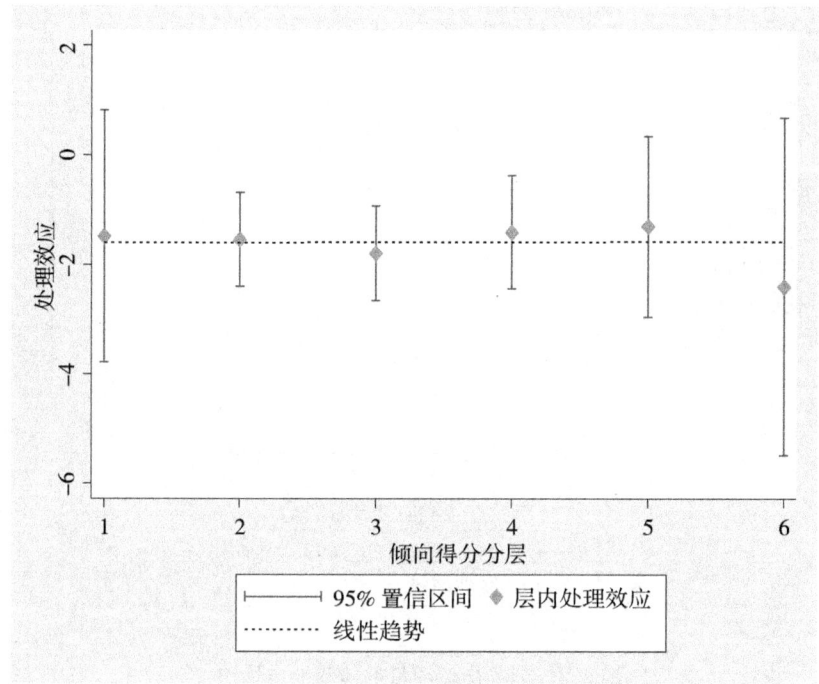

图 6.7 职业介绍项目的撇脂效应情况

从项目异质性效果来看，项目效果具有同质性的假设并不存在，效果大小由倾向得分值大小决定，不同项目二者的关系不同。总的来看，第一类不存在撇脂效应，第二类项目存在严重的撇脂效应，第三类项目部分存在撇脂效应，但影响较小。受政府单方面影响较大的培训项目，最需要的群体最难被政府选中，政府为提高项目效果，多选择获益最大的群体，偏离政策目标。受个体影响较大的项目，无论是小额担保贷款和社会保险保险补贴项目，还是职业介绍和公共岗位项目，都能在一定程度上纠正撇脂效应。

(4) 稳健性检验

为检验研究结果的稳健性，将样本数据分为男性与女性，进而估计本质异质性项目效果，如表 6.13 所示。如前所述，职业培训项目存在严重

279

6 市场与政府的角逐

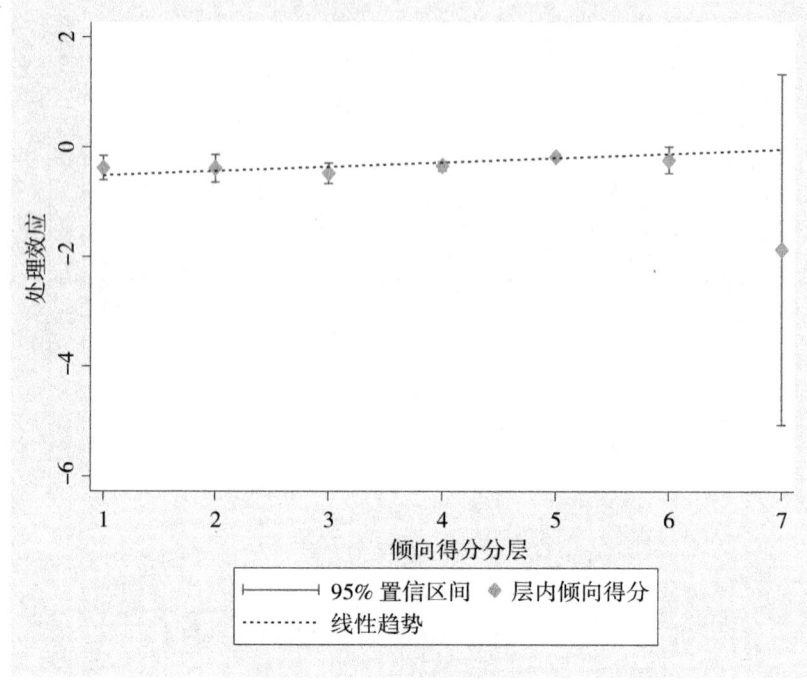

图 6.8 公共岗位项目的撇脂效应情况

的撇脂效应,而女性参与职业介绍项目时存在轻微的撇脂效应,小额担保贷款、社会保险补贴和公共岗位项目依旧不存在撇脂效应。

表 6.13 按性别分类的本质异质性效果估计结果

倾向得分分层	职业培训		职业介绍		小额担保贷款		社会保险补贴		公共岗位	
	男	女	男	女	男	女	男	女	男	女
1	0.262* (0.138)	0.136* (0.078)	0.176 (0.146)	−0.208 (0.181)	0.405 (0.321)	0.616*** (0.119)	−0.018 (0.231)	−0.081 (0.309)	−0.265 (0.262)	−0.218** (0.109)
2	−0.052 (0.125)	0.153* (0.084)	0.289*** (0.071)	−0.035 (0.05)	0.313* (0.167)	0.761*** (0.055)	−0.299*** (0.146)	−0.319*** (0.159)	−0.75** (0.323)	−0.401*** (0.152)
3	−0.424** (0.216)	−0.138 (0.097)	−0.551*** (0.123)	−0.083** (0.042)	0.555*** (0.115)	0.686*** (0.046)	−0.292*** (0.082)	−0.2*** (0.055)	−0.513** (0.244)	−0.309*** (0.075)

续表

倾向得分分层	职业培训		职业介绍		小额担保贷款		社会保险补贴		公共岗位	
	男	女	男	女	男	女	男	女	男	女
4	−0.146 (0.147)	−0.429*** (0.093)	−0.141 (0.107)	−0.141** (0.059)	0.639*** (0.104)	0.725*** (0.049)	−0.253*** (0.088)	−0.229*** (0.069)	−0.563*** (0.116)	−0.232*** (0.043)
5	−0.079 (0.116)	−0.308*** (0.072)	0.201 (0.15)	0.252** (0.099)	0.596*** (0.071)	0.766*** (0.063)	−0.058 (0.128)	−0.164*** (0.05)	−0.38*** (0.052)	−0.126*** (0.028)
6	−0.316*** (0.109)	−0.174*** (0.059)		−0.24 (0.158)	0.576*** (0.082)	1.153*** (0.123)	−0.13 (0.149)	−0.153*** (0.038)	−0.245*** (0.052)	−0.14** (0.068)
7	−0.296* (0.166)	−0.103 (0.121)			0.727*** (0.063)	0.514** (0.222)	−0.143 (0.883)	−0.057 (0.055)	−0.382** (0.171)	0.019 (0.198)
8	1.436** (0.597)	−0.903*** (0.249)			0.788*** (0.101)			0.17 (0.174)	−0.274* (0.165)	−0.1 (0.663)
9									−2.361 (2.686)	
总体趋势										
斜率	−0.062** (0.026)	−0.072*** (0.015)	0.083* (0.04)	−0.05** (0.025)	0.053*** (0.02)	0.031* (0.02)	0.035 (0.037)	0.037** (0.015)	0.059** (0.029)	0.051*** (0.019)
截距	0.140 (0.118)	0.159** (0.07)	−0.466*** (0.12)	0.057 (0.083)	0.339*** (0.116)	0.629*** (0.072)	−0.349** (0.146)	−0.347*** (0.083)	−0.657*** (0.161)	−0.403*** (0.088)

注：*、**、***分别表示在10%、5%、1%的置信水平上显著。

从图 6.9 中可以看到，对第一类项目而言，男性和女性之间参与项目的效果存在差异，但总体趋势不变，$\text{Cov}(\alpha_i, D_{i,k})$，男性和女性在小额担保贷款和社会保险补贴项目中依旧是被正向选择出来的，不存在撇脂效应；对于第二类项目，从总体趋势来看，男性和女性的职业培训项目效果并无显著差异，$\text{Cov}(\alpha_i, D_{i,k}) < 0$，斜率分别为 −0.062、−0.072，这表明项目效果总体上呈现一种边际效应递减的趋势，因此不管对于男性还是女性，职业培训项目都存在严重的撇脂效应。在第三类项目中，对于职业介绍项目，从总体趋势来看，男性和女性参与项目的效果差异显著。

6 市场与政府的角逐

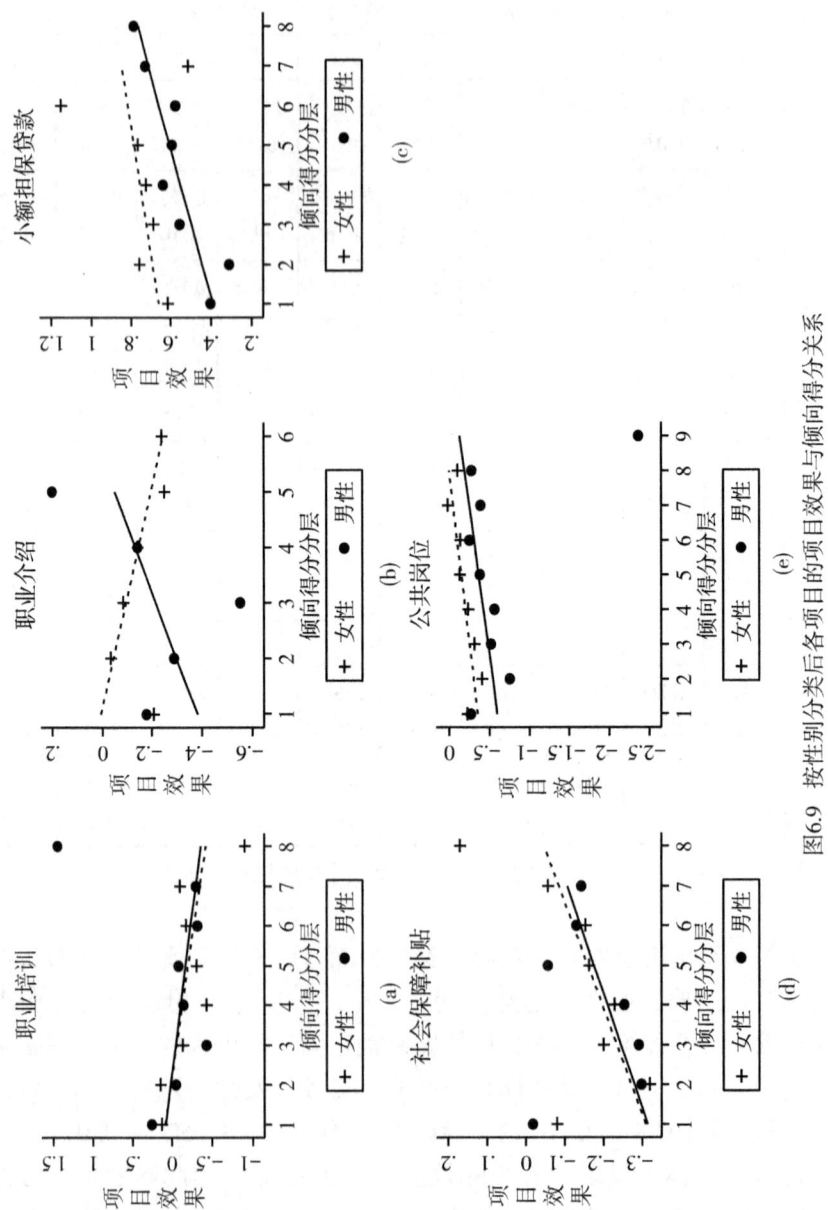

图6.9 按性别分类后各项目的项目效果与倾向得分关系

282

6.3 个体选择、政府行为与撇脂效应

对于男性而言,$Cov(\alpha_i, D_{i,k}) > 0$,斜率为 0.08;而女性 $Cov(\alpha_i, D_{i,k}) < 0$,斜率为-0.05。这表明男性参与项目的效果存在边际效应递增的趋势,而女性参与项目的效果存在边际效应递减的趋势。在职业介绍项目中女性存在一定的撇脂效应,男性不存在撇脂效应。公共岗位项目对于男性和女性都不存在撇脂效应。研究表明,分组研究验证了以上估计结果的稳健性。

其次,由于受教育程度越高,身体状况越好,工作经验越丰富的人对未来找到工作的信心越高,用信心指数变量替代受教育程度、工作经验和健康状况等微观变量来检验结果的稳健性,具体分析不再赘述,结果如表 6.14 及图 6.10 所示。真正参加职业培训项目的个体依旧是通过正向选择出来的,但最不可能参与职业培训项目的群体的边际效应最大,存在严重的撇脂效应,而其余项目不存在撇脂效应。

表 6.14　　替代变量后的本质异质性效果估计结果

倾向得分层	职业培训	职业介绍	小额担保贷款	社会保险补贴	公共岗位
1	0.108 (0.103)	-0.333*** (0.080)	1.133*** (0.208)	-0.094 (0.221)	-0.442** (0.224)
2	-0.092 (0.172)	-0.148** (0.067)	0.541*** (0.096)	-0.322*** (0.120)	-0.518*** (0.103)
3	-0.418 (0.269)	-0.119* (0.063)	0.758*** (0.026)	-0.232*** (0.053)	-0.515*** (0.082)
4	0.012 (0.168)	0.005 (0.048)	0.766*** (0.033)	-0.259*** (0.052)	-0.395*** (0.065)
5	-0.053 (0.071)	-0.026 (0.066)	1.382*** (0.131)	-0.168*** (0.054)	-0.150*** (0.022)
6	-0.251*** (0.076)	-0.112 (0.103)		-0.141*** (0.045)	-0.078 (0.073)
7	-0.458*** (0.078)	-1.001 (0.662)		-0.154** (0.061)	-0.355 (1.043)

续表

倾向得分层		职业培训	职业介绍	小额担保贷款	社会保险补贴	公共岗位
8		-0.544*** (0.097)			0.044 (0.088)	
9		-0.548*** (0.120)				
10		-0.363*** (0.117)				
11		-0.310* (0.186)				
12		-0.546 (0.441)				
总体趋势	斜率	-0.063*** (0.012)	0.060*** (0.019)	0.073** (0.031)	0.038*** (0.013)	0.135*** (0.022)
	截距	0.128 (0.082)	-0.294*** (0.071)	0.527*** (0.105)	-0.369*** (0.071)	-0.842*** (0.107)

注：*、**、***分别表示在10%、5%、1%的置信水平上显著。

本书通过对样本群体重新划分以及替代关键变量后发现，研究结果稳健性较强，本质异质性是个体和政府选择的基础，在双选择过程中不同主体的主导地位不同，本质异质性的影响也不一致，对于政府占据主导地位的职业培训项目存在严重的撇脂效应，而个体占主导地位的项目中不存在撇脂效应或者撇脂效应较弱。此外，在检验效果的稳健性时还可以采用Heckman的方法测算项目效果。

6.3.4 结论与政策优化建议

本质异质性下个体参与项目的收益影响个体和政府抉择。本书通过构建本质异质性下的双选择模型，并利用Stratification-multilevel方法来估计本质异质性项目效果，研究发现：①本质异质性表现为个体选择产生的分类收益和政府选择导致的撇脂效应。个体差异、区域差异、项目差异的存

6.3 个体选择、政府行为与撒脂效应

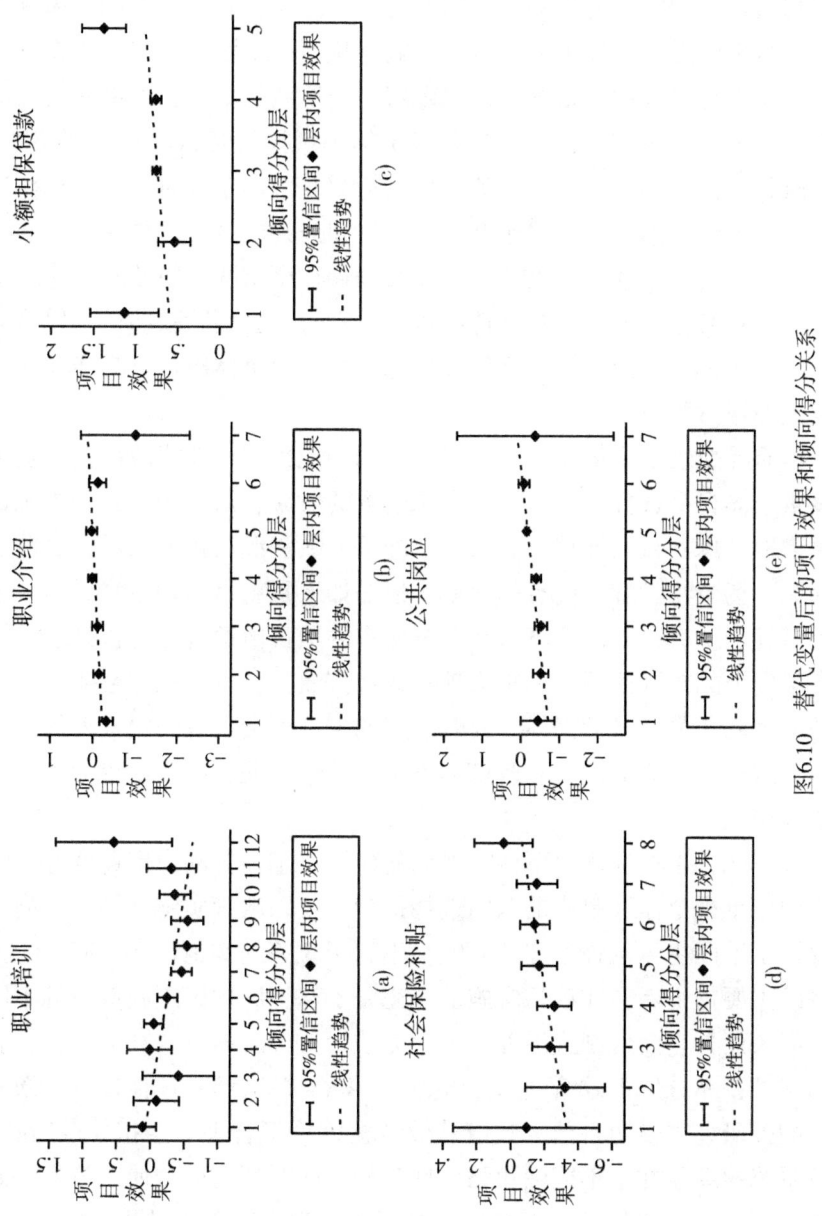

图6.10 替代变量后的项目效果和倾向得分关系

在导致个体参与项目会有不同的项目收益,所以个体决定是否参与项目时会受到项目预期收益的影响,进而产生分类收益;而政府筛选个体进入项目的决策也会受到个体项目收益的影响,从而产生撇脂效应。②在具体项目的双向选择过程中,根据个体和政府主导地位的不同,可将积极劳动力市场政策项目分为三类,第一类项目包括小额担保贷款和社会保险补贴,由政府和个体共同主导,第二类项目包括职业培训,政府在双向选择过程中占主导地位,第三类项目包括职业介绍和公共岗位,个体在双向选择过程中占主导地位。③第二类项目职业培训存在严重的撇脂效应。这表明政府基于自身利益最大化,在筛选项目备选人时,会剔除获益最小但最需要该项目的群体,导致政策目标偏离目标人群,而个体决策行为能够在一定程度上纠正撇脂效应。

本质异质性下个体具有对项目效果的理性预期,在资源配置过程中更加尊重个体自身选择,可以强化资源配置的效率;而政府在配置资源过程中更多地考虑项目的回报率。从有效配置稀缺资源的角度来看,目前积极劳动力市场政策发挥了应有的效率,但是如果从项目的初衷来看,由于劳动力市场资源有限,政府不可能服务所有的项目申请者,为提高政策效果和专项资金的投资回报率,扩大项目的经济效应,政府往往会挑选获益最大的群体而非最需要的群体。此时政府的选择就会造成一定程度的撇脂效应,导致社会效应的流失和政策的不可持续性发展,部分项目无法发挥应有的作用。

基于此,本书提出以下四个方面的建议:①在劳动力市场资源再配置过程中应重视个体和政府的双向选择行为。仅以政策实施结果为导向的评估忽视了不同主体选择过程的影响,不利于政策的实施。②政府作为公共项目的主要提供者,在项目实施前应充分了解不同地区不同群体的不同需求,因人而异、因地制宜地配置劳动力政策,开展多层次社会项目,满足不同需求,充分发挥政策效力。③建立科学合理的绩效评估体系和激励机制。国外研究也表明目前的政府绩效考核体系不合理,会扭曲政府行为,绩效系统的局限在于不能细化强制性条例,简明的指标会使决策者偏好短期利益而忽视长期利益。应规范政府筛选行为,避免以结果为唯一导向,建立多指标相结合的绩效考核方式,避免资源错配。④上述研究还表明个体占主导的政策项目可以在一定程度上减轻撇脂效应，所以充分依托市场机制，积极引入第三方培训机构，鼓励并引导社会资本和社会力量开展就业培训服务。政府应加大政策宣传力度，特别是对那些贫困弱势群体，赋予其更多的知情权、主动权，充分发挥个体选择的优势，帮助个体找到适合自身的项目。

7 政府选择机制、收入流动性与不平等

"不患寡而患不均，不患贫而患不安"。如何处理好经济增长与收入不平等的关系，实现市场效率与社会公平的兼容，是建设和谐社会这一时代课题所面临的巨大挑战。收入不平等是发展中国家提高福利和消除贫困的一个显著障碍(Angus Deaton，2013)。就业、不平等和贫困已然成为世界各国关注的焦点和重要议题。对此，国家"十三五"规划强调"缩小收入差距，规范初次分配，加大再分配调节力度，实行有利于缩小收入差距的政策"，因此要"实施更加积极的就业政策"和"实施精准扶贫，因人因地施策"。积极就业政策应多关注项目瞄准机制和收入不平等。哪些项目有利于缩小收入差距？项目结果不平等中多少是由于异质性导致的机会不平等，又有多少是由于不合理的筛选机制导致的机会不平等？如何从减少贫困和缩小收入差距的角度来组合优化就业促进政策？

为解决上述问题，本章从收入流动性和收入不平等角度对积极就业政策绩效进行全新的解读。首先在 Cunha-Heckman 不平等测度模型的基础上，构造多项目收入反事实分布和政府选择影响力值，进而分析不同项目及相应瞄准机制对收入流动性和不平等的影响。本章结构安排如下：首先梳理回顾相关文献；其次介绍变量的选择，构建 Rubin 因果模型框架下的反事实分布和不平等分解；再次结合数据进行实证分析；最后得出结论并提出就业促进政策组合优化的具体建议。

7.1 研究背景

就业是民生之本。失业群体往往处于社会最底层，由于其积累的经济压力和心理负荷，在激烈的社会转型中脆弱程度往往也最高。随着贫富差

距的逐步扩大，各种社会矛盾日益凸显，如果得不到缓解就存在社会断裂的危险。为此，积极就业政策通过职业培训、职业介绍、小额担保贷款等项目促进就业及缓解贫困问题，从而守住民生防线、维护社会稳定。但作为一种政府再分配调节收入的手段，积极就业政策如何有效实现对特定群体的精准帮扶和对收入不平等的调控，仍是最大难题。

关于积极就业政策有效性的研究主要集中在政策实施效果评估，关注点在政策实施的平均效果。但仅仅关注政策平均绩效是不够的，更应该关注政策效果分布以确定哪些群体受益和哪些群体受损。因此，政策评估的核心应在于测度政策对异质性个体的不同效果。目前有关积极就业政策效果不平等的研究仅限于对事实结果的分析。通过构建反事实分布来研究与已实施的政策相比，假如实施不同的政策对不平等的影响会如何，这样可以进一步把握不平等的成因，依此优化积极就业政策、缩小收入差距。

同时，在积极就业政策实施过程中，政府为追求政绩，可能出现撇脂效应：如为提高再就业几率而筛选素质较高的人员参加职业培训，为维持贷款偿还率而提高小额担保贷款门槛从而脱离真正的弱势人群，等等，政策执行者"扶强扶优"的倾向扩大了失业群体内部的既有收入差距，使得基于公平理念的政策结出更不公平的果实。当抽掉了后进者向上行进的梯子时，这种机会不平等对发展的影响是绝对负面的（Angus Deaton，2013）。为避免出现富者越富、穷者越穷的"马太效应"，需要分离出政策结果不平等中政府筛选机制和个体异质性影响程度。通过优化政策瞄准机制，破除失业者收入流动性障碍，才能从根本上缓解不平等和贫困问题。

7.2 文献回顾

长期以来，国内外学者在积极就业政策有效性评估领域展开了深入而广泛的研究，主要关注政策平均干预效应（ATE）和干预组的平均干预效应（ATT）。相关研究成果十分丰富：如 McKernan（2002）基于孟加拉人民共和国小额担保贷款项目数据研究发现，小额担保贷款项目对自雇佣者提高收入作用显著；Sayma 等（2009）利用格莱珉银行和 BRAC 借款者资料构建模型，证实小额担保贷款项目对高收入者生活改善效果更明显；王海港（2009）利用工具变量法评估职业培训项目效果发现，最有可能参加项目的村民获得的边际收益最低；李静等(2013)则发现职业培训项目增加收入的效果随时间而递减；单一项目评估无助于失业者在不同项目间进行选择，笔者2015年利用9省27市的微观数据进行积极就业政策多项目评估发现，不同项目在增加再就业收入上效果差别巨大。但平均效应容易掩盖不同群体间的项目效果差异，忽略项目调节收入不平等、维护社会稳定的作用。

近年来，随着收入不平等问题的凸显，学界对收入不平等的研究成果层出不穷，主要分为两类。第一类文献是基于事后收入分布的现状描述，在领域和方法上不尽一致：如解垩(2010)发现政府公共转移支付对收入不平等的影响微弱，私人转移支付则增加了不平等。郭凯明等(2011)利用动态一般均衡模型进行数值模拟，发现公共教育对于以变异系数度量的不平等影响较小，而社会保障可以有效降低不平等程度。在积极就业政策评估领域，研究结果也并不一致，如Jill和David(1996)发现职业培训会扩大工资收入不平等；Hisako Kai等(2009)证实小额担保贷款项目具有正向的再分配效应，有效降低了收入不平等；Benu和Niels(2005)基于70个发展中国家的数据研究发现小额担保贷款项目并非缓解不平等的灵丹妙药。相比而言，对收入分布反事实的研究进展比较滞后。在有关收入不平等的专题文献中，通常视个体特征引致的不平等为公平的不平等，而制度设计、人为因素则是不公平的不平等，因此第二类文献从不平等的来源分解角度探析公共政策的合理性：如石子印(2009)运用泰尔指数对2005—2007年居民可支配收入不平等进行分解，发现政府转移支付对缩小收入不平等的作用约为直接税的作用的两倍；陈光金(2010)对1989—2008年全国住户抽样调查数据进行夏普里值分解，得出个体禀赋和制度因素对收入不平等的贡献份额分别为50%和37%，等等。

准确把握收入不平等问题必须考虑收入流动性的影响(Frideman, 1962)。国内外学者从这一角度进行的解读有：权衡(2004)指出在基尼系数相同的情况下，积极的收入流动(即向上流动大于向下流动)能缓解不平等程度，社会保障、税收手段和转移支付通过促进收入流动性进而降低不平等的作用大小不同；刘志国和James Ma(2017)基于CHNS数据测度得出，1989—2011年收入流动性使得收入不平等的长期度量降低了约25%。

目前，尚未在国内公开文献上看到通过构建反事实分布来探析积极就业政策对收入流动性和不平等影响的研究，本章试图弥补这一不足。可能的创新点有：一是克服单一项目评估和平均政策效应的不足，分析积极就业多项目对不同收入阶层的影响，寻找哪些群体受益和哪些群体受损；二是超越对事后分布的现实描述，脱离对面板数据的依赖，通过 Cunha-Heckman 不平等测度模型构建收入反事实分布，考察不同的政策对收入不平等的影响如何，加深对多项目缩小收入不平等效果优劣的认识；三是分离出结果不平等中个体异质性和筛选机制所占比重，避免项目逆向分配造成的机会不平等，以期完善政策设计，实现对特定群体的精准帮扶；四是刻画项目群体在真实收入和反事实收入间的流动性，进而为后进者打通上升通道，实现缩小收入差距的目的。本章尝试借助 2008 年世界银行积极劳动力市场计划抽样调查数据以及 2014—2015 年补充调研资料，通过构建多项目的反事实结果分布和不平等分解，考察积极就业政策不同项目的选择过程及其对收入不平等及流动性的影响，着重回答如下问题：哪些项目有利于缩小收入差距？项目再分配效应与平均干预效应有何关联？项目结果不平等中多少是由于异质性，多少是由于不合理筛选机制导致的机会不平等？瞄准机制能否实现精准扶贫、因人因地施策？如何从减少贫困和缩小收入差距的角度来优化积极就业政策设计？

7.3 Rubin 因果模型框架下的不平等评估方法

7.3.1 Rubin 因果模型框架

积极就业政策针对人群主要是长期失业者、贫困家庭劳动者和其他弱势群体。不同积极就业项目适应人群、目标侧重及运行机制等各有特色。自 2002 年启动以来，职业培训和小额担保贷款逐渐发展成为最成熟、最普及的两个项目。职业培训项目旨在通过短期培训提高失业者工作技能、个体素质，以增强劳动者的市场竞争力并获得更高收入回报。小额担保贷款项目则由政府出资设立的担保基金提供优惠贷款，支持符合一定条件的失业者自雇佣，以创业带动就业，该项目个体自主灵活性更大，技能使用效率更高。前者的理论基础是人力资本投资理论（Becker，1964；Mincer，

1989；Heckman，2007；Haelermans、Borghans，2012），后者则以自雇佣理论为基础（Mckernan，2002）。

积极就业政策实施过程中每一个体面临着是否参与以及参与哪个项目的选择，用 $S^A=1$ 代表参与职业培训项目，$S^B=1$ 代表参与小额担保贷款项目，$S^A=0$（或 $S^B=0$）代表两项目均不参与。积极就业政策有效性分析的核心问题是反事实的构建。假设（Y_0，Y_1）分别代表 $S=0$（不参与）和 $S=1$（参与）的结果，个体从 Y_0 到 Y_1 的收入变动为 $\triangle \equiv Y_1 - Y_0$，现实中无法同时观测到（$Y_0$，$Y_1$），构造出参与项目的个体不参与项目的收入或未参与项目的个体参与后的收入，就可以解决这种数据缺失的问题，该方法即被称为构造反事实。本书将采用对个体选择过程建模的方法构造反事实。

假设个体 i 的选择取决于预期结果 I 以及参与成本 C。个体根据收益最大化原则选择项目：

$$I = Y_1 - Y_0 - C \qquad (7.1)$$
$$S = 1 \quad 若 \geq 0；否则 S = 0$$

其中 $Y_0 = X\beta_0 + U_0$，$Y_1 = X\beta_1 + U_1$，$C = Z + U_C$，X 为影响收入的解释变量，β_0、β_1 为影响系数，Z 为影响选择但不影响收入的因素，U_0、U_1 和 U_C 为不可观测变量且服从正态分布，此即广义 Roy 模型。

政策评估最常分析的是平均干预效应 $ATT = E(Y_1 - Y_0 \mid X, S = 1)$ 和干预组的平均干预效应 $ATT = E(Y_1 - Y_0 \mid X, S = 1)$。但个体间收益存在异质性，因此政策评估更应该关注政策对具有异质性的人的不同影响，比如政策受益者处于初始分布中的什么位置和受益群体结束在干预结果分布的何处，等等。

为避免 Y_0、Y_1 之间完全独立或完全相关这种特殊情况，最好的办法是还原（Y_0，Y_1）的联合分布。本章我们定义了两套反事实：培训项目下的（Y_0^A，Y_1^A）和小额担保贷款项目下的（Y_1^B，Y_1^B）；以及在政策（Y^A，Y^B）下的总收入，其中 $Y_1^A S^A + Y_0^A (1 - S^A)$ 是培训项目下观察到的收入，$Y_1^B + Y_0^B (1 - S^B)$ 是小额担保贷款项目下观察到的收入，通过 $Y_1^A S^A + Y_0^A (1 - S^A)$ 和 $Y_1^B S^B + Y_0^B (1 - S^B)$ 可以构建政策间的比较，进而可以加深对积极就业政策影响收入不平等和收入流动性的理解。

7.3.2 反事实分布

个体基于信息集 I 对潜在结果（Y_0，Y_1）的预期，并依此选择 $S = 0$ 或

$S=1$。I 包含了影响选择的不可观测因素,个体仅知道其中部分信息,这是不确定性产生的根源之一。包含不确定性的选择规则是:

$$R = E(Y_1 - Y_0 - C \mid I) \tag{7.2}$$

$$S = 1 \quad \text{若 } R \geq 0; \text{否则 } S = 0$$

假定效用函数线性且 X、Z、$U_C \in I$,则 $R = X(\beta_1 - \beta_0) - Z + E(U_1 - U_0 - U_C \mid I)$。

$S = 1$ 时,参与培训的个体再就业收入均值为:

$$E(Y_1 \mid X, Z, R \geq 0) = X\beta_1 + E(U_1 \mid X, Z, E(U_1 - U_0 - U_C \mid I)$$
$$\geq - X(\beta_1 - \beta_0) + Z) \tag{7.3}$$

为区分结果中的个体异质性和运气成分,采用 Cunha-Heckman(2008) 不平等测度模型进行分解。对收入方程和选择方程误差项的因子结构进行假设,将不可观测误差定义为:

$$U_0 = \alpha_0 \theta + \varepsilon_0, \quad U_1 = \alpha_1 \theta + \varepsilon_1, \quad U_C = \alpha_C \theta + \varepsilon_C \tag{7.4}$$

ε_0、ε_1 和 ε_C 服从正态分布且相互独立,ε_0、$\varepsilon_1 \notin I$,$\varepsilon_C \in I$ 为决策者在做选择时面临参与项目的直接成本(如时间、车费等)。U_0、U_1 和 U_C 间的相关性通过因子 θ 表示,故 θ 代表不可观测变量且不依赖于项目选择,$\theta \sim N(0, \sigma_\theta^2)$ 同时独立于 ε_0、ε_1、ε_C、X 和 Z。因此:

$$Y_0 = X\beta_0 + \alpha_0 \theta + \varepsilon_0 \tag{7.5}$$
$$Y_1 = X\beta_1 + \alpha_1 \theta + \varepsilon_1 \tag{7.6}$$

(Y_0, Y_1) 基于 X 的条件联合分布 $\begin{bmatrix} Y_0 \\ Y_1 \end{bmatrix} \mid X \sim N\left(\begin{bmatrix} X\beta_0 \\ X\beta_1 \end{bmatrix}, \begin{bmatrix} \alpha_0^2 \sigma_\theta^2 + \sigma_{\varepsilon_0}^2 & \alpha_0 \alpha_1 \sigma_\theta^2 \\ \alpha_0 \alpha_1 \sigma_\theta^2 & \alpha_1^2 \sigma_\theta^2 + \sigma_{\varepsilon_1}^2 \end{bmatrix} \right)$,对联合分布 $F(Y_0, Y_1 \mid X)$ 的识别就转变成对参数 β_0、β_1、α_0、α_1、$\sigma_{\varepsilon_0}^2$、$\sigma_{\varepsilon_1}^2$ 和 σ_θ^2 的识别。

令 $\eta = (\alpha_1 - \alpha_0 - \alpha_C) \theta - \varepsilon_C$,$\eta \sim N(0, \sigma_\eta^2)$,其中 $\sigma_\eta^2 = (\alpha_1 - \alpha_0 - \alpha_C)^2 \sigma_\theta^2 + \sigma_{\varepsilon_C}^2$。重写式(7.3)为:

$$E(Y_1 \mid X, S = 1) = X\beta_1 + \alpha_1 E(\theta \mid X, S = 1) + E(\varepsilon_1 \mid X, S = 1) \tag{7.7}$$

也即:

7 政府选择机制、收入流动性与不平等

$$E(Y_1 \mid X, S = 1) = X\beta_1 + \alpha_1 \frac{(\alpha_1 - \alpha_0 - \alpha_C)\sigma_\theta^2}{\sigma_\eta} \frac{\phi\left[\frac{X(\beta_1 - \beta_0) - Z}{\sigma_\eta}\right]}{\Phi\left[\frac{X(\beta_1 - \beta_0) - Z}{\sigma_\eta}\right]}$$
(7.8)

对 $S = 0$ 有：

$$E(Y_0 \mid X, S = 0) = X\beta_0 - \alpha_0 \frac{(\alpha_1 - \alpha_0 - \alpha_C)\sigma_\theta^2}{\sigma_\eta} \frac{\phi\left[\frac{X(\beta_1 - \beta_0) - Z}{\sigma_\eta}\right]}{1 - \Phi\left[\frac{X(\beta_1 - \beta_0) - Z}{\sigma_\eta}\right]}$$
(7.9)

令 $\lambda_1 = \dfrac{\phi\left[\frac{X(\beta_1 - \beta_0) - Z}{\sigma_\eta}\right]}{\Phi\left[\frac{X(\beta_1 - \beta_0) - Z}{\sigma_\eta}\right]}$，$\lambda_2 = \dfrac{\phi\left[\frac{X(\beta_1 - \beta_0) - Z}{\sigma_\eta}\right]}{\Phi\left[\frac{X(\beta_1 - \beta_0) - Z}{\sigma_\eta}\right]}$，则：

$$E(Y_1 \mid X, S = 1) = X\beta_1 + \alpha_1 \frac{(\alpha_1 - \alpha_0 - \alpha_C)\sigma_\theta^2}{\sigma_\eta}\lambda_1 \text{①} \quad (7.10)$$

$$E(Y_0 \mid X, S = 0) = X\beta_0 - \alpha_0 \frac{(\alpha_1 - \alpha_0 - \alpha_C)\sigma_\theta^2}{\sigma_\eta}\lambda_2 \quad (7.11)$$

为解决内生性问题，运用 Heckman(1976) 两步法首先估计出 λ_1、λ_2，再将其值代入式 (7.10)、式 (7.11) 求得 $\hat{\beta}_0$、$\hat{\beta}_1$、$\alpha_0 \dfrac{(\alpha_1 - \alpha_0 - \alpha_C)\sigma_\theta^2}{\sigma_\eta}$ 和 $\alpha_1 \dfrac{(\alpha_1 - \alpha_0 - \alpha_C)\sigma_\theta^2}{\sigma_\eta}$，确定比率 $\dfrac{\alpha_1}{\alpha_0}$。因子分析中需要标准化建模，因此令 $\alpha_0 = -1$，则可确定 α_1 值②。由 $\hat{\beta}_0$、$\hat{\beta}_1$、α_0、α_1 值代入式(7.5)、式(7.6) 即可求得 θ 值，进而求得 $S = 0$ 时的 $\hat{Y}_0$ 或 $S = 1$ 时的 $\hat{Y}_0$。

---

① λ_1 也即逆米尔斯比率，即样本不被选中的概率。
② 本章在实际处理中，在运用 Heckman 两步法前已将所有变量标准化。

7.3.3 异质性和不确定性的区分——政府选择

假设个体参与项目的私人成本很小，可以忽略不计，则重写式(7.2)为：

$$E(R \mid X) = X(\beta_1 - \beta_0) + E[(\alpha_1 - \alpha_0)\theta \mid X] \quad (7.12)$$

结合式(7.5)、式(7.6)来看，右边第一项是同一个体由于可观测变量异质性带来的参与和不参与项目的潜在收入差别，β_0、β_1 通过作用于可观测变量 X 间接影响收入不平等，其影响大小取决于个体异质性，故代表样本选择偏差(Sample Selection Bias)。第二项则是由于一系列不可观测因素 θ，如不同项目间的固有差异、政府选择行为中的政治因素等所导致的潜在收入差异，θ 值直接影响收入不平等，由于 θ 独立于项目选择，故其对收入不平等的影响取决于政府选择力度 α_0 和 α_1，代表归类效应偏差(Sorting Bias)。

由个体异质性引致的不平等可以促使人尽其才，实现资源优化配置，因此仅需关注由政府选择行为导致的不公平、不平等。当政府为追求政绩、提高项目回报率而优先筛选优质参与者时，撇脂效应会固化收入流动进而拉大失业群体内部的固有收入差距；当政府创造机会公平的制度环境、对弱势群体精准帮扶时，就会促进收入流动性进而缓解收入不平等。注意到式(7.10)中的逆米尔斯比率 λ_1 代表样本不被选中的概率，因此最急需参与项目的群体 λ_1 最小、λ_2 最大，最不适宜参与的群体 λ_1 最大、λ_2 最小，故合理的项目瞄准机制设计应使得 λ_1、λ_2 的 lambda 系数皆为负且绝对值尽量大。

故比率 $\dfrac{\alpha_1}{\alpha_0}$ 刻画了政府选择影响力值。当两系数皆为负时，比率 $\dfrac{\alpha_1}{\alpha_0}$ 为负，且其绝对值代表了政府正选择的力度，绝对值越大则最应参与项目的群体被选中概率越大，且其参与项目后收入增加越明显。当两系数皆为正时，这一比率同样为负但此时其绝对值代表政府负选择力度大小，绝对值越大则参与项目获益最大的人群是本身条件已经很好的人群，而真正急需参与项目的群体却从项目中受益最少。

7.4 积极就业促进政策不平等分析

7.4.1 数据、变量和描述性统计分析

本章所用宏观数据来自 2008 年各省(市)统计年鉴,微观数据来自 2008 年世界银行积极就业计划动态追踪调查和 2014—2015 年的补充调研数据,采用多阶段分层抽样及系统抽样方法:第一阶段,以地理行政区划作为分层标志,以东中西三大经济区域作为抽样框,抽取 9 个省份;第二阶段,从每个省按经济发展水平分层各抽取 3 个城市,除省会城市具有典型意义作为首选外,另抽选地区 GDP 排名较前和较后的城市各一个进行调研,共 27 个城市;第三阶段,从每个城市享受积极就业政策人员数据库中按系统抽样原则随机抽取样本共 7800 个。本章分析最具代表性的职业培训和小额担保贷款项目,将在关键变量上存在缺失值和异常点的样本剔除后,得到 1606 个职业培训项目样本、1136 个小额担保贷款项目样本和 1197 个两项目皆未参与的样本。

依据人力资本投资理论和自雇佣理论并借鉴相关文献(McKernan,2002;Greenberg 等,2003;Blundell 等,2004;Lechner、Miquel,2005;Kluve,2007;Heckman,2007;Benu,2009;Rahman、Rafiq,2009;Leonardo、Pierluigi,2010;Mallick,2012;杨宜勇,2006;褚保金等,2008;王海港等,2009;赵曼等,2010;李静等,2013),本书选取的自变量 X 包括:微观层面有年龄、民族(汉族=1)、性别(男性=1)、户籍类型(城镇=1)、受教育水平、工作经验、健康状况、政治状况(党员=1)、工作单位所在地;宏观层面有实际人均 GDP 增长率、就业支出资金增长率、登记失业率。选择方程被解释变量是项目参与状态,分为职业培训项目($S^A=1$)、小额担保贷款项目($S^B=1$)和两项目均不参与($S^A=0$ 或 $S^B=0$);收入方程被解释变量为收入对数,采用个体参与项目后找到的第一份工作的年收入指标。表 7.1 展示了本书所使用变量的列表,可以看出:职业培训项目参与群体比未参与群体更年轻、相应工作经验更少,女性和党员比例更高,但汉族人口和城镇户籍占比更低、整体健康状况更差;小额担保贷款项目参与者比未参与者更年长、工作经验更多,汉族、男性和城镇户籍比例更高,整体健康状况也更好。两项目参与群体受教育

水平都高于未参与群体。从宏观变量来看，职业培训参与者较之未参与者多来自 GDP 增长较快、就业支出增长率高、失业率较低的地区，而小额担保贷款参与者相对多来自 GDP 增长较慢、就业支出增长率较低而失业率较高的地区。

表 7.1 变量的描述性统计分析

变量名		均值或频率		
		培训组	小贷组	控制组
收入对数		9.04(0.53)	9.59(0.89)	8.86(0.44)
年龄		36.35(9.68)	41.23(7.21)	38.71(9.22)
工作经验		17.45(9.86)	21.56(7.89)	19.71(10.03)
实际 GDP 增长率		0.22(0.54)	0.17(0.45)	0.26(0.56)
就业支出资金增长率		0.69(0.68)	0.54(0.39)	0.55(0.47)
失业率		3.82(0.42)	3.90(0.41)	3.88(0.42)
民族	汉族	95.08	95.77	95.74
	非汉	4.92	4.23	4.26
性别	男	39.94	53.76	35.48
	女	60.06	46.24	64.52
户籍类型	城镇	75.22	94.89	92.06
	非城镇	24.78	5.11	7.94
受教育水平	小学及以下	1.77	1.86	2.10
	初中	23.70	21.54	28.09
	高中	54.99	53.99	49.96
	大专	16.57	19.24	16.99
	本科及以上	2.97	3.37	2.86
健康状况	不好	0.50	0.53	0.50
	不太好	7.11	2.82	5.01
	一般	29.83	22.10	26.82
	较好	32.32	33.71	34.00
	良好	30.23	40.85	33.67

续表

变量名		均值或频率		
		培训组	小贷组	控制组
政治状况	党员	88.92	79.23	88.72
	非党员	11.08	20.77	11.28
工作单位所在地	农村	1.25	1.58	0.42
	乡镇	5.04	4.67	3.68
	县城	6.35	12.15	9.77
	地级市	63.82	59.60	66.08
	省会城市	23.54	22.01	20.05

注：括号内为标准差；数据已经根据通胀情况进行了调整。

7.4.2 项目选择过程分析

第一步基于选择方程分别估计出个体参与两个项目的概率并计算逆米尔斯比率；第二步将 λ_1、λ_2 值代入收入方程式(7.10)、式(7.11)，分别对两项目的干预组和控制组进行回归，得到变量系数和因子载荷如表7.2所示，进而可获得两项目的 $\dfrac{\alpha_1}{\alpha_0}$ 比值。

表 7.2　　项目选择过程分析

变量	职业培训项目			小额担保贷款项目		
	选择方程	收入方程		选择方程	收入方程	
		干预组	控制组		干预组	控制组
年龄	-0.015 (0.025)	0.201*** (0.075)	0.112 (0.101)	0.132*** (0.023)	-0.111 (0.244)	0.324** (0.148)
民族	-0.005 (0.010)	-0.049 (0.031)	0.032 (0.040)	0.006 (0.011)	-0.008 (0.036)	-0.019 (0.018)

7.4 积极就业促进政策不平等分析

续表

变量	职业培训项目			小额担保贷款项目		
	选择方程	收入方程		选择方程	收入方程	
		干预组	控制组		干预组	控制组
性别	0.014 (0.010)	0.327*** (0.036)	-0.117 (0.082)	0.076*** (0.011)	0.033 (0.145)	0.311*** (0.086)
户籍	-0.099*** (0.012)	0.286** (0.130)	-1.786*** (0.588)	0.027** (0.012)	0.053 (0.063)	-0.049* (0.029)
受教育水平	-0.011 (0.011)	0.078** (0.034)	0.324*** (0.063)	0.049*** (0.012)	0.082 (0.095)	0.239*** (0.056)
健康状况	-0.001 (0.010)	0.086*** (0.032)	0.106*** (0.029)	0.065*** (0.011)	0.039 (0.124)	0.241*** (0.070)
政治状况	0.016* (0.010)	0.014 (0.037)	-0.308*** (0.089)	0.043*** (0.011)	-0.039 (0.077)	0.109** (0.055)
工作单位所在地	0.024** (0.011)	0.147*** (0.042)	-0.480*** (0.129)	-0.033*** (0.011)	0.270*** (0.066)	-0.152*** (0.040)
工作经验	-0.024 (0.024)	-0.338*** (0.083)	0.426*** (0.147)	-0.035 (0.023)	0.109 (0.090)	-0.096* (0.053)
实际GDP增长率	-0.014 (0.010)	-0.125*** (0.041)	0.248*** (0.093)	-0.053*** (0.013)	-0.103 (0.112)	-0.113** (0.052)
就业支出资金增长率	0.069*** (0.011)	-0.381*** (0.036)	-1.144*** (0.373)	-0.003 (0.012)	-0.012 (0.087)	-0.010 (0.019)
失业率	-0.041*** (0.011)	-0.301*** (0.061)	0.490** (0.222)	-0.008 (0.012)	-0.163*** (0.040)	-0.140*** (0.019)
λ_1		1.438 (0.988)			-0.016 (1.203)	

7 政府选择机制、收入流动性与不平等

续表

变量	职业培训项目			小额担保贷款项目		
	选择方程	收入方程		选择方程	收入方程	
		干预组	控制组		干预组	控制组
λ_2		10.073*** (3.221)				-1.974*** (0.720)
常数项		-0.897 (0.694)	-9.495*** (2.991)		0.451 (1.008)	1.095* (0.570)
R^2	0.049	0.198	0.191	0.074	0.217	0.189

注：括号内为标准差，***、**、* 分别表示1%、5%、10%的显著水平。

由选择方程估计结果可知，在项目选择过程中，非城镇户籍、原工作单位地处城市的失业群体更倾向于选择参加职业培训，高就业支出资金增长率、低失业率的地区职业培训项目也更普及。对小额担保贷款项目而言，年长、健康、城镇户籍、受教育水平较高、拥有党员身份的男性失业群体更易于获得小额担保贷款，项目在经济增速较缓的地区更受政府青睐，这与描述性统计反映的情况一致。

由收入方程估计结果可知，职业培训项目参与者收入水平受年龄、性别、户籍类型、受教育水平、健康状况、工作经验等微观特征影响显著，三个宏观地区特征也起到举足轻重的作用；而对于未参与者，上述特征除年龄和性别外均影响显著。小额担保贷款项目中，仅微观特征中的工作单位所在地和宏观特征中的失业率指标对参与者收入影响显著，其他变量影响甚微，但却显著影响未参与者的收入水平。概而言之，在项目选择与收入水平的决定上，小额担保贷款项目主要受个体特征影响，带有市场规律自发调节的特征；相比之下，政府在职业培训项目中发挥的影响力相对更大，地方经济环境和财政扶持就业力度作为地方政府决策的重要依据，间接深刻影响着项目受体和落选者不同的收入水平。

由前文可知，比率 $\dfrac{\alpha_1}{\alpha_0}$ 为政府选择影响力值。培训组 λ_1、λ_2 的 lambda

系数1.438和10.073皆为正,故二者比值的绝对值0.1429为政府负选择影响力值,表明政府进行项目人群甄选时瞄准的即自身条件较佳、预期绩效较好的群体,而非真正急需项目资助的弱势人群,政府负选择行为与项目公平初衷背道而驰。小贷组 λ_1、λ_2 的 lambda 系数 -0.016 和 -1.974 皆为负,故此时二者比值的绝对值0.0081为政府正选择影响力值,但绝对值偏小,表明项目虽瞄准的是真正急需帮扶的人群,但这一正向作用目前尚未得到充分发挥。

7.4.3 项目效果的反事实评估

通过Cunha-Heckman不平等测度模型估计得到 $\hat{Y}_0$ 和 $\hat{Y}_0$ 并构造出反事实收入分布①。为验证本章方法的正确性,首先进行因子分析假设检验。

图7.1(a)、(b)为两项目参与者在不参与状态下的情况,图7.1(c)、(d)为未参与者在参与状态下的情况。四幅图中反事实收入密度均与正态分布有较大重叠,可认为模型满足因子分析的传统假设。两项目参与者的反事实收入分布差异巨大,培训组相对集中,小贷组则相对分散。两项目未参与者的反事实收入分布差异不大。

为进一步比较收入实际值(实线)与反事实收入(虚线)分布,图7.2绘制了两项目各自的两组反事实。图7.2(a)为培训组参与者真实收入和不参与的反事实收入,前者相对集中,不平等程度较低;后者则较为分散,不平等程度较高,表明项目在一定程度上起到了缩小收入差距的作用。图7.2(b)显示未参与培训者的真实收入和参与者的反事实收入的重叠部分相当大,但后者的不平等程度略微缓解且在一定程度上位于前者的右边,表明未被选中参与的群体假如参与项目将获得比其实际更高的收益。图7.2(c)是小贷组参与者的真实收入和不参与者的反事实收入,情况与职业培训项目类似,但缩小收入差距的效果比职业培训项目更加明显。相应地,图7.2(d)显示未参与小额担保贷款者的真实收入和参与者

---

① 由于文中对变量进行了标准化处理,因此 $\hat{Y}_0$ 和 $\hat{Y}_0$ 均为相对值。

7 政府选择机制、收入流动性与不平等

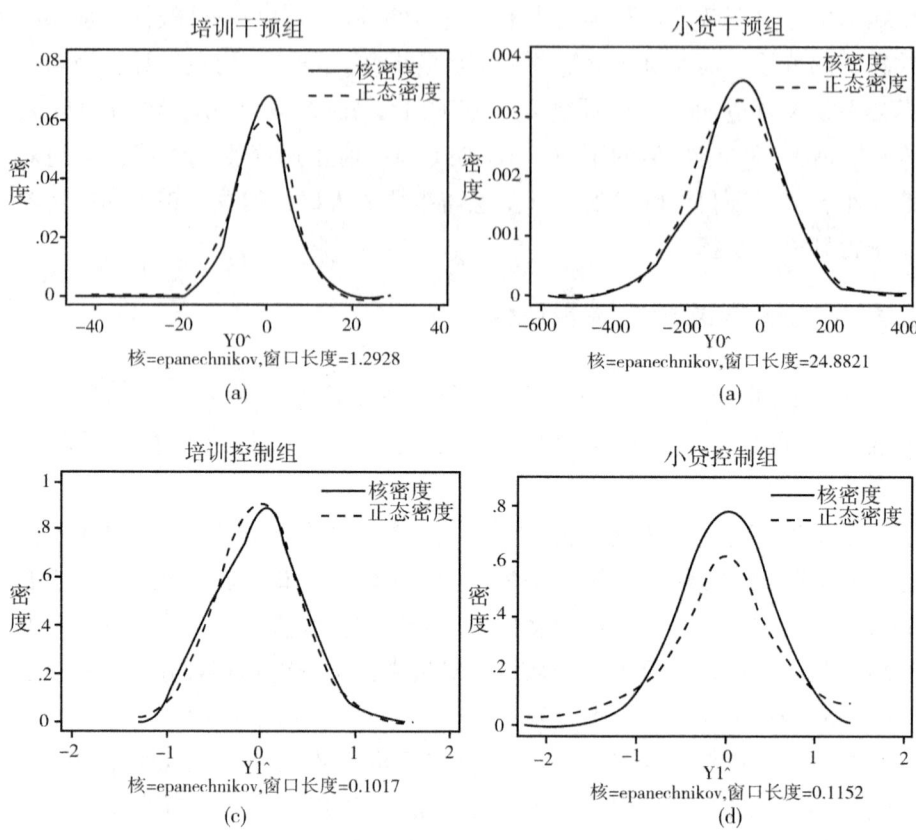

图 7.1 因子模型假设检验

的反事实收入仅有部分重叠,小额担保贷款项目落选者假如获得项目支持,其收入水平同样会更高。前文分析得出,职业培训项目中政府负选择瞄准的是失业者中自身条件较佳的群体,图 7.2(a)证实这些参与者即使没有参与项目,其收入绝对差异也不太大。而小额担保贷款项目中政府在一定程度上遵循了正向选择,图 7.2(c)证实假如这类参与者未获得项目资助,与其中一部分人群获得极高收入相伴随的,将是另一部分人群陷入极端贫困,失去最基本的生活保障。

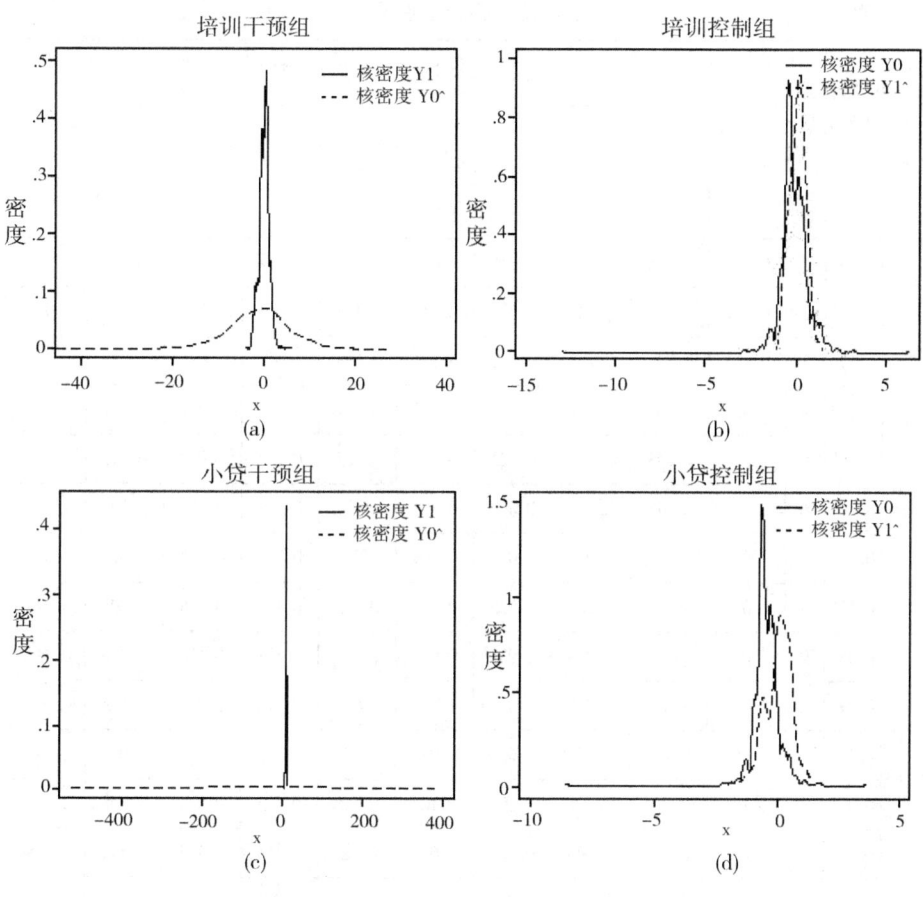

图 7.2 收入反事实密度函数

7.4.4 收入流动性分析

除了收入反事实的整体分布外,还希望获取有关两项目对不同收入阶层的影响的信息,从收入流动性和社会阶层角度增加对积极就业政策有效性的认识。假如参与项目与不参与项目的收入密度基本一致,传统的匿名性假设会根据二阶随机占优判定两种情况同样好。因此本章超越传统匿名性假设,基于统计数据和估计值刻画个体从真实收入分配向反事实收入分配的流动,分析项目对"位置"流动性的影响。

表 7.3　　收入反事实流动性分析

项目	占实际收入等级的部分	实际收入等级	向不同反事实收入等级流动的概率									
			1	2	3	4	5	6	7	8	9	10
培训干预组	0.104	1	0.679	0.248	0.036	0.036	0	0	0	0	0	0
	0.102	2	0.151	0.151	0.226	0.208	0.142	0.113	0.010	0	0	0
	0.101	3	0.104	0.330	0.274	0.132	0.104	0.038	0.019	0	0	0
	0.129	4	0.022	0.148	0.199	0.244	0.193	0.111	0.059	0.022	0	0
	0.101	5	0	0.048	0.143	0.123	0.143	0.152	0.257	0.087	0.048	0
	0.194	6	0	0.011	0.022	0.066	0.105	0.177	0.177	0.237	0.205	0
	0.007	7	0	0	0	0	0.284	0	0.284	0.433	0	0
	0.132	8	0	0	0.008	0.036	0.101	0.173	0.159	0.246	0.203	0.073
	0.055	9	0	0	0	0.035	0.035	0.035	0.158	0.176	0.316	0.246
	0.097	10	0	0	0	0	0	0	0.010	0.029	0.158	0.801
培训控制组	0.137	1	0.167	0.127	0.135	0.095	0.072	0.103	0.0395	0.119	0.056	0.087
	0.095	2	0.181	0.091	0.181	0.103	0.103	0.045	0.113	0.079	0.068	0.035
	0.192	3	0.074	0.079	0.068	0.068	0.085	0.124	0.164	0.147	0.124	0.068
	0	4	0	0	0	0	0	0	0	0	0	0
	0.089	5	0.134	0.219	0.110	0.048	0.110	0.122	0.134	0.073	0.025	0.025
	0.105	6	0.021	0.031	0.093	0.123	0.155	0.134	0.155	0.083	0.072	0.134
	0.176	7	0.117	0.130	0.080	0.161	0.117	0.105	0.025	0.093	0.099	0.074
	0.009	8	0	0	0	0.250	0	0.125	0.250	0	0.250	0.125
	0.100	9	0.065	0.087	0.076	0.108	0.108	0.084	0.087	0.064	0.175	0.144
	0.099	10	0.075	0.044	0.099	0.066	0.066	0.077	0.099	0.109	0.143	0.221

7.4 积极就业促进政策不平等分析

续表

项目	占实际收入等级的部分	实际收入等级	向不同反事实收入等级流动的概率									
			1	2	3	4	5	6	7	8	9	10
小贷干预组	0.134	1	0	0	0	0	0	0.022	0.052	0.169	0.154	0.603
	0.068	2	0	0	0.015	0	0.116	0.160	0.247	0.072	0.304	0.087
	0.151	3	0.007	0.013	0.020	0.059	0.091	0.124	0.163	0.216	0.261	0.046
	0.128	4	0	0.016	0.054	0.077	0.200	0.192	0.161	0.177	0.107	0.016
	0.021	5	0	0	0.048	0.048	0.382	0.188	0.237	0.048	0	0.048
	0.146	6	0.009	0.027	0.110	0.156	0.220	0.202	0.138	0.101	0.037	0
	0.101	7	0	0.127	0.157	0.334	0.137	0.127	0.069	0.039	0.010	0
	0.142	8	0.049	0.313	0.354	0.201	0.021	0.020	0.035	0.007	0	0
	0.061	9	0.467	0.275	0.162	0.016	0.064	0.016	0	0	0	0
	0.08	10	0.735	0.219	0.035	0.012	0	0	0	0	0	0
小贷控制组	0.137	1	0.262	0.294	0.135	0.008	0.032	0.072	0.016	0.047	0.048	0.087
	0.095	2	0.182	0.193	0.045	0.318	0.045	0.113	0.023	0.035	0.035	0.012
	0.192	3	0.192	0.034	0.124	0.045	0.153	0.107	0.090	0.113	0.107	0.034
	0	4	0	0	0	0	0	0	0	0	0	0
	0.089	5	0.048	0	0.183	0.012	0.048	0.025	0.122	0.305	0.183	0.073
	0.129	6	0.017	0.026	0.042	0.179	0.137	0.106	0.126	0.169	0.116	0.084
	0.176	7	0.105	0.167	0.031	0.105	0.142	0.129	0.043	0.037	0.087	0.154
	0.009	8	0	0	0	0.126	0	0.126	0.126	0.253	0.368	
	0.099	9	0.076	0	0.119	0.076	0.043	0.119	0.098	0.065	0.153	0.249
	0.099	10	0.016	0.022	0.143	0.154	0.132	0.109	0.077	0.099	0.099	0.149

注：收入等级分为1~10级，等级越高收入越高。

表7.3的第一板块是职业培训项目参与者在收入分配间的流动。项目

对中间收入阶层的影响更大,真实收入处于第五、第六等级的参与者分别只有14%和17%,收入相对状况与其不参与项目时相同。项目对最低和最高收入阶层的影响较小,体现在近70%的收入最底层人群假如不参与项目,其仍将处于最底层且跻身中高收入阶层的概率为零;而超过80%的最高收入阶层即使不参与项目其收入依旧最高。职业培训项目中政府逆向选择、扶强扶优,使得"优者恒优、劣者恒劣",固化了收入流动,也就无从缩小收入分配差距。

表7.3的第三板块刻画了与小额担保贷款项目参与者截然相反的情况。项目扭转了收入分配两个顶端的相对收入分布:一方面,最低收入阶层假如不参与项目,其收入反而可能最高,但由常理可知,这一阶层是项目实际效果最差的人群,其反事实收入如果相对最高,既证实项目对非急需群体效果不佳,也预示着反事实收入会是全员收入水平的整体下降;另一方面,最高收入阶层假如未获得项目资格,将有超73%的人陷入极端贫困,而这一阶层是项目实际效果最好的人群,其一旦失去政府的扶持,不仅难以实现自主就业,更无从发挥"以创业带动就业"对失业劳动力的吸纳作用。反事实情况如此不利,恰从反面证实了项目发挥的作用——政府正选择实现了对特定群体的精准帮扶,促进了收入流动,进而改善了收入分配,实现了项目经济效益和社会效应的最大化。

表7.3第二、第四板块是两项目均未参与者假如参与项目的收入流动情况。对职业培训项目而言,任一收入阶层的未参与者在参与后流向其他阶层的概率相对平均,小额担保贷款项目则略有向两个顶端聚拢的趋势。由图7.2(b)分析可知,对此的解释是,职业培训项目未参与者一旦获得项目机会,在获得更高绝对收益的同时可在一定程度上促进收入流动。小额担保贷款项目未参与者在参与项目后不但没有真正实现弱势群体经济效益最大化,反而可能出现"优者恒优、劣者恒劣"的恶果,再次证实小额担保贷款项目筛除了本身不太急需项目的人群。

7.5 不平等评估结论与政策优化建议

本章的主要研究结论如下:①从项目选择与收入水平的决定过程来看,小额担保贷款项目主要受个体因素影响,体现出市场机制自发性特征，而培训项目则主要由深受宏观特征影响下的政府主导，更多打上了政府行为的烙印；②通过不平等来源分解得出，对于职业培训项目政府负选择影响力度值为 0.1429，项目瞄准的即是失业者中自身条件较佳、预期绩效会更好的群体；小额担保贷款项目中政府正选择影响力度值为 0.0081，虽然瞄准了真正急需的人群，但正选择效应尚不够充分；③通过收入反事实分析发现，两项目均发挥了增加收入且缩小收入差距的作用，小额担保贷款项目效果更胜一筹；但职业培训项目参与者即使不参与项目，其绝对收入也相差不大，而大部分小额担保贷款项目参与者假如不参与项目将陷入极端贫困；④从收入流动性角度来看，职业培训项目主要促进了中间收入阶层的流动性，而对最低和最高收入阶层影响较小，"优者恒优，劣者恒劣"，丧失了项目本身缩小收入差距和为后进者打通上升通道的意义；小额担保贷款项目则扭转了收入分配两个顶端的相对收入分布，在对特定群体精准帮扶的基础上，促进了社会阶层流动，实现了项目经济效益、社会效应的最大化。

政府公共政策应成为收入不平等的纠错手段，而非制造社会不平等和加剧阶级分化的"帮凶"。因此本书提出以下几点优化对策：首先，政府价值取向是决定政策效果的关键因素，应秉承公平正义原则，更多关注缩小收入差距和"兜底扶贫"，而非一味以经济效益为纲；其次，在政策具体实施过程中，为避免政府扶强扶优的"撇脂效应"，应规范政策执行人员的行为，在就业专项资金绩效评估中引入不平等测度、公平感评分等考核指标，同时结合对政策结果的反事实比较和异质性考察，促使项目结果与初衷相契合；最后，应加强项目事后评估成果的转化以指导下一步资源配置，如优化培训项目瞄准机制，使其覆盖真正的弱势群体，在收入差距较大的地区推广小额担保贷款项目作为促进收入流动、缓解收入不平等的重要手段。

8 总结性评论

我们将理论和实践相结合，以微观评估为导向，对就业再就业问题，尤其是积极就业促进政策组合优化问题进行多方位的分析论述。主要研究内容包括两方面：一是建立微观就业政策评估方法体系，二是根据所建立的评估方法体系对就业促进政策进行组合优化。

第一章是对积极就业促进政策背景以及所用数据的总体介绍。第二章对政策评估基本原理进行分析，并将评估方法的选择作为重点进行阐述。第三、四、五、六章，分别从单项目与多项目的综合、微宏观的综合及主客观的综合、政府与市场的综合、公平与效率的综合的角度，结合具体情况对微观就业质量导向下的就业政策组合优化问题进行多方位的研究。本章将简要回顾前文内容，并就前文研究提炼出三点关于就业促进政策组合优化的主要建议，同时指出研究的不足之处。

8.1 简要回顾

市场经济体制改革以来，就业问题一直是困扰民生的顽疾之一。为此，国家启动了涵盖职业培训、职业介绍、小额担保贷款等诸多项目的积极就业促进政策。这些政策自实施以来，帮助了数以万计的失业者重返就业市场，有效扩大了就业规模，增加了劳动者收入，减轻了社会保险和社会救济的压力。与此同时，随着政府投入不断加大，政策种类不断增多，加之参与群体的多样性，实施范围的广泛性和复杂性，要充分发挥就业资金的使用效率和就业政策的实施效果，就需要对众多的就业促进政策进行组合优化。

本书以中国劳动力市场为背景，利用世界银行2008年对我国积极就业项目的抽样调查数据以及2014—2015年补充调研资料，主要以职业培训、小额担保贷款、职业介绍、公益性岗位、社会保险补贴5项积极就业政策为分析对象，建立适合我国的积极就业政策绩效评估框架，组合优化就业促进政策。

本书以微观评估为导向，对就业再就业问题尤其是积极就业促进政策组合优化问题进行多方位的分析论述。主要研究内容包括两方面：一是建立微观就业政策评估方法体系；二是根据所建立的评估方法体系对就业促进政策进行组合优化。我们从最开始的单项目评估扩展到多项目评估，从仅考虑微观信息的评估到综合宏微观信息的评估，从客观评估到主客观评估结合，从仅仅考虑效率到兼顾公平，逐步推进，从而更加清晰全面地了解了政策的效果差异和影响机制，完善了政策评估体系，同时提出了政策组合优化的建议。

具体而言，第一章简要介绍就业促进政策的背景，并梳理其发展历程。第二章以自雇佣理论、人力资本投资理论和工作搜寻理论为基础，总结评估中的反事实、选择偏差等基本问题，从结构法和简约法这一新的分析框架出发，将非实验法进行分类梳理归纳。并结合具体项目，展示各类方法的基本原理、局限性和研究前景，剖析不同方法的评估层次和可评估的政策效应类型，为就业政策及其他公共评估的方法选择提供参考。

第三章分别就特定项目和多项目进行政策绩效评估，研究政策绩效影响因素，为政策的组合优化提供参考。我们首先以 Rubin 因果模型为基础对特定项目的政策绩效进行评估，分别以职业培训和小额担保贷款为例，利用 Logit、持续期、Tobit 等模型对再就业几率、平均失业持续时间、就业质量等指标在不同省份的政策实施效果进行评估。然后扩展项目数量，不再局限于某个具体项目，展开多项目的政策绩效评估，以优化绩效评估方法提高政策绩效评估结果的准确度。相对之前的研究，本章试图从两方面进行改进，弥补国内该领域研究的不足，一是国内研究虽然也有从多项目视角进行分析的，但局限于职业培训项目，不是真正意义上的对不同积极就业促进政策效果差异的研究，无法对就业促进政策进行优化组合；二是所采用的计量分析方法，比如回归或传统的倾向得分匹配，无法很好地识别积极就业促进政策和工资收入之间的因果关系。而我们运用广义倾向得分法和绩效评估模型，以小额担保贷款、职业培训和职业介绍三个项目为例，研究不同积极就业促进政策的效果差异问题，有助于政策的优化组合。

　　传统有关积极就业促进政策组合优化的研究主要是以微观个体信息为基础，忽视了区域异质性影响。由于我国各地区在历史基础、区位条件、经济发展水平、市场发育程度等方面都存在巨大差异，这种区域差异使得不同省份对不同项目的重视程度、资金投入规模也不尽相同，造成个体仅能在政府提供的可选就业项目中根据自身条件进行选择。加之受到数据或技术条件的限制，传统政策评估方法未能将地区异质性影响与个体自选择因素相分离，掩盖了真实的政策效果差异，使得政策的实施缺乏针对性，政策优化组合效率低。因此，第四章我们采用不同方法构建多层倾向值模型，在传统 Rubin 反事实框架基础上，引入 Bradley 等人的多层倾向值模型，将微宏观信息运用于绩效评估，关注个体特征和地区特征对公众决策和政策绩效的影响，降低自选择偏差。首先，本章采用客观收入指标衡量多项目相对效果，侧重对基于政府区域选择下个体决策机制的刻画，在实际操作上，使用 GBM 方法检验绩效估计的稳健性；在具体运用倾向值匹配法时，对"干预组"与"控制组"进行不同的设置，使政策相对绩效评估得以直接进行，以期简化评估方法，提高评估的准确度，从而构筑微观个体及宏观地区信息相结合的就业政策组合优化机制。其次，又从主观满意度角度考察多项目相对绩效，重在对微宏观因素影响个体行为选择和心理活动规律性的把握，旨在提高政府对个体行为预测和引导的能力，探究多项目影响满意度的不同机制，分析个体特征、地区特征与政策特征三者的影响路径，以构建满意度为导向的政策优化组合方案。研究发现，项目受个体自选择和地区异质性影响显著，既体现在项目选择过程中的选择偏差上，也体现在微宏观因素造成的满意度反应差异上。这表明积极就业政策的组合优化需要构建一个包含微宏观信息的多项目满意度评估体系，这样才能更好地发挥政府再分配、促进就业公平、维护社会稳定的作用。

　　至此，我们对于就业促进政策组合优化的讨论都集中在以结果为导向、提高市场配置资源的效率上，但是却忽视了政策组合优化中的公平问题。我们的政策是否真正给那些需要帮助的群体带去了帮助呢？在项目实施中，政府与市场是否发挥了协同作用？包括就业促进政策在内的公共政策的制定、实施以及监管都离不开政府，只有明晰政府在政策实施全程中的作用,才能更好地对政策进行优化组合。

第五章从项目效果主客观综合评估的新视角来研究政策优化组合问题。我们从效率和公平两个维度刻画积极劳动力市场项目优化组合过程中市场与政府之间的角逐。通过构造市场与政府双选择模型刻画公共项目的选择过程,并构建一个第三方评估框架,分析项目客观收入及主观满意度的本质异质性效果,旨在促成市场效率与政府公平的协同。然后构建政府选择力度因子,将其纳入公共项目效果的满意度评估模型中,以满意度标准研究政府在资源再分配中的作用,为正确认识政府对于政策实施的影响提供有益参考。

另外,就业政策的优化组合必须考虑到政府行为导致的撇脂效应。以往以结果为导向的绩效考核体系虽然可以正向激励各级政府,调动其积极性,提高政策成效,但是却在部分政策实施中存在撇脂效应。即在政策实施过程中,政府为达到绩效考核标准,实现低失业率目标,就可能会挑选获益最大或能快速实现再就业的群体,从而偏离政策目标群体,违背政策的根本目的。我们通过利用本质异质性模型分析具体项目是否存在撇脂效应及严重程度,提出针对性意见,减少这种择优效应,提高就业政策的公平性。在进行政策的组合优化时考虑政府的选择行为,可以在发挥资源效率的前提下兼顾公平。

在第六章,我们将收入不平等的问题纳入政策的优化组合中。首先,将积极就业政策与缩小收入不平等及精准扶贫目标紧密结合,考虑积极就业政策中的政府选择与收入不平等问题,其次,运用 LISREL 模型和因子分析,通过构建多项目的反事实结果分布和政府干预力度指标,考察积极就业政策不同项目的选择过程及其对收入不平等及流动性的影响。

本书通过对就业政策绩效的客观全面评估,实现多项目在不同群体不同区域之间的优化组合配置。有助于针对性地制定积极就业促进政策,合理确定就业支出规模,优化就业支出结构,正确把握和监测资金使用情况,及时发现问题并提出解决办法,推动建立科学的就业政策决策机制、就业资金管理机制和促进就业长效机制,以期对我国的就业再就业研究贡献绵薄之力。

8.2　就业促进政策组合优化的建议

就业促进政策组合优化涉及就业政策的制定、就业资金的分配和就业工作的管理等诸多环节。只有加强事前筛选的科学性、事中实施的针对性、事后监督的有效性，依托完善的绩效评估方法体系，才能对就业促进政策进行有效的组合优化。最后我们从市场与政府的功能的角度，事前、事中、事后三个阶段综合全文给出组合优化就业促进政策的三项主要建议。

第一，构建项目的个体瞄准机制。依据政策相对绩效的个体间差异，可以建立就业项目的个体瞄准机制，事前建立就业项目的个体甄选体系，进行针对性的项目选择。

例如，应鼓励男性、50 岁以上的年老群体以及工资收入水平较低的群体参加小额担保贷款项目。对于任何类型的群体，小额担保贷款项目的相对绩效值均显著为正。从促进个体收入提升上，小额担保贷款项目有绝对的效率优势，职业培训项目存在绝对的效率损失。但不同特征参与者的小额担保贷款项目相对绩效并不一样，在各类就业项目供给数一定时，通过优化个体在不同项目间的配置，可以提升就业项目的整体效益。

具体来看，男性的小额担保贷款项目的相对绩效高于女性，应鼓励男性参与小额担保贷款，而鼓励女性参加职业培训项目，发挥女性在职业培训项目上的比较优势。年老群体的小额担保贷款项目的相对绩效更好，这一群体社会阅历丰富，社会资源积累较多，且处于接近或已经退休的阶段，从而可将大部分精力及时间用于其所经营的微利企业，有助于微利企业的成功经营；另一方面，年老学习知识的能力退化，再参与职业培训项目，重新进入就业市场的可能性小，培训项目绩效偏低。因而针对年老群体，应重点配置小额担保贷款项目。而对于青年群体，小额担保贷款项目相对绩效最差；与其余年龄段群体比，中年群体的小额担保贷款项目相对绩效也偏低。青年群体可塑性强，职业转换能力强，而中年群体一般处于家庭压力较大的时期，缺乏经营小额担保贷款项目的时间与精力，应向这两类群体重点配置职业培训项目。对于工资收入水平不同的参与者，依其政策相对绩效状况，应该选择工资收入水平较低的群体参加小额担保贷款项目，其次为高收入者，最不应该选择中等收入者参加小额担保贷款项目。

总之，就业促进政策的组合优化需要根据个体差异，建立有效的个体瞄准机制，这样才能实现资源的最大利用，高效利用。

第二，推动多项目在区域间的组合优化。依据政策相对绩效的地区间差异，可以实现多项目在区域间的组合优化，从而使就业支出资金效益最大化。在西部等经济较落后地区，应配置较高比例的小额担保贷款项目，而在中部地区则更多地配置培训项目。

前文指出，小额担保贷款项目在地区间的相对绩效状况是：中部地区最差，东部地区次之，西部地区最好，而在经济落后地区的个体，也更倾向于选择小额担保贷款项目，因而个体的项目选择行为，能保证就业项目的整体效益最优。但就业项目的实际配置不仅受个体选择的影响，还受到政府选择行为的影响，政府对不同就业项目的资金分配，决定了积极就业项目的供给状况，李锐等（2015）的研究证明了这一点。因此，政府在对就业项目进行区域间的统筹安排时，应充分尊重个体的选择，提高落后地区的小额担保贷款项目比例，而在相对较发达地区，职业培训项目比例可适当提高，避免政府选择与个体选择不一致而导致的就业项目效率损失。

虽然小额担保贷款项目的绝对绩效优于职业培训项目，但依据比较优势原理，通过比较政策相对绩效的省份差异，可在省份内对就业项目的比例优化，使就业支出资金发挥的整体效益最大。具体来说，相对绩效水平高于全国平均水平的省份，如陕西省和黑龙江省，小额担保贷款项目在这些省份有比较优势，可进一步推广小额担保贷款项目，而适当压缩培训项目。相对绩效水平与全国平均水平很接近的省份，如安徽省与江苏省，可保持小额担保贷款项目与职业培训项目目前的比例。新疆维吾尔自治区的政策相对绩效值略低于全国平均水平，可适当降低小额担保贷款配置比例。而在政策相对绩效最低的湖北省，则可以提高职业培训项目比例，从而使就业项目的整体效益最优。

第三，充分发挥政府在就业促进政策实施全程中的作用。研究发现，政府和个体在各个项目中的影响存在明显差异。小额担保贷款和社会保险补贴是受政府和个体影响都较大的项目；职业培训是受政府单方面影响较大的项目；职业介绍和公共岗位是受个体单方面影响较大的项目。另外，撇脂效应存在于职业培训项目和职业介绍项目中，且前者更为严重。这表明政府基于经济利益最大化和政绩偏好的前提下，在筛选项目备选人时，会剔除获益最小但最需要该项目的群体，部分偏离目标人群。政府行为影响着政策实施的全程，在进行政策组合优化时必须考虑到政府的行为，这样才能发挥政府作用，提升政策公平性。

未来政策导向是优化培训项目瞄准机制，覆盖真正的弱势和贫困人群，同时加大政府小额担保贷款项目正选择力度，精准施策，进一步向目标群体倾斜。在公共项目推行中，为避免政府扶强扶优导致政策出现"异化"倾向，应避免一味以政策收入绩效为纲，如在政策绩效评估体系中引入满意度、公平感等评判指标，结合对政策结果的反事实比较和异质性考察，将有利于公共政策与缩小收入不平等及精准扶贫目标的契合。

8.3 研究的不足

就业政策的绩效评估，如果仅利用宏观统计信息，只能反映政策的平均绩效水平及各政策在总量效果上的差异，难以明确绩效的发生机制及分析绩效差异的深层原因。本书基于世界银行 2008 年对我国积极就业项目的抽样调查数据及 2014—2015 年补充调研资料，对我国积极就业政策的相对绩效进行微观评估，弥补了总量评估的不足。评估时考虑到了微宏观信息的结合、主客观因素的结合、公平与效率的结合、政府与市场的结合，建立了系统的绩效评估方法体系，多层次地研究了政策的组合优化。但由于各种原因，本书还存在以下不足之处：

①国内关于积极就业政策的微观调查相对缺乏，本书使用的是世界银行 2008 年积极就业项目抽样调查数据以及 2014—2015 年补充调研资料，因而具体的政策绩效结果与现行的积极就业项目有一定差异。但绩效影响因素、绩效发生机制在短期内并不会发生较大改变，因而本书仍可对现实状况提供一些参考，本书的评估方法也是可以借鉴的。

②由于篇幅限制，本书主要以职业培训、小额担保贷款、职业介绍、社会保险补贴、公益性岗位为例，评估了积极就业政策的相对绩效，5个项目无法反映积极就业促进政策绩效的全貌。

③在表示区域特征的差异时，本书仅使用了失业率、经济增长率、就

业支出资金增长率这三个变量,还有一些重要变量没有包括进来。如"城市化水平",既可能对个体的项目选择行为有影响,也会对个体的收入有影响,忽略重要变量将影响绩效估计准确性。但城市化率仅有全国总体数据,由于统计口径等问题,并没有分省区的数据,因而在本书中暂时未考虑。在今后的研究中,可以通过其他相关变量如各省的城镇人口比重来近似代替。

④最后,在考虑政府在公共政策实施中的作用时,缺乏相应的政府选择理论,政府是如何做出抉择的,决策的根据是什么以及使用失业率、经济增长率、就业支出资金增长率这三个变量的原因都需要在今后的研究中继续探索。

参 考 文 献

[1] Aakvik, Arild, Heckman, James J., Edward J. Vytlacil. Estimating Treatment Effects for Discrete Outcomes When Responses to Treatment Vary: An Application to Norwegian Vocational Rehabilitation Programs[J]. Journal of Econometrics, 2005, 125(1): 15-51.

[2] Addison, J. T., Portugal, P. Job Search Methods and Outcomes[J]. Oxford Economic Papers, 2002, 54(3): 505-533.

[3] Allcott H. Site Selection Bias in Program Evaluation [J]. The Quarterly Journal of Economics, 2015, 130(3): 1117-1165.

[4] Amit Dar, Tzannatos, Z. Active Labor Market Programs: A Review of the Evidence from Evaluations[J]. Social Protection Discussion Paper, 1993.

[5] Angrist, Joshua D., Jorn-Steffen Pischke. The Credibility Revolution in Empirical Economics: How Better Research Design Is Taking the Con Out of Econometrics [J]. Journal of Economic Perspectives, 2010, 24(2): 3-30.

[6] Atkinson, A. B., On the Measurement of Inequity[J]. Journal of Economic Theory, 1970, 2(3): 244-263.

[7] Barnow B. S, Heinrich C. J. One Standard Fits All? The Pros and Cons of Performance Standard Adjustments [J]. Public Administration Review, 2010, 70(1): 60-71.

[8] Barrnow B. S, Smith J. A. Performance Management of U. S. Job Training Programs: Lessons from the Job Training Partnership Act [J]. Public Finance and Management, 2004, 4(3): 247-287.

[9] Becchetti, L., Conzo, P. Microfinance and Happiness [J]. Aiccon Working Papers, 2010.

[10] Bellio, R., Gori, E. Impact Evaluation of Job Training Programmes: Selection Bias in Multilevel Models[J]. Journal of Applied Statistics, 2003(30).

[11] Benu Bidani, et al. Evaluating Job Training in Two Chinese Cities[J]. Journal of Chinese Economic and Business Studies, 2009, 7(1): 77-94.

[12] Benu, B., Niels, B., Chor, G., Christopher, O. Evaluating Job Training in Two Chinese Cities[J]. Journal of Chinese Economic and Business Studies, 2005(7).

[13] Bjorklund A., Moffitt R. The Estimation of Wage Gains and Welfare Gains in Self-Selection Models[J]. The Review of Economics and Statistics, 1983, 69(69): 42-49.

[14] Bjørnskov, C., Dreher, A., Fischer, Justina, A. V. The Bigger the Better? Evidence of the Effect of Government Size on Life Satisfaction around the World, Public Choice, 2007(130).

[15] Blundell, R., Costa Dias, M., Meghir, C., et al. Evaluating The Employment Impact of A Mandatory Job Search Program[J]. Journal of the European Economic Association, 2004, 2(2): 569-606.

[16] Boone, Jan, Van Ours, Jan C. Effective Active Labor Market Policies[J]. Iza Discussion Paper, 2004, 157(3): 293-313.

[17] Bourguignon, F. Frontier, M., Gurgand, M. Fast Development with a Stable Income Distribution: Taiwan[J]. Review of Income and Wealth, 2001, 47(2): 139-163.

[18] Bradley, S., Migali, G. The Joint Evaluation of Multiple Educational Policies: The Case of Specialist Schools and Excellence in Cities Policies in Britain[J]. Education Economics, 2012, 20(3): 322-342.

[19] Bruno, S. F. Happiness: A Revolution in Economics[M]. Published by Massachusetts Institute of Technology, 2008.

[20] Buonanno, P., Pozzoli, D. Early Labour Market Returns to College Subject[J]. Labour, 2009, 23(4): 559-588.

[21] Cardozo. R. N. An Experience Study of Customer Effort, Expectation and Satisfaction[J]. Journal of Marketing Research, 1965(2).

[22] Cattaneo, M. D. Efficient Semiparametric Estimation of Multi-valued Treatment Effects Under Ignorability [J]. Journal of Econometrics, 2010, 155(2): 138-154.

[23] Cattaneo, M. D., Drukker, D. M., Holland, A. D. Estimation of Multivalued Treatment Effects Under Conditional Independence [J]. Stata Journal, 2013, 13(3): 407-450.

[24] Chetty, Raj, Amy Finkelstein. Social Insurance: Connecting Theory to Data [A]. In Handbook of Public Economics Volume5 [C]. A. Auerbach, R. Chetty, M. Feldstein, et al. Elsevier: Amsterdam and Oxford, 2012: 111-193.

[25] Chetty, Raj. Sufficient Statistics for Welfare Analysis: A Bridge between Structural and Reduced-Form Methods [J]. Annual Review of Economics, 2008: 451-488.

[26] Courtney, M. E. Research Needed to Improve the Prospects for Children in Out-of-home Placement [J]. Children and Youth Services Review, 2000, 22(22): 743-761.

[27] Courty P, Kim D. H, Marschke G. Curbing Cream-skimming: Evidence on Enrolment Incentives [J]. Labour Economics, 2011, 18(5): 643-655.

[28] Cunha, F., Heckman, James J. A New Framework for the Analysis of Inequality [J]. Macroeconomic Dynamics, 2008, 12(S2): 315-354.

[29] Dalton, H. The Measurement of the Inequity of Income [J]. Economic Journal, 1920: 348-361.

[30] David Card, Raj Chetty, Martin Feldstein, Emmanuel Saez. Expanding Access to Administrative Data for Research in the United States [J]. SSRN Electronic Journal, 2010.

[31] Fields, Gary S., Yoo, Gyeongjoon. Falling Labor Income Inequity in Korea's Economic Growth: Patterns and Underlying Causes [J]. Review of Income and Wealth, 2000, 46(2): 139-159.

[32] Francois Bourguignon. Decomposable Income Inequity Measures [J]. Econometrica, 1979, 47(4): 901-920.

[33] Gary S. Becker. Human Capital [M]. National Bureau of Economic Research, 1964.

[34] Gerrish ED. The Impact of Performance Management on Performance in Public Organizations: A Meta-Analysis [J]. Public Administration Review, 2016, 76(1): 48-66.

[35] Gini, C. Sulla Misura della Concentrazione e della Variabilita dei Caratteri [J]. Atti del R. Instituto Veneto di SS. LL. AA., 1914: 1203-1248.

[36] Greenberg D. H., Michalopoulos C., Robins P. K. A Meta-Analysis of Government Sponsored Training Programs [J]. Industrial and Labour Relations Review, 2003(1).

[37] Greenberg, D. H., Michalopoulos, C., Robins, P. K. A Meta-Analysis of Government -Sponsored Training Programs [J]. Industrial and Labour Relations Review, 2003, 57(1): 31-53.

[38] Guo, S., Barth, R. P., Gibbons C. Propensity Score Matching Strategies for Evaluating Substance Abuse Services for Child Welfare Clients [J]. Children and Youth Services Review, 2006, 28(4): 357-383.

[39] Guo, S., Hussey, D. L. Nonprobability Sampling in Social Work Research: Dilemmas, Consequences, and Strategies [J]. Journal of Social Service Research, 2004, 30(3): 1-18.

[40] Heckman J. J, Heinrich C, Smith J. The Performance of Performance Standards [J]. W. E. Upjohn Institute, 2011.

[41] Heckman J. J. Building Bridges between Structural and Program Evaluation Approaches to Evaluating Policy [J]. Journal of Economic Literature, 2010, 48(2): 356-398.

[42] Heckman, J., Vytlacil, E. Handbook of Econometrics [M]. Published by Elsevier Science, 2007.

[43] Heckman, James J. Building Bridges between Structural and Program Evaluation Approaches to Evaluating [J]. Journal of Economic Literature, 2010, 48(2): 2356-2398.

[44] Heckman, James J. Dummy Endogenous Variables in a Simultaneous Equations System[J]. Econometrica, 1978.

[45] Heckman, James J., Edward J. Vytlacil. Econometric Evaluation of Social Programs, Part II: Using the Marginal Treatment Effect to Organize Alternative Econometric Estimators to Evaluate Social Programs, and to Forecast their Effects in New Environments[A]. James J. Heckman, Edward E. Leamer. In Handbook of Econometrics Volume 6B[C]. Elsevier: Amsterdam and Oxford, 2007, 6(7): 4875-5144.

[46] Heckman, James J., Edward J. Vytlacil. Econometric Evaluation of Social Programs: Causal Models, Structural Models and Econometric Policy Evaluation[J]. Handbook of Econometrics, 2007, 6: 4779-4874.

[47] Heckman, James J., Jeffrey A. Smith. The Determinants of Participation in a Social Program: Evidence from a Prototypical Job[J]. Journal of Laboe Economics, 2003, 22(2): 243-298.

[48] Heckman, James J., Sergio Urzua, Edward J. Vytlacil. Understanding Instrumental Variables in Models with Essential Heterogeneity[J]. Review of Economics and Statistics, 2006, 88(3): 389-432.

[49] Heckman, James J., Xuesong Li. Selection Bias, Comparative Advantage and Heterogeneous Return to Education: Evidence from China in 2000[J]. Pacific Economic Review, 2004, 9(3): 155-171.

[50] Heinrich C. J. False or Fitting Recognition? The Use of High Performance Bonuses in Motivating Organizational Achievements[J]. Journal of Policy Analysis and Management, 2007, 26(2): 281-304.

[51] Hisako Kai, Shigeyuki Hamori. Microfinance and Inequality[J]. Munich Personal RePEc Archive Paper, 2009, 1(1).

[52] Hunt Allcott. Site Selection Bias in Program Evaluation[J]. The Quarterly Journal of Economics, 2015, 130(3): 1117-1165.

[53] Imbens, G. W. The Role of The Propensity Score in Estimating Dose-Response Functions[J]. Biometrika, 2000, 87(3): 706-710.

[54] Imbens, G. W., Wooldridge, J. M. Recent Developments in the Econometrics of Program Evaluation[J]. Journal of Economic Literature,

2009, 47(1): 5-86.

[55] Jacob A. Mincer. Schooling, Experience and Earnings[J]. Published by National Bureau of Economic Research, 1974.

[56] Jill, C., Neumark, D. Training and the Growth of Wage Inequality[J]. Industrial Relations, 1996, 35(4): 491-510.

[57] Jonathan Morduch, Terry Secular. Rethinking Inequity Decomposition, with Evidence from Rural China[J]. The Economic Journal, 1998, 112 (467): 93-106.

[58] Juhn, Chinhui, Murphy, Kevin M., Pierce, Brooks. Wage Inequity and the Rise in Returns to Skill[J]. Journal of Political Economy, 1993, 101(3): 410-442.

[59] Julio, C. C., Boyd, C. R. Employment Status and Life Satisfaction of Women [J]. International Journals of Sociology of the Family, No. 19, 1989.

[60] Kathryn H. A, Richard V. B. JENNIE E. R. The Effect of Creaming on Placement Rates Under the Job Training Partnership Act[J]. Industrial and labor relations review, 1993, 46(4): 613-624.

[61] Kennedy P. A Guide to Econometrics[M]. Cambridge, Massachusetts London: The MIT Press, 2003.

[62] Kluve J., Shmidt C. M. Can Training and Financial Incentives Combat European Unemployment? A Survey of Recent Evaluation Studies [J]. Economic Policy, 2002, 17(35): 409-448.

[63] Kluve, J, Chmidt, C. M. Can Training and Financial Incentives Combat European Unemployment? A Survey of Recent Evaluation Studies [J]. Economic Policy, 2002.

[64] Kluve, J., Card, D., Fertig, M. Active Labor Market Policies in Europe: Performance and Perspectives[J]. Springer, 2007.

[65] Koning P, Heinrich C. J. Cream-skimming, Parking and Other Intended and Unintended Effects of High-powered, Performance-based Contracts [J]. Journal of Policy Analysis and Management, 2013, 32(3): 461-483.

[66] Larsson L. Evaluation of Swedish Youth Labour Market Programmes[N]. Papers: 2000.

[67] Lee, L. F. Identification and Estimation in Binary Choice Models with Limited (Censored) Dependent Variable[J]. Econometrics, 1979, 47(7): 977-996.

[68] Lee, M. J., Lee, S. J. Analysis of Job-Training Effects on Korean Women[J]. Journal of Applied Econometrics, 2005, 20(4): 549-562.

[69] Leonardo, B., Pierluigi, C., Microfinance and Happiness [N]. AICCON Working Paper, 2010(69).

[70] Lerman R., Shlomo Yitzaki. Income Inequity Effects by Income Source: A New Approach and Application to the United States[J]. Review of Economics and Statistics, 1985, 67(1): 151-156.

[71] Mallick, I. Major Impacts of Micro-finance on the Poor: Snapshots from Bangladesh[J]. MPRA Paper, 2012, (6): 1-17.

[72] Martin, J. P., Grubb, D. What Works and for Whom: A Review of OECD Countries' Experiences with Active Labour Market Policies[J]. Swedish Economic Policy Review, 2001(4): 465-475.

[73] McCaffrey, D. F., Ridgeway, G., Morral, A. R. Propensity Score Estimation with Boosted Regression for Evaluating Causal Effects in Observational Studies [J]. Psychological Methods, 2004, 9(4): 403-425.

[74] McKernan, S. M. The Impact of Microcredit Programs on Self-Employment Profits: Do Non-Credit Program Aspects Matter? [J]. Review of Economics and Statistics, 2002, 84(1): 93-115.

[75] Michael Fertig, Christoph M. Schmidt, Hilmar Schneider. Active Labor Market Policy in Germany—Is there a Successful Policy Strategy? [J]. Regional Science and Urban Economics, 2006, 36(3): 399-430.

[76] Michèle Belot, Jan C. van Ours. Does the Recent Success of Some OECD Countries in Lowering Their Unemployment Rates Lie in The Clever Design of Their Labor Market Reforms? [J]. Oxford Economic Papers, 2004, 56(4): 621-642.

[77] Moffitt, R. Choosing Among Alternative Nonemperimental Methods for Estimating the Impact of Social Programs: The Case of Manpower Training: Comment[J]. Journal of the American Statistical Association, 1989, 84(12): 877-878.

[78] Moffitt, R. Models of Treatment Effects When Responses Are Heterogeneous[J]. Proceedings of the National Academy of Sciences of USA, 1999, 96(12): 6575-6576.

[79] Oaxaca Ronald. Male-female Wage Differences in Urban Labor Markets [J]. International Economic Review, 1973, 14(3): 693-709.

[80] Oliver. R. L., Measurement and Evaluation of Satisfaction Processes in Retail Settings[J]. Journal of Retailing, 1981(3).

[81] Osborne D., Gaebler T., Reinventing Government: How the Entrepreneurial Spirit is Transforming the Public Sector From the Schoolhouse to Statehouse[J]. Mass: Addison-Wesley, 1992(5).

[82] Patrick Vanhoudt. Do Labor Market Policies and Growth Fundamentals Matter for Income Inequality in OECD Countries?: Some Empirical Evidence[J]. International Monetary Fund, 1997, 44(3): 356-373.

[83] Rahman S, Rafiq R. B. VAZIRI M. Microcredit Programs and Consumption Behaviour of the Borrower: Evidence from Bangladesh[J]. Journal of American Academy of Business, 2009, 14(2): 83-92.

[84] Rahman S, Junankar P N, Mallik G, Factors Influencing Women' Empowerment on Micro-credit Borrowers: A Case Study in Bangladesh [J]. Journal of the Asia Pacific Economy: 2009.

[85] Rahman, S., Junankar, P. N., Mallik, G. Factors Influencing Women' Empowerment On Micro-credit Borrowers: A Case Study in Bangladesh [J]. Journal of the Asia Pacific Economy, 2009, 14(3): 287-303.

[86] Rahman, S., Rafiqul, R. B., Momen, M. A. Impact of Microcredit Programs on Higher Income Borrowers: Evidence from Bangladesh[J]. International Business & Economics Research Journal, 2011, 8(2): 119-124.

[87] Rosenbaum, P. R., Rubin, D. B. The Central Role of the Propensity

Score in Observational Studies for Causal Effect[J]. Biometrika, 1983, 70(1): 41-55.

[88] Rosenbaum, P. R. Covariance Adjustment in Randomized Experiments and Observational Studies [J]. Statistical Science, 2002, 17 (3): 286-327.

[89] Rubin, D. B. Estimating Causal Effects of Treatments in Randomized and Non-randomized Studies[J]. Journal of Educational Psychology, 1974, 66(1): 688 -701.

[90] Shorrocks, A., Slottje, D. Approximating Unanimity Ordering: An Application to Lorenz Dominance [J]. Journal of Economics, 2002, 9 (1): 91-118.

[91] Sianesi B. Differential Effects of Active Labor Market Programs for The Unemployed[J]. labor Economics, 2008.

[92] Sianesi, B. Differential Effects of Active Labor Market Programs for The Unemployed[J]. Labor Economics, 2008, 15(3): 370-399.

[93] Sibel, S. Life Satisfaction and Happiness in Turkey[J]. Social Indicators Research, 2008(88).

[94] Silber, J. Factor Components, Population Subgroups and the Computation of the Gini Index of Inequity [J]. Review of Economics and Statistics, 1989, 71(1): 107-115.

[95] Skedinger P, Widerstedt B. Cream Skimming in Employment Programmes for the Disabled? Evidence from Sweden [J]. International Journal of Manpower, 2007, 28(8): 694-714.

[96] Smith, J. A., Todd, P. E. Dose Matching Overcome LaLonde's Critique of Nonexperimental Estimators? [J]. Journal of Econometrics, 2005, 125(1-2): 305-353.

[97] Stefan, B., Rainer, W. The Effect of Income on General Life Satisfaction and Dissatisfaction[J]. Social Indicators Research, 2010(95).

[98] Theil, H. Economics and Information Theory [M]. Amsterdam: North-Holland Publishing Co., 1967.

[99] Theil, H. Statistical Decomposition Analysis [M]. Amsterdam: North-

Holland Publishing Co., 1972.

[100] Tsai Shu-Ling, Xie Yu. Changes in Earnings Returns to Higher Education in Taiwan since the 1990s[J]. Population Review, 2008, 47(1): 1-20.

[101] Tse, D. A., Models of Consumer Satisfaction Formation: An Extension, Journal of Marketing, No. 25, 1988.

[102] Xie Yu, Xiaogang Wu. Market Premium, Social Process and Statisticism [J]. American Sociological Review, 2005, 70(70): 865-870.

[103] Xie Yu. Otis Dudley Duncan's Legacy: The Demographic Approach to Quantitative Reasoning in Social Science [J]. Research in Social Stratification and Mobility, 2007, 25(2): 141-156.

[104] Yu Xie, Brand, J. E., Jann, B. Estimating Heterogeneous Treatment Effects with Observational Data[J]. Sociological Methodology, 2012, 297(3): 314-316.

[105] Zhou X, Xie Yu. Propensity-score-based Methods Versus MTE-based Methods in Causal Inference: Identification, Estimation, and Application[J]. Sociological Methods and Research, 2016, 45(1).

[106] 布鲁尼. 经济学与幸福[M]. 上海: 上海人民出版社, 2007.

[107] 蔡昉, 等. 中国劳动力市场的转型与发育[M]. 北京: 商务印书馆, 2005.

[108] 曾湘泉. 深化对就业质量问题的理论探讨和政策研究[R]. 中国劳动保障新闻网, 2012, 12.

[109] 车翼. 老年劳动者劳动供给行为的 Logistic 经验研究[J]. 数量经济技术经济研究, 2007(1).

[110] 陈斌开, 杨依山, 许伟. 中国城镇居民劳动收入差距演变及其原因: 1990-2005[J]. 经济研究, 2009(12).

[111] 陈刚, 李树. 管制、腐败与幸福——来自 CGSS(2006)的经验证据[J]. 世界经济文汇, 2013(4).

[112] 陈刚, 李树. 政府如何能够让人幸福? ——政府质量影响居民幸福感的实证研究[J]. 管理世界, 2012(8).

参考文献

[113] 陈佳贵,等. 中国就业岗位开发与创业扶持政策[J]. 中国工业经济,2003(1).

[114] 陈耀波. 培训前工资、劳动者能力自我筛选与农村劳动力培训结果：浙江农村劳动力培训计划的一项试点调查研究[J]. 世界经济文汇,2009(3).

[115] 陈钊,陆铭,佐藤宏. 谁进入了高收入行业——关系、户籍与生产率的作用[J]. 经济研究,2009(10).

[116] 程名望,盖庆恩,Jin Yanhong,等. 人力资本积累与农户收入增长[J]. 经济研究,2016(1).

[117] 程名望,史清华,Jin Yanhong,等. 农户收入差距及其根源：模型与实证[J]. 管理世界,2015(7).

[118] 褚保金,张龙耀,等. 农村信用社扶贫小额贷款的实证分析——以江苏省为例[J]. 中国农村经济,2008(5).

[119] 丁煜,徐延辉,李金星. 农民工参加职业技能培训的影响因素分析[J]. 人口学刊,2011(3).

[120] 董云霞. 中国社会保障和就业支出的区域差异研究[J]. 中国科技投资,2013(30).

[121] 范剑勇,张雁. 经济地理与地区间工资差异[J]. 经济研究,2009(8).

[122] 付东梅. 工作搜寻理论模型的扩展及政策启示[J]. 北方经济,2010(7).

[123] 高琳. 分权与民生：财政自主权影响公共服务满意度的经验研究[J]. 经济研究,2012(7).

[124] 葛玉好,曾湘泉. 市场歧视对城镇地区性别工资差距的影响[J]. 经济研究,2011(6).

[125] 葛玉好. 部门选择对工资性别差距的影响：1988—2001年[J]. 经济学(季刊),2007(2).

[126] 顾和军. 职业培训对农村劳动力工资收入的影响[J]. 华南农业大学学报(社会科学版),2013(3).

[127] 郭凯明,张全升,龚六堂. 公共政策、经济增长与不平等演化[J]. 经济研究,2011(2).

[128] 郭申阳,马克·W. 弗雷泽. 倾向值分析:统计方法与应用[M]. 郭志刚,巫锡炜,等译. 重庆:重庆大学出版社,2012.

[129] 郝大海,李路路. 区域差异改革中的国家垄断与收入不平等——基于2003年全国综合社会调查资料[J]. 中国社会科学,2006(2).

[130] 何立新,佐藤宏. 不同视角下中国城镇社会保障制度与收入再分配——基于年度收入与终生收入的经验分析[J]. 世界经济文汇,2008(5).

[131] 何立新,潘春阳. 破解中国的Easterlin悖论——收入差距、机会不均与居民幸福感[J]. 管理世界,2011(8).

[132] 何亦名,张炳申. 国外工作搜寻理论研究述评[J]. 外国经济与管理,2006(2).

[133] 胡安宁. 倾向值匹配与因果推论:方法论述评[J]. 社会学研究,2012(1).

[134] 胡凤霞. 农民工自雇佣就业选择研究[J]. 宁夏社会科学,2014(2).

[135] 胡洪曙,鲁元平. 公共支出与农民主观幸福感——基于CGSS数据的实证分析[J]. 财贸经济,2012(10).

[136] 胡永远. 人力资本投资理论研究新进展[J]. 经济学动态,2005(1).

[137] 胡宗义,李佶蔓,唐李伟. 农村小额信贷与农村居民收入增长——基于STAR模型的实证研究[J]. 软科学,2014(4).

[138] 黄华波. 简论有中国特色的积极就业政策[J]. 中国劳动,2002(11).

[139] 黄志岭. 人力资本、收入差距与农民工自我雇佣行为[J]. 农业经济问题,2014(6).

[140] 解垩. 公共转移支付和私人转移支付对农村贫困、不平等的影响:反事实分析[J]. 财贸经济,2010(12).

[141] 赖德胜,石丹淅. 我国就业质量状况研究:基于问卷数据的分析[J]. 中国经济问题,2013(5).

[142] 赖德胜,苏丽锋,孟大虎,等. 中国各地区就业质量测算与评价[J]. 经济理论与经济管理,2011(11).

[143] 赖德胜,孟大虎,李长安,等. 中国就业政策评价:1998-2008[J]. 北京师范大学学报(社会科学版),2011(3).

[144] 赖德胜. 2011 中国劳动力市场报告[M]. 北京：北京师范大学出版社, 2011.

[145] 乐君杰. 工作搜寻理论、匹配模型及其政策启示——2010 年诺贝尔经济学奖获得者研究贡献综述[J]. 浙江社会科学, 2011(1).

[146] 李宝良, 郭其友. 搜寻摩擦市场：搜寻和匹配模型的发展及其应用——2010 年度诺贝尔经济学奖获得者的主要学术贡献[J]. 外国经济与管理, 2010(11).

[147] 李春玲, 邱雯. 提升公共职业介绍机构就业服务能力研究——以北京为例[J]. 经济问题探索, 2010(2).

[148] 李静, 谢丽君, 等. 农民培训工程的政策效果评估——基于宁夏农户固定观察点数据的实证检验[J]. 农业技术经济, 2013(3).

[149] 李锐, 常然君. 满意度评估导向的就业政策资源优化配置研究——结合宏微观信息的多项目实证分析[J]. 世界经济文汇, 2016(5).

[150] 李锐, 黄金鹏, 赵曼. 市场"效率"与政府"公平"的协同——基于积极劳动力市场项目第三方评估机制研究[J]. 财贸经济, 2015(3).

[151] 李锐, 黄金鹏. 政府在资源再分配中的正向效应研究[J]. 财政研究, 2014(12).

[152] 李锐. 积极劳动力市场政策绩效评估——以小额担保贷款项目为例[J]. 财政研究, 2010(12).

[153] 李实, 丁赛. 中国城镇教育收益率的长期变动趋势[J]. 中国社会科学, 2003(6).

[154] 李实, 杨修娜. 我国农民工培训效果分析[J]. 北京师范大学学报(社会科学版), 2015(6).

[155] 李实. 中国离退休人员收入分配中的横向与纵向失衡分析[J]. 金融研究, 2013(2).

[156] 李树, 陈刚. 幸福的就业效应——对幸福感、就业和隐性再就业的经验研究[J]. 经济研究, 2015(3).

[157] 李湘萍, 郝克明. 企业在职培训对员工收入增长、职业发展的影响[J]. 北京大学教育评论, 2007(1).

[158] 李雪, 钱晓烨, 迟巍. 职业资格认证能提高就业者的工资收入吗？——对职业资格认证收入效应的实证分析[J]. 管理世界,

2012(9).

[159] 李雪松,詹姆斯·赫克曼. 选择偏差、比较优势与教育的异质性回报——基于中国微观数据的实证研究[J]. 经济研究,2004(4).

[160] 李永捷,周冬梅,鲁若愚. 基于蚁群理论的劳动力就业搜寻过程分析[J]. 预测,2007(6).

[161] 刘穷志,吴晔. 收入不平等与财政再分配:富人俘获政府了吗[J]. 财贸经济,2014(3).

[162] 刘穷志. 收入不平等、政策偏向于最优财政再分配政策[J]. 中南财经政法大学学报,2011(2).

[163] 刘社建. 积极就业政策的演变、局限与发展[J]. 上海经济研究,2008(1).

[164] 刘祥琪,陈钊,赵阳. 程序公正先于货币补偿——农民征地满意度的决定[J]. 管理世界,2012(2).

[165] 陆铭,王亦琳,潘慧,等. 政府干预与企业家满意度——以广西柳州为例的实证研究[J]. 管理世界,2008(7).

[166] 路易吉诺·布鲁尼,皮尔·路易吉·波尔塔:经济学与幸福[M]. 傅红春,译. 上海:上海人民出版社,2007.

[167] 罗楚亮. 城镇居民教育收益率及其分布特征[J]. 经济研究,2007(6).

[168] 罗楚亮. 城乡分割、就业状况与主观幸福感差异[J]. 经济学(季刊),2006(3).

[169] 骆为祥,李建新. 老年人生活满意度年龄差异研究[J]. 人口研究,2011(11).

[170] 马艳,张建勋. 不同所有制条件下的收入差距问题研究——基于机会不平等理论的视角[J]. 财经研究,2015(5).

[171] 穆睿. 搜寻匹配理论研究综述及其政策启示[J]. 西北农林科技大学学报(社会科学版),2012(5).

[172] 宁光杰. 自我雇佣还是成为工资获得者?——中国农村外出劳动力的就业选择和收入差异[J]. 管理世界,2012(7).

[173] 欧文·休斯. 公共管理导论[M]. 北京:中国人民大学出版社,2001.

参考文献

[174] 乔舒亚·安格里斯特, 约恩—斯特芬·皮施克. 基本无害的计量经济学——实证研究者指南[M]. 郎金焕, 李井奎, 译. 上海: 格致出版社, 2012.

[175] 秦建国. 政府就业政策绩效评价体系研究[J]. 山东财政学院学报, 2012(11).

[176] 人民网. 中共中央关于制定国民经济和社会发展第十三个五年规划的建议, http://politics.people.com.cn/n/2015/1103/c1001-27772701-2.html

[177] 沈熙. 就业政策评估指标研究的六个趋势[J]. 开放导报, 2009(1).

[178] 石丹淅, 赖德胜. 自我雇佣问题研究进展[J]. 经济学动态, 2013(10).

[179] 石莹. 搜寻匹配理论与中国劳动力市场[J]. 经济学动态, 2010(12).

[180] 石子印. 政府再分配政策对城镇居民收入不平等作用的实证考察[J]. 经济经纬, 2009(5).

[181] 史耀疆, 崔瑜. 公平公正观及其对社会公平评价和生活满意度影响分析[J]. 管理世界, 2006(10).

[182] 舒海兵等. 非实验数据政策效应评估理论与实证研究方法[J]. 中国管理科学, 2007(6).

[183] 宋月萍, 张涵爱. 应授人以何渔?——农民工职业培训与工资获得的实证分析[J]. 人口与经济, 2015(1).

[184] 孙良媛, 李琴, 林相森. 城镇化进程中失地农村妇女就业及其影响因素——以广东省为基础的研究[J]. 管理世界, 2007(1).

[185] 孙若梅. 小额信贷对农民收入影响的实证分析[J]. 贵州社会科学, 2008(9).

[186] 汤凤林, 雷鹏飞. 收入差距、居民幸福感与公共支出政策——来自中国社会综合调查的经验分析[J]. 经济学动态, 2014(4).

[187] 陶然, 周敏慧. 父母外出务工与农村留守儿童学习成绩——基于安徽、江西两省调查实证分析的新发现与政策含义[J]. 管理世界, 2012(8).

[188] 万广华, 陆铭, 陈钊. 全球化与地区间收入差距: 来自中国的证

据[J]. 中国社会科学, 2005(3).

[189] 万广华. 不平等的度量与分解[J]. 经济学(季刊), 2009(1).

[190] 万广华. 解释中国农村区域间的收入不平等：一种基于回归方程的分解方法[J]. 经济研究, 2004(8).

[191] 万广华. 收入分配的度量与分解：一个对于研究方法的评介[J]. 世界经济文汇, 2004(1).

[192] 万广华. 中国农村区域间居民收入差异及其变化的实证分析[J]. 经济研究, 1998(5).

[193] 王春蕊, 姜叉鸣, 等. GB模式小额信贷参与农村扶贫贡献率的实证研究——以河北省幸福工程项目为例[J]. 河北师范大学学报(哲学社会科学版), 2010(2).

[194] 王德文, 蔡昉, 张国庆. 农村迁移劳动力就业与工资决定：教育与培训的重要性[J]. 经济学(季刊), 2008(3).

[195] 王海港, 黄少安, 等. 职业技能培训对农村居民非农收入的影响[J]. 经济研究, 2009(9).

[196] 王海港, 李伟巍, 罗凤金. 什么样的农民容易上访？——对失地农民上访倾向的实证分析[J]. 世界经济文汇, 2010(2).

[197] 王文成, 周津宇. 农村不同收入群体借贷的收入效应分析——基于农村东北地区的农户调查数据[J]. 中国农村经济, 2012(5).

[198] 王小鲁, 樊纲. 中国收入差距的走势和影响因素分析[J]. 经济研究, 2005(10).

[199] 王秀芝, 孙妍. 转移劳动力培训效果研究——基于个人培训、企业培训与政府培训的比较[J]. 软科学, 2016(1).

[200] 吴晓刚, 谢宇. 市场真的有回报吗？——对中国城市社会中教育与收入关系的研究[M]//边燕杰, 吴晓刚, 李路路. 社会分层与流动：国外学者对中国研究的新进展. 北京：中国人民大学出版社, 2008.

[201] 吴晓琪. 探索积极就业政策在治理失业中的作用——关于福建省的实证研究[J]. 人口与经济, 2010(5).

[202] 向书坚, 李芳芝, 李超. 区域分割下农民工收入差距的回归分解[J]. 统计研究, 2014(2).

[203] 谢宇. 社会学方法与定量研究[M]. 北京：社会科学文献出版社, 2006.

[204] 信长星. 关于就业、收入分配、社会保障制度改革中公平与效率问题的思考[J]. 中国人口科学, 2008(1).

[205] 邢春冰. 迁移、自选择与收入分配——来自中国城乡的证据[J]. 经济学(季刊), 2010(2).

[206] 邢鹏. 中国西部地区农村内部不平等状况研究——基于贵州住户调查数据的分析[J]. 经济学, 2009(1).

[207] 修新田, 陈秋华, 沈芝琴. 福建省就业专项资金绩效评价体系研究[J]. 技术与创新管理, 2013(3).

[208] 杨菊华. 多层模型在社会科学领域的应用[J]. 中国人口科学, 2006(3).

[209] 杨宜勇. 2005年就业形势及对策建议[J]. 中国经贸导刊, 2005(3).

[210] 英明, 魏淑艳. 中国特色积极就业政策效果分析：一个评估框架[J]. 东北大学学报(社会科学版), 2016(3).

[211] 于艳芳, 宫真真. 促进就业的积极劳动力市场政策研究[J]. 当代经济管理, 2013(12).

[212] 余慧, 黄荣贵, 桂勇. 社会资本对城市居民心理健康的影响：一项多层线性模型分析[J]. 世界经济文汇, 2008(6).

[213] 张车伟. 劳动供求关系变化与就业政策[M]. 北京：中国人口出版社, 2006.

[214] 张磊, 王彤. 样本选择模型及其估计方法[J]. 中国卫生统计, 2010(6).

[215] 张世伟, 王广慧. 培训对农民工收入的影响[J]. 人口与经济, 2010(1).

[216] 张世伟, 周闯. 中国城镇劳动力市场中劳动参与弹性研究[J]. 世界经济文汇, 2009(5).

[217] 张佐敏. 财政规则与政策效果——基于DSGE分析[J]. 经济研究, 2013(1).

[218] 赵曼, 顾永红. 财政就业支出的政策效果及其改进建议[J]. 中国财政, 2009(1).

[219] 赵曼，李锐，喻良涛. 绩效评估中的模型选择：问题与解决方法[J]. 数量经济技术经济研究，2010(1).

[220] 赵曼，喻良涛. 就业支出绩效评估体系建构探析[J]. 湖北经济学院学报，2007(1).

[221] 赵频. 积极劳动力市场政策研究综述[J]. 商业研究，2012(11).

[222] 赵忠. 勤工助学对毕业生收入的影响[J]. 经济学（季刊），2003(2).

[223] 中央人民政府门户网站. 国务院关于印发"十三五"促进就业规划的通知［EB/OL］. http：//www.gov.cn/zhengce/content/2017-02/06/content_51 65797.htm.

[224] 周振，牛立腾，孔祥智. 户籍歧视与城乡劳动力工资差异——基于倾向值的匹配分析[J]. 区域经济评论，2014(4).

[225] 朱红根，陈昭玖，张月水. 农民工返乡创业政策满意度影响因素分析[J]. 商业研究，2011(2).

[226] 朱玉春，唐娟莉，郑英宁. 欠发达地区农村公共服务满意度及其影响因素分析——基于西北五省1478户农户的调查[J]. 中国人口科学，2010(2).